江苏高校品牌专业建设工程资助项目
江苏省高等教育教学改革研究课题(编号:2017JSJG255)成果

高等教育改革研究论丛

《高等教育改革研究论丛》编委会　编

中国矿业大学出版社
·徐州·

图书在版编目(CIP)数据

高等教育改革研究论丛/《高等教育改革研究论丛》编委会编. —徐州：中国矿业大学出版社，2019.12

ISBN 978-7-5646-3428-5

Ⅰ.①高… Ⅱ.①高… Ⅲ.①高等教育—教育改革—中国—文集 Ⅳ.①G649.21-53

中国版本图书馆CIP数据核字(2019)第299998号

书　　名 高等教育改革研究论丛
编　　者 《高等教育改革研究论丛》编委会
责任编辑 侯　明
出版发行 中国矿业大学出版社有限责任公司
（江苏省徐州市解放南路　邮编221008）
营销热线 (0516)83884103　83885105
出版服务 (0516)83995789　83884920
网　　址 http://www.cumtp.com　**E-mail**:cumtpvip@cumtp.com
印　　刷 徐州中矿大印发科技有限公司
开　　本 787 mm×1092 mm　1/16　**印张** 17.5　**字数** 437千字
版次印次 2019年12月第1版　2019年12月第1次印刷
定　　价 35.00元
（图书出现印装质量问题，本社负责调换）

序

国以才立，业以才兴。习近平总书记指出，党和国家事业发展对高等教育的需要，对科学知识和优秀人才的需要，比以往任何时候都更为迫切。截至2018年，我国共有1 245所本科院校、1 670万名本科大学生，形成了世界上体量最大的本科教育体系，为我国经济社会发展持续提供着高素质人力资源。而伴随着时代变迁，本科院校使命神圣、任务艰巨、责任重大，需要深入地扎根于中国的现实需要，服务于区域发展的要求，更积极地推动应用型本科院校的教育研究工作。当前，积极探索应用型本科院校如何实现内涵式发展、如何推动应用型创新创业人才培养，积极探索并实践应用型本科院校发展路径，是对应用型本科院校贯彻落实习近平新时代中国特色社会主义思想的必然要求。

多年来，我们因时而进、因势而新，以人才培养作为核心使命，以“回归常识、回归本分、回归初心、回归梦想”作为高校改革发展的基本遵循，以“大应用观、大工程观、大生活观、大文化观”的先进办学理念为引领，对应用型本科院校的发展定位、管理运行机制、立德树人、应用型创新创业人才培养模式、产教融合等方面进行了深入研究。《高等教育改革研究论丛》的再次编辑出版，集合了徐州工程学院应用型本科教育的办学实践，主要选取了管理学院近年来在教育改革、专业建设、课程建设、实习实验实训、创新创业教育等方面的研究成果。

本论丛共选编成果44篇，其中反映教育改革的研究论文10篇，探讨了应用型本科院校人才培养模式创新，产教融合运行机制创新，人力资本激励机制，地方高校服务徐州的人才战略等多个研究领域的热点问题。反映专业建设的研究论文11篇，主要聚焦工商管理类各专业的专业建设问题，从应用型本科院校的专业建设与发展、专业实践改革、专业人才协调发展、品牌特色专业建设路径、品牌专业建设体系、文明运行机制规范化、学业预警机制实践、本科生导师制、学风建设优化路径等多个视角进行了探索。反映课程建设的研究论文17篇，分别对“基础会计”“旅游规划与开发”“市场营销”“市场调查”“经济学原理”“房地产金融”等课程的混合式教学改革实践、在线开放式教学、翻转课堂教学模式、实践性教学方法、考试考核改革等方面进行了实践与探索。反映实习实验实训的研究论文2篇，研究了高校经管类实验教学作用及发展趋势和新建应用型本科院校实验室开放管理模式。反映创新创业教育的研究论文4篇，探讨了应用型本科院校大学生创新创业教育的提升与优化、创业能力培养途径、“双创型”人才培养、大学生职业素养提升等问题。

本论丛选编的高等教育改革研究成果，既有研究报告、专题论文，也有我们在实践探索中的经验总结。虽然篇幅有限，但选编内容从多维度、多视角反映了徐州工程学院在应用型本科教育与人才培养创新等方面进行的理论思考与实践探索，是对徐州工程学院管理学院教育、教学、科研成果的一次集中展示，亦体现出学校领导和广大教师对高等教育改革研究的重视与执着。

未来，对高等教育改革研究特别是应用型本科教育的探索和实践的道路还很漫长。我们将继续致力于应用型本科院校实现内涵式发展的研究与实践，坚持把立德树人作为根本任务，坚持服务地方经济社会发展的办学思路，坚持以产教深度融合引领学校发展，面向工业界、面向社会、面向未来全方位培养应用型本科人才。希望本论丛的出版能给关注应用型本科教育的学者带来交流上的便利，有助于教育界同人分享他们的理解与行动，相观而善，共同进步。

陈建明

2019年6月于徐州

目　录

课 程 建 设

实习实验实训

创新创业教育

教 育 改 革

产教融合运行机制创新研究

陈建明

摘　要:地方应用型本科院校进行产教融合、转型发展的共识源自对高等教育大众化时代高校使命的共同理解,源自对国家创新驱动、转型升级战略的自觉担当,也源自破解发展深刻矛盾的实践探索。地方应用型本科院校转型发展的基础是形成与地方的新型关系,关键是与行业(企业)、产业形成深度融合。融合就是要打破传统的经济增长模式,将人力资本投资和技术进步作为产业链和经济发展的核心。打破传统教育发展的链条,就是要把高等教育的人才教育培养、科学研究,内置于产业链的过程,内化于产业链价值形成的过程。良好的运行机制是促进产教融合工作的有效保障,研究产教融合运行机制对于高校产学研合作教育工作的发展至关重要。产教融合的运行机制主要包括动力机制、选择机制、诚信机制、分工机制、学习机制、激励机制、协同机制、利益分配机制和风险控制机制等。运用现代组织管理理论来构建运行机制的结构模式,可以使各种运行机制协同融合,共同促进产教融合绩效水平的提高。建立产教融合的良好运行机制,需要政府、高校和行业(企业)三方的共同努力,政府引导和协调是产教融合工作的催化剂,高校和行业(企业)是产教融合工作的主体。

关键词:产学研合作;产教融合;运行机制

一、产教融合研究背景与研究意义

(一) 研究背景

为贯彻落实党的十八届五中全会审议通过的《中共中央关于制定国民经济和社会发展第十三个五年规划的建议》精神,全面提高职业教育、高等教育质量,为经济转型升级提供更加坚实的人才支撑,国家发展改革委、教育部、人力资源和社会保障部在“十三五”期间实施了产教融合发展工程,支持引导各类职业学校和高等院校在不同方向和领域分类发展、办出特色、争创一流,促进人才培养、科研创新、学科专业建设与产业发展相融合,全面增强教育服务经济社会发展能力。有关专家指出,地方应用型本科院校进行产教融合、转型发展的共识源自对高等教育大众化时代高校使命的共同理解,源自对国家创新驱动、转型升

基金项目:江苏省高等教育教学改革研究课题(编号:2017JSJG255)成果。

作者简介:陈建明(1963—),男,教授,徐州工程学院管理学院院长,研究方向:工商管理。

级战略的自觉担当，也源自破解发展深刻矛盾的实践探索。地方应用型本科院校转型发展的基础是形成与地方的新型关系，关键是与行业（企业）、产业形成深度融合。融合就是要打破传统的经济增长模式，将人力资本投资和技术进步作为产业链和经济发展的核心。打破传统教育发展的链条，就是要把高等教育的人才教育培养、科学研究，内置于产业链的过程，内化于产业链价值形成的过程。

地方高校是助推区域发展的重要生力军，担负着为地方培养应用型专门人才、推动地方产业科技创新和研发、服务地方经济社会发展的重大使命。地方性应用型本科教育的主要任务就是紧密结合区域（或地方）经济社会发展的需求，培养适合在生产、建设、管理和服务第一线工作的，具有扎实理论基础和专业知识、较强实践应用能力、良好职业素养和创新精神的高素质应用型专门人才。这就要求毕业生必须具备较强的实践应用能力。在四年的应用型本科教育中，实践应用能力的培养只局限于学校的课堂教育，毫无疑问是很难实现这一要求的。学校必须在教育过程中，根据应用型专业人才培养方案，有计划地对学生实施应用型专业知识、技能与技术教育。学校必须为学生努力创造各种形式的实践教学环节，让学生直接在生产、建设、管理和服务等实践中进行锻炼，并获得应用能力的有效培养与提升，而这一点对地方应用型本科院校尤为重要。

产教融合是一种利用学校和行业（企业）不同的教育资源和教育环境，培养适合行业（企业）需要的应用型人才为主要目的教育模式，即在产业部门和教育部门之间、实际生产经营过程和教育教学活动过程之间建立极为密切的联系，利用学校与行业（企业）等单位在人才培养方面各自的优势，把以课堂传授间接知识为主的教育环境与直接获取实际经验和能力为主的生产现场环境有机结合起来。为充分调动高等学校优势科技资源服务地方经济建设，2011 年，教育部等部门在《关于加快发展面向农村的职业教育的意见》中提出了“促进产教深度合作”的要求，但在实施过程中出现了技术研发环节薄弱、共建产教融合形式还没全面开展、大型企业的参与不足等方面的问题。深究其原因，关键是各种类型的“产教融合”运行机制不能很好地协调，对此项工作的进一步开展造成了一定的困难。产教究竟如何融合？本研究将做一些探索和实践。

（二）研究意义

产教融合集教育教学、生产劳动、素质养成、技能历练、科技研发、经营管理和社会服务于一体，不仅能促进高素质劳动者和技术技能型人才培养，还能将职业院校和企业的研发成果转化为现实生产力，推动企业技术进步和产业转型升级，更好服务地方经济发展。本研究从理论与对策两个方面展开，主要在对“产教融合”进行理论探讨的基础上，研究其运行机制，并提出进一步提高其工作效率的改进措施。研究目的：为促进产教深度融合活动的良好实施提供理论与政策依据，为逐步建立高校与行业（企业）、地方双向流动、长效合作的工作体系，营造向纵深开展产教融合的良好氛围。

二、产教融合研究现状与比较综述

从公开发表的文献来看，国内最早提出“产教融合”这一说法的是江苏无锡市技工学校。该校在探索提高学生实习质量的过程中，提出"产教融合化"，即"千方百计寻求与生产实习紧密结合的产品，以提高学生的质量意识、产品意识、时间观念及动手能力"。这里的产教融合内涵很狭小，"产"仅指产品，"教"仅指实习教学。此后，很长时期内没有人使用这一概念。直到2007年，《中国职业技术教育》《中国劳动保障报》等报刊在报道紫琅职业技术学院、青岛技师学院等院校时，用到了"产教融合"的概念，但也没有明确产教融合的内涵。2011年，教育部等部门在《关于加快发展面向农村的职业教育的意见》中提出了"促进产教深度合作"的要求，这一概念逐渐演化为"产教融合"。

20世纪八九十年代是产教融合的大发展时期。这一时期，在农村进行了农村教育综合改革实验，在实验的基础上又提出农科教结合推进农村经济发展；在城市，积极鼓励中等职业学校与企业结合，较好地解决了城市职业学校教学实习、就业与生产劳动的结合问题。这些改革思路和实践总结进一步丰富了职业教育产教融合的发展思路。20世纪90年代以来，我国对职业教育领域实施产教融合培养人才模式更加重视。1991年通过的《国务院关于大力发展职业技术教育的决定》中强调"各类职业技术学校和培训中心，应根据教学需要和所具有的条件，积极发展校办产业，办好生产实习基地。提倡产教融合，工学结合"。1993年印发的《中国教育改革和发展纲要》明确提出，职业教育"要在政府的指导下，提倡联合办学，走产教结合的路子，更多地利用贷款发展校办产业，增强学校自我发展的能力"。1996年颁布的《中华人民共和国职业教育法》第二十三条明确规定，职业学校、职业培训机构实施职业教育应当实行产教结合，为本地区经济建设服务，与企业密切联系，培养实用人才和熟练劳动者。1999年通过的《中共中央国务院关于深化教育改革全面推进素质教育的决定》再一次明确指出，教育与生产劳动相结合是培养全面发展人才的重要途径。各级各类学校要从实际出发，加强和改进对学生的生产劳动和实践教育。

从各个时期对产教融合思想的不同论述及产教融合思想的发展轨迹，可以看出产教融合是对原有教育理念、教育思想的发展：一是扩大了教育的内涵，赋予教育一种新的价值观和教育功能，即教育与社会发展和社会实际紧密相连；二是教育活动的开展除书本学习外，还有在实践中进行学习的重要途径，开创了教育理论与实际结合的新思路；三是产教融合思想输入学校，激活了学校发展的活力，扩大了学校和社会的联系。

我国对产教融合的研究从20世纪80年代中后期开始，现已积累了一定量的研究成果。李廉水(1998)将我国产教融合创新的组织方式归纳为政府推动、自愿结合、合同连接和共建实体4种。薛金梅等(2000)从产学研合作的契约关系上，把合作模式归纳为技术转让、合作开发(或委托开发)、共建实体等3种模式。王英俊等(2004)提出"官产学研"虚拟研发组织模式，并将其分为"政府主导型""产业牵动型"和"学研拉动型"3种类型。石火学(2000)把产学研结合分为产学合作教育模式、继续工程教育模式、工程研究中心模式、企业博士后工作站模式、校内产学研结合模式和大学科技园区模式6种。许慧敏等(2013)提出建立风险投资嵌入式产学研合作模式。

通过对国内外产教融合相关研究文献资料的回顾，可以得出以下结论：我国产教融合的发展比较晚，合作模式并不丰富，专家学者主要是对融合方式进行理论研究与实践总结；国外学者主要集中在产教融合创新理论的研究和组织类型的研究上，现已形成多种模式；

国内外关于产教融合创新模式的研究已经积累了一定数量的文献资料，但研究领域仅限于校企合作方面，对于“产教融合”的组织结构、运作管理及其制度安排等体系化的研究尚未形成，特别是对其运作机制探究没能深化。

三、“产教融合”运行机制研究

在良好的政策和健全的法律环境下，行业（企业）、高校为实现自身利益最大化与可持续发展的愿景，产生产教融合的共同意愿，通过对各种因素的权衡选定产教融合伙伴，基于各自优势进行各种形式的产教融合实践。进行产教融合的首要任务就是要尽快建立和完善产教融合的运行机制，以便提高产教融合的内在动力、学习效果、诚信度、运行的效率与效果，保证产教融合利益分配的公正性与客观性，从而进一步提高产教融合成员合作的积极性。产教融合的运行机制就是指从行业（企业）、高校根据各自发展所需要的内在动力产生意愿开始，到产教融合利益分配结束的整个过程，涉及各环节的运行原理、相关制度及运作方式的安排。产教融合的运行机制主要包括动力机制、选择机制、诚信机制、分工机制、学习机制、激励机制、协同机制、利益分配机制和风险管理机制等。运用现代组织管理理论来构建运行机制的结构模式，可以使各种运行机制协同融合，共同促进产教融合绩效水平的提高。

（一）产教融合的动力机制

产教融合的动力机制是指通过利益驱动、优势互补、政策推进、发展需求等因素，激励高校与行业（企业）产生融合意愿，提高融合兴趣，巩固融合发展的有关政策、制度和运作方式。利益驱动对行业（企业）的作用主要体现在分担行业（企业）的研发风险，缩短研发时间，抓住市场机遇获得更多利润；对高校的作用主要体现在可以获得更多的研究经费。优势互补主要体现在行业（企业）很难占有发展所需的全部资源，而通过产教融合可从高校获得持续的人力资本、知识、技术、信息资源；高校为了加快科技成果转化速度，则希望通过行业（企业）加深对市场的了解。政策推进就是政府制定各种优惠政策刺激产教融合各方产生结盟意愿。发展需求对行业（企业）来讲就是希望通过产教融合提高对外部资源的有效利用能力，在行业（企业）自身核心能力的基础上，最终形成行业（企业）的综合优势，提高行业（企业）的综合竞争力与经济效益；对高校来讲就是希望通过产教融合优化高校的学科建设，获得更多的科研经费，培养出更加符合社会需求的应用型人才等。

（二）产教融合的选择机制

产教融合的选择机制就是按照能力相容、优势互补、交易费用较小的原则，考虑选择对象的优势资源，从融合的综合优势角度科学确定融合伙伴的规则和程序。选择行业（企业）作为融合对象时，主要考虑内容包括：行业（企业）的核心能力及特色的优势资源、诚信度、研发能力、市场营销能力、财务状况，以及行业（企业）文化和对产教融合的态度等。选择高校作为产教融合伙伴时，主要考虑高校的科技优势资源和技术特色、创新团队、科研成果积累与研发现状、产教融合经历和效果，以及对产教融合的技术支持程度等。对融合伙伴有关因素的充分分析有助于选择到合适的融合伙伴，提高融合的成功率。但是，目前我国中介机构不健全、行业(企业)信息披露不规范、获取相关信息比较困难等问题，在一定程度上增加了融合伙伴选择的成本与盲目性。

选择融合伙伴要确定对方的资源、目标及文化，制定合作规范，达成预期成果，提供成长机会、技术协助，尊重对方独立性及客户需要，平分利益及风险，维持长期融合。融合伙伴的选择必须以长期眼光看待，需要有相同特质，有建立信任关系的能力，愿意持续精益求精，运用跨部门工作组织以及长期融合和鼓励合作伙伴的态度。融合关系必须以长期眼光看待，双方关系需要持续进展，融合活动要不断改善。由于合作伙伴不固定常使融合受损，因此合作伙伴需要具有相同特质和建立信任关系的能力，同时要有保持长期合作伙伴关系的态度。其步骤可利用学习基准法、竞争力分析等方法确定目标，再找出可能促成目标达成的伙伴。选择合作者必须将调查重点放在合作者内部规范上，调查其行业(企业)文化是否能支持不断成长、不断改善。伙伴的选择要注意能提供重要资源的能力，组织特性、经营理念与策略取向和本行业(企业)相近及与本行业(企业)间存在非正式人际关系。融合成败关键在于关系亲密程度，亦为相互间有亲密关系或可信任的人格特质。当融合各方能信任此融合时，则形成坚强亦接近的亲密关系，如此则有较高成功概率。若融合双方纯为本身利益，欲从融合伙伴中获取技术、市场等，则此融合将会失败。

(三)产教融合的诚信机制

高校与行业(企业)应该就双方合作的共同意愿签订“产教融合战略合作协议书”，对双方全部合作项目做好产教融合战略合作的顶层设计，探索“行业(企业)全程介入”高校的高素质、高技能人才培养创新理念和模式的内涵，具体规划产教融合过程中涉及的科学研究与技术创新实施方案、校外实践教学基地建设与管理办法等。通过签署一系列协议，校企双方共同探索合作研发、合作育人、合作就业、合作发展的新理念和新办法，一方面规范高校科研人员参加企业科学研究、技术创新与产品研发等行为，提高教师的科研能力，促进学科团队建设和“双师型”教师队伍建设，提升高校服务经济社会发展的能力；另一方面，企业的工程技术人员、管理人员参与高素质、高技能人才培养方案的制定、共同建设人才培养的校内外实践基地、开发高水平理论与实践课程。另外，可以进一步规划高校学生到企业参加课题研究、实习实训、接受联合指导毕业设计及企业实践等教学环节质量提高的措施。在此机制下，明确产教融合双方各自的责任、利益和义务，是构建产教融合培养高素质、高技能人才长效机制的有力保障。

产教融合的发展取决于融合各方的共同愿景、资源的优化组合、诚信和透明度以及团结协作精神和主动性，其中融合能否成功的一个关键的因素是彼此的诚信水平。一个诚信水平高的产教融合，有助于融合各方将其优势资源及时地投入到产教融合发展之中，加速融合目标的实现。所以，加强诚信制度建设是产教融合的一个重要任务，它有助于保证产教融合协议的科学性以及产教融合经营的规范性和灵活性，有助于建立科学规范的产教融合信息披露制度，以提高联盟产教融合内部经营、财务和研发信息的透明度，提高产教融合的凝聚力和竞争力。

(四)产教融合的分工机制

产教融合的分工机制是指按照权责利与义务统一的原则，对产教融合各方进行科学、合理分工的规则与具体方式。行业(企业)的优势在于对市场的洞察力和反应能力,对市场需求变化信息的及时捕捉有利于提高产教融合研发的针对性,有利于研发成果经济价值的实现。高校掌握大量项目研究信息以及先进、前沿技术的研究动态,拥有图书室、研究室、先进实验仪器和高素质的科研人员,为缩短产教融合技术创新时间、提高创新成果水平奠定了基础。因此,在具体分工时,行业(企业)应重点从事日常管理、市场信息研究、产品生产销售等偏向于产教融合经营方面的事务;而高校应重点从事产教融合中的研究开发、试生产、技术改进、研发队伍培养等偏向于研发方面的事务。行业(企业)在集中主要精力致力于市场业务的同时,也要在技术研发中积极学习,以提高行业(企业)自身的研发能力。

(五)产教融合的学习机制

产教融合的学习机制是指针对产教融合各阶段明确融合学习规则,构建学习型组织,加强组织内部学习的有关制度、规则与方式。行业(企业)、高校应根据产教融合现状和发展的不同阶段,科学地选择相应的学习内容和方式。要对产教融合成员设定明确的学习任务,并列入工作计划之中,对有关人员进行必要的知识和技能培训。要明确学习规则、选择合适的知识管理模式并建立产教融合组织学习的知识内化通道,促进产教融合学习机制的形成与完善。要明确产教融合的学习内容,在学习各方显性知识的同时,加强隐性知识的学习,包括产教融合成员的动机、目标、文化、技能、经验等方面。产教融合各方原有知识储备状况不同、努力程度不同,使各方呈现的学习能力存在差异,同时产教融合信息的披露也存在不透明的问题,这些成为构建良好产教融合学习机制的主要障碍。

(六)产教融合的激励机制

激励机制是通过一套理性化的制度来反映激励主体与激励客体相互作用的方式。产教融合的激励机制主要包括:第一,建立股份合作制的股权激励。企业和高校以部分产权为纽带合作建立股份合作制企业,其主要目的是以企业内部技术市场取代缺少的外部技术市场。在这种合作方式中,产教融合的各方利用各自拥有的资金、技术、科研成果和专业人才等优势资源围绕各方有效需求进行整合,并将协同创新活动完全纳入企业组织内部进行。在产教融合的产权和合作各方的责权利明晰、法规健全、运行正常的情况下,合作成本主要体现在产教融合各方利益在建立的股份合作制企业内部的分配上。只要处理得当,该方式对产教融合合作创新的贡献会最大。第二,高校的科研创新激励。高校师资队伍中科研人员对激励有不同层次的需要,处于不同层次的科研人员应获得相应层次的激励,激励方式要多种多样。激励要面向高校的全体科研人员,不能仅仅关注对资历较深的科研人才、拔尖人才、优秀学术骨干的激励。高校的科研激励成功的关键是通过调查研究师资队伍中科研人员的现状,分析不同层次的科研人员的激励需要,发现各种类型教师的动力和压力,挖掘其科研潜力,设定合适的量化考核目标,该考核目标必须是通过努力可以达到的。第三,政府的政策激励。众所周知,市场调节的激励作用是有限的,特别是在我国社会主义市场经济体制不断完善的今天,需要不时地借助政府行为来发挥调控职能,政府应加强在政策层面的导向和支持作用,以促进产教融合合作向纵深发展。政府应通过设立技术创新风险基金、建立产教融合合作奖励基金等办法激励高校与企业进行深入合作。重点是通过税收、信贷、价格、财政等经济杠杆，形成对企业开展产教融合合作的政策倾斜，从而最大限度地发挥政府的政策激励与引导作用，一方面使企业随着产教融合合作的不断发展获得技术优势、市场优势与人才优势，并尽快将其转化为企业的核心竞争力，另一方面使高校有效获得创新资金用于科学研究、培养创新人才，从而提高整个社会的创新能力。

（七）产教融合的协同机制

产教融合是科研、教育、生产不同社会分工系统在功能与资源上的协同与集成化，是技术创新与人才培养的上、中、下游的对接与耦合，其实质是促进技术创新与人才培养所需各种科研、生产、教育要素的有效组合，最终目的是提高合作创新与服务的绩效水平。产教融合的协同机制应从技术创新的过程协同和要素协同两个方面来分析。协同机制的构建首先应体现合作创新的战略需求和价值创造的支配动力，其次应体现技术创新协同是在各要素的协同作用下通过技术创新与人才培养的过程协同来实现的。要素协同为技术创新的过程协同提供坚实基础与背景支持，并贯穿于技术创新过程的始终；而技术创新的过程协同进一步促进了各要素协同的改进与发展，并为其提供技术、结构、流程上的支持。二者相互融合，相互影响。以上分析的各种机制都应该在协同的基础上才能有效开展，从全面创新管理的角度促进产教融合进行技术创新与人才培养。企业和高校的协同能力越强，创新绩效和人才培养质量就越高。产教融合合作各方有效协同，增加技术创新知识的供给数量，提高人才培养的质量，增强创新能力，从而提高知识开发的可能性和创新实现的可能性。产教融合技术创新协同行为的最终目的是提高合作创新的绩效水平，构建产教融合技术创新的协同机制。

（八）产教融合的利益分配机制

产教融合的利益分配机制指联盟各方作为利益主体对合作创新、教育服务等行为过程中形成的有形和无形的利益进行分配的制度安排。利益分配机制是产教融合主体之间利益关系的反映，影响着合作的稳定性和长期性。产教融合是技术创新与人才培养的合作，更是各方利益最大化的合作。各方在合作初期对利益分配就要做好清晰明确的预先界定。产教融合的可分配利益不仅指利润及其合作产品的分配，还包括合作过程中产生的专利权、商标权、技术诀窍、教育服务、咨询服务、信誉和著作权等。对这些无形资产进行科学的评估，可以为利益的最终分配提供必要依据。产教融合的利益分配方案要体现各方为合作组织的组建和运营所做贡献的大小，体现责、权、利对等的原则，不能忽视无形资产也是利益分配的重要来源，要选择合适的方法对无形资产进行量化的分配，不能打击产教融合参与各方的积极性。

（九）产教融合的风险管理机制

产教融合技术创新的过程中存在很多风险影响创新的成功。为了有效规避这些风险，要完善产教融合风险管理机制。第一，建立产教融合技术创新的风险预警机制。预防是解决危机的最好办法，要成立专门合作机构，配备专业人员，坚持问题导向，从日常化层面提升产教融合技术创新的危机预警机制，使产教融合始终保持一个不间断的警觉状态，监控产教融合组织内部和外部所有可能引起危机的因素和征兆，收集、筛选、整理相关信息并对未来危机发生的可能性和危害性做出理性评估。产教融合技术创新危机预警机制的日常化管理工作主要体现在两个方面：① 全面、系统、连续地搜集正在变化中的技术创新的重要信息和发展趋势，发现并预知可能的变化，不断修正技术创新的发展进程，调整发展战略。② 对产教融合组织内外环境的信息进行同步跟踪和监测，利用最新的信息技术手段，对来自生产、经营、服务以及市场、政府、媒体、消费者等各方面的信息，进行及时的搜集、过滤、整理和分析判断，力争将各种潜在的技术创新危机消灭于萌芽之中。第二，建立产教融合的风险责任制度。产教融合的核心是科技成果的研发、推广与转化，由于科技成果转化的高风险和高收益同时存在，在产教融合的最初阶段应当逐步建立起技术创新利益与风险共担的责任制度，实现分层次、分阶段分解风险责任。谁投资多谁受益大，谁决策谁负责，谁掌握项目进展的主动权谁负责，谁影响了项目的进展谁负责，谁承担风险大谁受益多。为了实现产教融合的顺利运行，必须建立阶段性的风险责任制度。建立风险责任制度的基本目标应当是有效地约束产教融合各方共担风险责任，并为了一个共同的利益目标——技术创新项目的最终成功而合作到底。

四、提高“产教融合”运行机制效率的对策与建议

建立良好的产教融合运行机制，需要政府、高校和行业（企业）三方的共同努力，政府协调是产教融合的催化剂，大学和行业（企业）是产教融合的主体。

（一）产教融合中高校的龙头作用

产教融合中高校的龙头作用主要体现在培养适应知识经济时代、具有创新能力的人才方面。高等学校往往希望通过产学研结合提高教育质量，培养出高素质的技能型人才；加强教师与学生的科研能力、生产实践能力的培养；探索新的办学模式，并为企业界、科技界的生产发展和科学研究服务提供人才与智力支持，进而促进高等学校的发展和服务社会能力的提升。因此，为了稳定和发展高等学校的科技开发、成果推广队伍，高等学校可以在职称评定、工资与福利待遇等方面制定相应的倾斜政策，对于高等学校中从事研发和推广业务的骨干教师，可以在评定和晋升专业技术职称时单列指标、专设专家组；对于需要转岗的教师也可保留原来的职称和待遇；对于在产教融合工作中有突出贡献的人员，可以给予形式多样的奖励，并与其利益分配挂钩。同时，高等学校的科研项目从科研选题确定、申报、立项到研制、成果的开发、推广应用、人才培养方案制定与教学计划的执行等方面都要紧密结合企业与人才市场的需求。

（二）产教融合中行业（企业）的主导地位

为了更好地开展产教融合工作，行业（企业）应该在以下两个方面做出努力和改进：第一，产教融合的中心是行业（企业），产教融合工作的开展都是从行业（企业）的需求出发，因此，行业（企业）在产教融合中的角色是重中之重。在现阶段如何调动行业（企业）的积极性是主要的难题。由于受到传统思想以及经济环境、社会因素的影响，行业（企业）普遍还不

够开放，在产教融合过程中始终没有能够担当起主角。因此，要采取多种措施调动行业（企业）的积极性，充分认识到行业（企业）在产教融合中所占据的主体地位，积极主动地参与到整个产学研合作的过程中来，充分发挥其产教融合中主人翁的主导作用。第二，要加强行业（企业）与高校之间的信息沟通，保证信息的流畅性。信息沟通在产教融合的过程中显得尤为重要，因为行业（企业）和高校是两种不同性质的组织，双方的立场、任务和关注点均有很大差别，双方的优势资源与需求各不相同，行业（企业）要及时发布技术开发与创新需求方面的信息，高校要公布科研成果与相关研发的方向，使行业（企业）与高校快速、准确地找到各自的需求点与兴趣点。因此，行业（企业）与高校一定要通过各种途径进行充分的沟通和信息的交换，以确保产教融合的高效进行。

（三）产教融合中政府的协调作用

在产教融合中政府的主要作用就是宏观管理调控。政府应该从以下四方面进行协调和支持：第一，加强对产教融合的宏观管理与规划。面对激烈的市场竞争形势，要从适应经济转型升级与社会和谐发展的战略高度，根据地方经济社会发展的实际情况与具体特点，制定适合本地行业（企业）与高校的产教融合发展规划与实施办法，确立产教融合在科技创新体系中的战略地位，制定奖励制度重点支持产教融合自主创新活动。第二，拓宽产教融合自主创新活动的融资渠道。产教融合自主创新要“开花结果”，需要强大的资金支持。对于时间成本高、难度大、具有革命性意义的自主创新活动，政府需要给予持续性的资金支持。不仅如此，政府还要通过制定设立技术创新风险基金、产教融合合作奖励基金等办法，拓宽产教融合自主创新活动的融资渠道，让社会与市场资金源源不断地注入产教融合自主创新活动。第三，加强对产教融合的政策支持力度。为了促进产教融合发展，政府需要进一步完善技术进步、技术创新、技术改造、技术引进、技术装备与高新技术及其产业发展等方面的财税、金融、知识产权保护等方面的政策，对有助于科技创新水平提高的产教融合项目给予政策倾斜。第四，加快科技信息、人才和技术交易平台的建设。建立并完善科技企业创业中心、生产力促进中心、金融服务中心、风险投资机构等中介服务机构，进一步扩大其规模、数量和服务范围，使其向规模化、服务专业化和组织网络化方向发展。加快高校先进的、成熟的科技成果的转化及产业化步伐，不断整合高校、行业（企业）的科技创新资源，努力提高产教融合自主创新的水平。

五、结束语

面对竞争激烈的 21 世纪和中国产业经济的转型升级，特别是全国地方应用型本科院校转型发展的需要，如何进一步完善产教融合的运行机制，使之与市场经济的发展相适应，已经成为我们日益关注的问题。我们要从市场经济、教育、科技等发展的客观规律出发，构筑产教融合的运行机制，这既是高等学校改革和发展的需要，也是企业和高校竞争、生存和发展的必然要求。要努力做到：突出应用，调整结构，着力提高学校专业与地方产业的符合度；集群发展，系统对接，着力提高学校专业与地方产业的依存度；培育特色，主动服务，着力提升学校专业对地方产业的贡献度；提高质量，打造品牌，着力提升学校专业与人才的社会满意度。我们应抓住目前的机遇，充分有效地利用行业（企业）、高校的优势资源以及政府的有力支持，积极开展产教融合工作，以加快科技自主创新与成果转化、实现经济发展的转型升级和社会的和谐发展。

参考文献：

[1] 陈平，陈菲. 校企合作构建实践教学质量保障体系的探索[J]. 职业技术教育，2010，31(8)：71-74.
[2] 杜鹃，李焱焱，叶冰，等. 中外产学研合作开发模式之比较[J]. 统计与决策，2005(14)：56-58.
[3] 李廉水. 论产学研合作创新的组织方式[J]. 科研管理，1998，19(1)：30-34.
[4] 石火学. 产学研结合的典型模式述评[J]. 高等教育研究，2000，21(3)：65-68.
[5] 王娟茹. 高校产学研合作教育及其运行机制研究[J]. 科技与管理，2005，7(4)：148-150.
[6] 王英俊，丁堃."官产学研"型虚拟研发组织的结构模式及管理对策[J]. 科学学与科学技术管理，2004，25(4)：40-43.
[7] 肖久灵. 产学研合作运行机制中存在的问题及对策[J]. 北方经贸，2002(12)：126-127.
[8] 许慧敏，朱军. 风险投资嵌入式产学研合作模式研究[J]. 技术经济与管理研究，2003(2)：85-86.
[9] 薛金梅，周英智. 我国产学研合作模式及相关问题研究[J]. 山东医科大学学报(社会科学版)，2000(2)：83-87.
[10] 张俊，李忠云. 高校产学研结合的运行机制探讨[J]. 中国高等教育，2001(22)：35-36.

“四大观”引领下应用型人才培养模式研究
——以财务管理品牌专业为例

赵红梅

摘　要：徐州工程学院管理学院依据学校办学定位，结合学院自身的优势和特色，确定人才培养目标，形成“以社会需求为导向、以职业能力培养为主线”的课程体系，以及“层次分明、形式多样、行动导向”的实践教学课程体系，制定了充分满足学生个性化发展需求、全面提升学生综合素质的形式多样、特色鲜明的个性化人才培养方案。学院以人才培养定位与区域和行业人才需求规格的统一、教学标准与行业标准的统一、专业群与产业群的统一、课程与职业岗位能力的统一、实训实验过程与生产过程的统一、教师与工程师的统、理论教学与实践教学的统一、专业文化与行业价值导向的统一等“八个统一”构建应用型人才培养模式，深入挖掘专业文化的内涵，通过专业文化建设提升学生专业素养。

关键词：四大观；应用型人才培养模式；品牌专业

一、形成个性化人才培养方案，全面提升学生综合素质

徐州工程学院管理学院财务管理专业依据学校办学定位，结合学院自身的优势和特色，确定人才培养目标，形成“以社会需求为导向、以职业能力培养为主线”的课程体系以及“层次分明、形式多样、行动导向”的实践教学课程体系，制定了充分满足学生个性化发展需求、全面提升学生综合素质的形式多样、特色鲜明的个性化人才培养方案。根据经济社会发展对人才的需求情况，在学校的统一部署下，在对人才需求情况进行调研的基础上，2015年财务管理专业对人才培养方案进行了修订。新的人才培养方案的制定始终围绕“地方性、应用型”的办学定位，以“大应用观、大工程观、大生活观、大文化观”先进教育理念为引领，以学生就业创业为导向，以技术技能型人才培养为目标，充分体现“以生为本”的教育理念和知识、能力、素质协调发展的指导思想，实现对“厚基础、善实践、能创新、高素质”的应用型人才的培养，积极引导专业“契合应用需求、对接行业标准、突出理实合一、塑造双师素质、融通校企文化”，着力促进人才培养目标与培养效果的有效达成，切实提升专业建设水平和人才培养质量。

财务管理专业结合学校“地方性、应用型”办学定位，与行业企业对接、与地方产业融

作者简介：赵红梅（1971—），女，博士，徐州工程学院管理学院教授，研究方向：创新管理、战略管理。

合，构建"以社会需求为导向、以职业能力培养为主线"的课程体系。培养方案的修订规范了财务管理专业的学科平台课，拓宽了通识课的覆盖面，调整了部分专业课和专业选修课。财务管理专业按照学校通识课程"分级教学、自主选修"的改革要求，合理制定通识课选修方案；在保证学生掌握必要专业基础知识的前提下，整合教学内容，优化学科专业基础课程；依托学科特点和专业属性培养学生的专业核心能力，精炼专业核心课程；根据经济社会发展对人才的需求，充分发挥学科优势，设置模块化专业选修课程，打造专业特色，不断满足培养高素质复合型、应用型专门管理人才的需要。课程设置分为通识课程模块、专业课程模块、集中实践模块，各模块课程的学分、学时及其比例均可以有效支撑该专业的人才培养定位及目标要求。

在专业建设中，注重课堂教学的全过程管理，学院严格执行备课、讲授、讨论、作业、答疑、考试等课堂教学流程，定期组织示范课、公开课活动，并将教学督导的重点放在课堂教学上。同时，财务管理专业每学期均需要组织以课堂教学为主题的教研活动，落实人才培养方案。

首先，从教学大纲的贯彻落实着手，以教学大纲统领课堂教学的内容和方法。2016年课程教学大纲的修订，体现精选内容、理实一体、强化实践、注重创新、改革方法、系统评价的原则，在课程大纲中明确课程在人才培养方案中的地位、作用，课程教学专业知识目标、专业技能目标、专业素质目标以及支持人才培养方案中知识能力实现矩阵的具体能力，有效提升了教学工作的针对性和有效性。

其次，重视教学进度表的编写工作。在每学期每一门课程开课前，任课教师均需要根据教学大纲和选用的教材编写教学进度表。教学进度表要符合教学大纲的要求，尽量切合选用教材的内容和特点，有利于学生结合教材学习掌握课程的内容。

最后，在教学过程中注重新的教学方法和教学手段的应用。随着信息技术的迅速发展，新的教学方法和教学手段不断出现，财务管理专业鼓励并支持教师对课堂教学方法和教学手段进行改革和实践。教师主要围绕互动式教学、混合式教学、案例式教学和创新创业能力培养等方向进行了改革探索，注重启发式教学，培养学生分析问题、解决问题的能力；加强参与式、合作式教学，提高学生的参与意识；加强课堂讨论与典型案例分析，帮助学生总结、理解和消化教学内容，引导学生深入思考，并使学生对所学的课程产生更加浓厚的兴趣；把多媒体教学、计算机辅助教学等教学手段运用到教学中，增大教学的信息量，保证教学效果；积极推进在线开放课程建设，"财务管理"获省级在线开放课程建设点。

二、"八个统一"构建应用型人才培养模式

财务管理专业以人才培养定位与区域和行业人才需求规格的统一、教学标准与行业标准的统一、专业群与产业群的统一、课程与职业岗位能力的统一、实训实验过程与生产过程的统一、教师与工程师的统一、理论教学与实践教学的统一、专业文化与行业价值导向的统一等"八个统一"构建应用型人才培养模式。实践结果表明，"八个统一"应用型人才培养模式是培养应用型人才的有效途径，有利于学生理论联系实际和提高工程实践能力，有利于教学、科研和生产实践紧密相连，也有利于企业的发展和技术更新。

（一）人才培养定位与区域和行业人才需求规格的统一

与学术型大学不同的是，应用型本科院校是否满足服务地区经济和社会发展的需要，为区域社会是否做出了贡献，培养的学生是否获得社会欢迎等是学校最主要的质量评价标准。不管在理论研究还是在教育实践上，应用型本科教育都应以为区域或行业生产、服务、管理一线培养综合性应用型人才为目标，这一理念越来越被社会和教育界认可。应用型本科教育以培养从事与具体的社会生产劳动和生活紧密相关的工作，具备一定的专业知识和专业技能，具有很强的职业适应性的应用型人才为宗旨，注重知识、能力、素质的整体优化，着力体现人才的个性和特长。应用型本科教育以培养具有职业适应性的专门人才为培养指向，以区域和行业需求为本位，关注岗位性和职业性要求，对学生实施同步教育，以实现教育效果的最优化，克服高校在培养职业适应性人才方面与社会、企业要求之间存在的差距，进而提升人才在生产、建设、管理和服务一线的适应能力和创新创造能力。

（二）教学标准与行业标准的统一

在帮助学生获得知识和能力，实现学生身份到工作身份的转化过程中，职业适应性是应用型本科教育人才培养的立身之本。首先高校要坚持职业取向，为培养出满足区域社会和行业需求的人才，需根据社会现在和未来的需要不断修改课程设置及内容，使学生们获得高水平的知识和实际技能，满足区域社会和行业不断变化的需求，通过课程体系将学生装备起来，使其获得丰富的能力，让学生为满足不确定的未来区域社会和岗位需求而做准备。其次，提升大学生的职业素养，通过构建符合大学生就业、创业、行业岗位要求以及职业标准等元素的课程体系，充分考虑课程设置的实用性、实践性特点，注重实践教学向生产实际和社会行业延伸；从办学实践上，强调原理及其应用，围绕职业需要组织实施人才培养，通过扎实的专业基础训练和传授相关知识实现专业性，以专业性实现职业适应性。地方本科院校办学应面向社会一线，突出办学的行业性和实践性，加大实训、实验、社会实践、证书培训、课程（毕业）设计等在课程体系中的比重，实现校企合作、工学融合，增强学生的专业应用能力、开发设计能力、技术创新能力和综合职业素养，提高高校人才培养目标与区域社会及岗位要求的匹配度。

（三）专业群与产业群的统一

地方应用型本科院校在专业建设过程中，应根据本校实际，审时度势，脚踏实地地从服务区域经济的发展和社会的进步出发，将专业建设与区域经济结构、产业结构结合起来，专业群的规划和建设与产业群相匹配，增强关联度和协调度，正确合理地确定本校的应用型人才培养模式，才能在社会发展中找到自己的发展空间。其一，根据区域经济发展规划设想，确定应用型人才培养目标。首先，应充分考虑自己所在区域经济状况，结合本校的学科专业优势，合理确定本校未来的发展目标和人才培养目标，只有这样，才能够满足本区域发展的需要。其次，做到人尽其用，形成应用型人才服务地方、地方吸纳应用型人才的良性循环局面。其二，围绕区域经济发展主导产业，建设应用型特色学科和专业。首先，各高校应面向地方主导产业的发展设置应用型专业，制订学科发展规划，明确学科研究方向，形成学科结构相对合理、优势突出、与社会产业链相匹配的学科体系和专业结构。其次，专业设置紧贴区域发展实际。学校进行专业设置应着重分析所在区域的资源优势，设置相应的区域优势专业，培养相应的应用型人才，促进区域经济的发展。在专业设置上，既要考虑现代科技的发展，又要兼顾一定经济社会阶段的现实特征，符合学科发展需要和人才培养规律，还要注意人才培养的超前性要求。

（四）课程与职业岗位能力的统一

应用型本科院校应坚持以学生实践能力和学生岗位就业能力培养为动力，大力推进校企深度合作，建立课程与职业岗位能力统一的培养模式。首先，引导和鼓励专业与企事业单位合作开发教育课程，共同设计开发教学内容，并要求专业至少与企事业单位共同开发不少于6学分的合作教育课程。其次，学校大胆探索包括校企合作在内的多种形式的合作模式，以“校企相结合，产教互促进”为模式，搭建校企合作平台，并通过完善校企合作互利机制，加强合作管理，吸引行业、企业单位的积极参与，加深校企合作。同时，学校定期聘请校外企事业单位具有多年实践经验的高级专业人才与高校教师合作授课，使学生能够及时获得市场信息及经济发展动态，锻炼相应实践技能、应用能力等。比如，会计学专业聘请企业会计师主讲“上市公司报表分析”等课程。在此基础上，学校逐步加强与企事业单位在校外实践教学基地建设上的合作，推广双主体双基地的合作模式，实现课程教学与岗位需求的无缝对接。

（五）实训实验过程与生产过程的统一

应用型本科院校的毕业生不仅要能熟练掌握生产技术的操作过程，还应具有发现、解决一线生产及管理问题、自我学习提高的能力，这就决定了应用型本科院校生产性实训基地应成为培养高素质应用型专门人才的重要场所和校企融合、工学结合的平台，这是应用型本科院校实训基地发展的起点也是其终极目标。融入生产过程是实训实验鲜活起来的根本方式，应把真实的生产岗位训练项目与以工作为导向的课程有机对接，以培养具有专业技能、管理能力、创业能力的高素质专业技术人才。应减少演示性、验证性实训实验，突出真实性和可持续发展原则，实现实训基地环境与生产现场、服务场所同步，使社会生产技术和管理水平得到提高，增加项目教学、工作过程导向教学等实践环节，提高学生对真实生产过程的认识和适应，最大限度地保证学生拥有高质量“真刀真枪”的实际技能训练，让校内生产性实训基地成为职业技能型人才的培养基地、工学结合的平台、校企合作的契合点。

（六）教师与工程师的统一

为满足应用型专门人才培养要求，应用型本科院校的教师能力建设，应当完全适应应用型人才培养模式改革的需要，围绕培养专门人才的要求，在突出加强实践能力方面采取有效措施，既要具有高尚师德、优秀教学能力和科研能力，更需具有一定的工程实践能力，即具有企业经历或掌握相关职业技能。应用型本科院校教师的工程实践能力可通过企业实践、校本培训等路径进行提升。企业实践是应用型本科院校教师专业实践能力养成的必要之路，可以选派教师到企业进行专业实践锻炼，实行企业导师负责制，跟踪了解企业最新技术应用；充分利用学校内部实践教育资源，以提升教师实践能力为目标，通过技能比赛、学习培训、参与实践环境建设等模式推动教师专业实践能力的养成。

（七）理论教学与实践教学的统一

应用型人才培养模式的建立，从本质上讲是高校为了实现人才培养目标而采取的具有教育意义的方法、手段和组织形式。一定程度上，理论教学是应用型人才培养的基本途径。在应用型人才培养过程中的理论教学要更注重启发式教学法、案例教学法和项目教学法，强化学生能力的培养，使理论教学成为提高学生自主学习能力、创新能力、综合应用能力的重要途径。高校主要负责理论教学、实验，企业则负责实习，选派实习指导教师，开展工程技术培训等。在实践教学过程中，企业可以根据自己的人才需求，提出具体的专业设置和人才培养计划以及培训的具体目标和要求。学校和企业双方共同商定教学计划、课程体系、选用教材和教学内容，使实践教学更具针对性。校企双方共同管理，互派人员担任技能教师、班主任、辅导员，彼此之间相互配合、相互支持，实行校企紧密合作，优势互补，合作共赢，努力为企业培养、输送适销对路的优秀应用型人才。在理论教学和实践教学的过程中，通过知识的传授和技能的训练必然能够提高学生的文化素养和专业素养。

（八）专业文化与行业价值导向的统一

在专业文化和行业价值融合的专业文化建设理念下，可以将行业价值标准与专业文化相互融合，在应用型人才培养方案中融入本专业中长期积淀的经验、模式、团体精神等内容，在课程体系构建中融入专业文化建设元素。引入敬业精神、团队意识、忠诚企业、循规守纪等企业文化因子，改变院校专业文化疏离行业价值文化、内容和形式相对单一的现状，营造职场化的专业文化氛围，达到文化视野下校企零距离对接。应用型本科院校专业文化建设作为高校教育的一项基础性、战略性和前瞻性的工作，通过不断吸纳行业文化精髓，对培养应用型人才的职业素养和专业技能、提高人才培养质量、提升学院办学水平、打造学院核心竞争力具有重要的意义。

“八个统一”应用型人才培养模式较好地体现了双向互惠的原则，使教学和生产紧密相连，及时反馈教学改革、社会需求等信息，使高校有针对性地进行课程体系、教学内容、教学手段和教育观念的改革，不断提高教学质量和教学效益，有利于企业的技术更新和自身发展，有助于学生理论联系实际、增长实践知识，有助于优化知识结构，提高他们的综合素质和就业竞争力。

三、深入挖掘专业文化的内涵，通过专业文化建设提升学生专业素养

（一）提炼财务管理专业文化核心要义

在财务管理专业的建设过程中，结合本专业发展历史，学院利用课余时间组织师生调研了 213 家企业，走访校友、企事业单位的财务管理人员 1326 人次，在全国同类高校中首次提炼出财务管理专业文化的核心要义：诚信、规范、创新、协同。

（二）将财务管理专业文化教育融入人才培养方案中

具体措施有：将学校开展的“五个一工程”纳入财务管理专业人才培养体系中，推行课外学分制度；在课程体系中设立了“专业导论”“学科前沿”“素质拓展”“音乐素养”等多门专

业文化素养课程，将财务管理专业文化教育渗透于人才培养全过程，营造具有“大文化观”的人才培养氛围，彰显专业精神，提升专业品位，引领财务管理专业人才培养。

（三）优化专业文化环境

在教学楼层、实训楼层等学生经常出入的地方以墙壁悬挂展板、黑板报等形式，图文并茂地介绍专业精神文化，例如财务管理专业理念、财务管理专业在学校的发展历史、中外名人关于财务管理的格言警句等；收集展示财务管理发展历程的器具设备，打造展示专业文化的系列实物载体。

（四）组织学生开展专业文化活动

通过举办各种活动，将精神文化贯穿于日常教育教学活动中，使大家耳濡目染，置身于精神文化熏陶中；帮助指导学生制定“学生个人职业生涯规划”，提升学生对职业生涯规划的重视程度。

（五）提升教师专业文化素养

注重培养专业教师的实践应用能力，继续提升专业教师中“双师型”教师的比例。教师们自身不仅对专业文化教育有了更新的认识，而且意识到将专业文化融入整个教学过程是非常有必要的。

参考文献：

[1] 沈健.江苏省实施高校品牌专业建设工程展望[J].江苏高教，2015(5)：6-8.

[2] 杨春雨，徐亮.以品牌专业建设为契机　抓住发展机遇　全面提高专业建设质量[J].吉林化工学院学报，2014，31(6)：7-9.

[3] 曾丽，马俊年.对新建本科院校品牌专业建设的思考[J].科教导刊(上旬刊)，2014(1)：29-30.

高校人力资本激励机制改革问题的思考

李 勇

摘 要:近年来,各高校在改革过程中,都充分认识到建立一种有利于吸引人才、稳定人才、激励人才的机制,对于优秀拔尖人才的成长、加强骨干队伍建设和调动广大教职工的积极性有着重要意义。而这一机制建立的前提条件是真正关注人力资本,核心是塑造一种新的人力资本激励机制。

关键词:高校;人力资本;激励机制;改革

一、高校人力资本的构成

人力资本是相对于物力资本而言的,它指的是:产生于经济过程之中,并用于进一步生产,由人的使用产生的力量推动生产进行,以实现产出最大化目标的生产要素。人力资本是一切组织生产要素中最宝贵的要素,离开了人,组织便不复存在。人力资源管理是学校运营的基础,学校的一切工作从根本上说都是围绕人展开的。学校的人才培养目标是有理想、有道德、有文化、有纪律的社会主义事业建设者和接班人,最终结果的好坏也要以人的质量高低来评判。高校的人力资本是指用于生产高层次、高专用性人才的人力资本,以及用于知识和技术生产活动的凝聚在人体中的知识和技能。

高校人力资本的构成有三个方面:一是管理者人力资本,指行政管理人员。这是学校中最有决定意义的人力资本,也叫决策者的人力资本,尤其是校长的人力资本。加拿大管理专家亨利·明茨伯格将基层领导者在实际工作中扮演的角色归纳为同发展人际关系、信息传递和决策三个方面工作有关的十种角色:代表组织的挂名首脑;争取外部支持的联络者;指挥和激励下属的领导者;获得和加工内外部消息的住处监听者;将外部的有关信息给内部成员的传播者;把组织内部消息向外部公布的发言人;发动变革的企业家;处理危机的故障排除者;决定组织发展重点的资源分配者;同外界打交道的谈判者。在当前社会主义市场经济下,上述工作对校长也是适用的,体现了校长人力资本的重要性。二是直接生产者人力资本,它主要包括教师和科研人员,这是学校中存量最大、价值最高的人力资本。学校应依据人力资本理论,根据教育行政部门制定的一系列方针、政策、规范、制度和措施,对教师和科研人员的选择使用、调整调配、培训考核和晋升工资等方面进行管理。这是高校人力资本管理的重点。三是间接生产者人力资本,这是指后勤服务人员和教辅人员。随着

作者简介:李勇(1973—),男,硕士,徐州工程学院管理学院副教授,研究方向:金融学。

高校后勤社会化改革的推进，这部分人力资本的重要性逐渐减弱。

二、高校人力资本激励机制改革的必要性

（一）新的教育形势要求进行激励制度改革

进入21世纪以来，高等教育面临新的形势：一是知识经济的来临赋予高校新的历史使命；二是在连续多年扩招的基础上教育部提出关于加强本科教育的若干意见，明确提出高等教育国际化发展方向。面对这种形势，加强师资队伍建设、稳定教师队伍成为各高校共同面临的任务，而打破传统的收入分配制度、寻求新形势下的激励制度也必须是各高校着重探讨的问题。

（二）高校的特点与现行收入分配制度之间的矛盾引发激励制度改革

高校担负着教育可持续发展的重任。与企业相比，高校“生产”的是特殊产品——人才，其价值的衡量和体现都不是在短期内可以判断和显现的。所以人才的重要性对于高校而言远高于生产企业。这主要表现在两个方面：一是高校人力资本的价值含量高；二是高校人力资本的集中度高。这也是高校教育职能的必然要求，否则就会带来教育的衰落，最终影响到全民的素质。而保证高校可持续发展的关键就是要拥有一支高素质、高水准的职业化教师队伍。

（三）高校人力资本激励存在的问题

(1) 考核指标偏重于量，忽视质。目前高校采用的激励措施在一定程度上体现了人力资本的价值，如岗位聘任制，并制定了便于操作的考核标准，但大多偏重于量的考核。过于细化并绝对量化的指标往往引导教师和科研人员把精力投入到攻读学位、撰写论文著作和累积课时上，在提升自身教学科研水平上花费的精力就十分有限，造成教学科研质量下滑。

(2) 忽视组织文化建设。高校作为知识的传播、创新之地，应具有较高层次的组织文化和明确的价值观念。然而在市场经济的冲击下，本该属于高校组织文化的一些核心价值观念如人文精神、科学精神、创新精神、奉献精神、师德精神等正在丢失，而把与知识紧密相连的“金钱”作为首选价值观念，偏重于金钱的积累而忽视了主业。当今大学生素质下滑与高校教师价值观念转移、丧失不无关系。

(3) 激励措施缺乏人本化。高校考核激励机制是以提高员工工作积极性、创造性，提高教学科研水平为目的的。但在实际操作中，考核结果直接与奖励酬金联系在一起，根据考核分数决定教师的薪酬，至于考核中出现的问题则没有人过问。考核者和被考核者缺乏足够的沟通，这就使考核成为“为考核而考核”，缺乏人性化的一面。这样的考核机制将无法体现与创造一种良好组织的文化。

三、高校进行激励制度创新的意义

（一）稳定教师队伍，提高教学质量

教师是高校人力资本的具体代表，没有一支高水平、高素质的教师队伍，高校的持续发

展是难以为继的。正因为如此，才需要进行激励制度的改革，一可以缩小高校教师收入水平与社会高收入阶层的差距；二能体现人力资本在高校的价值，在一定程度上遏制了教师流失的势头，稳定了教师队伍。另外，还可以将激励约束机制全面引入收入分配制度中，以教学质量为核心对教师进行业绩考核，实行动态管理，并将短期激励与长期激励相结合，充分调动广大教师的教学科研积极性，真正提高教学质量，使高校的教育职能得到全面发挥。

（二）提高教师地位，使高校为经济增长持续提供动力

高校引入激励机制，可以使教师的收入大幅度提高，这显然对培养尊师重教的社会风气大有好处，更会增加教师从教的自豪感和成就感。同时教育产品的社会性和长期性决定了高校最适合作为经济的增长点，我国目前也确实将其作为新的经济增长点，大力鼓励和支持人们进行教育投资和消费。但面对连续扩招的压力，教师的工作强度大大提高，如不及时采取新的激励措施，则会出现教育领域的供给约束，无法实现高校乃至整个社会国民经济的持续性增长。

（三）提升高校人力资源管理水平，丰富资源管理的内容

人力资源管理在企业界普遍受到重视，它包括对人员的招聘、培训、能力开发、考核、激励等内容，其中激励是最重要的环节。企业的激励制度已呈多元化发展趋势，且市场定价机制的作用越来越大，而人力资本高度集中的高校，其激励制度却仍然未突破原有收入制度的基本框架，未能真正体现高校人力资源开发和利用的特点。在借鉴企业经验的基础上，将激励制度引入高校无疑会提升高校人力资源的管理水平。同时，高校的特点决定了其激励制度具有不同于企业一般特征的差异性，这又会丰富人力资源管理的内容。

四、高校人力资本激励的措施

所谓激励，是指人类活动的一种心理状态，它具有加强和激发动机，推动并引导行为，使之向预定目标前进的作用。在高校中，激励表现为管理主体运用各种手段作用于管理对象（教职员工），使之为学校目标做出努力的动态过程，具体的激励措施包括以下方面。

（一）物质方面的激励

从有效激励原则的角度，高校应把按劳分配和按智分配相结合。“双因素理论”认为，激发人的动机的因素有两类，即保健因素和激励因素。由此我们可以建立以岗位为依据、以业绩定报酬的管理模式：① 基本收益：由管理者统计教师的工作量，按人力资本的一般能力，统一发放基本收入，以维持人力资本的生计，属保健因素。② 绩效奖金：由管理者对教师的教育贡献量进行评价，按人力资本的特殊能力，使个人对学校教育事业目标的贡献率来决定奖罚分配，属激励因素。所以物质激励必须体现人力资本的价值，通过“双因素”的激励机制模式，来体现增强教师的责任、自尊和成就感，提高人力资本对高校的贡献率。

（二）精神方面的鼓励

知识型组织中，精神激励在较高层次上体现高校人力资本的价值，往往其激励深度大、维持时间也更长。精神激励的方法有许多，如：① 目标激励：在理性和信念的层次上激励教

师。② 工作激励：力求让教师获得自我实现感，最大限度地发挥教师的潜能。③ 参与激励：创造和提供一切机会让教师参与管理，有效地调动教师的积极性。④ 荣誉激励：授予有贡献教师各种学术称号的荣誉激励措施。⑤ 组织文化激励：倡导共有的价值观、事业观，树立团队精神，突出高校人力资本的主人翁地位。

（三）感情方面的激励

感情激励就是在人力资本管理上，尊重教师的人力资本价值地位，体现高校管理者与教师平等的感情沟通。教师看重自身资本的积累，学校应为他们提供各种培训学习机会，如出国培训、参加各种专业会议和专题培训等，重视对教师的职业生涯的人力资本投资，使他们始终保持良好自信的情绪和高昂的工作热情，达到双方之间的沟通、协调与合作开发提升人力资本的价值的感情目的。

（四）竞争方面的激励

竞争作为一种激励方法自古就有，这里所讲的竞争是组织中促进个体与个体相互作用的一种激励方法，其作用效果是个体本身无法独立产生的。目前高校内还很缺乏竞争机制，教职员工的危机意识不强。只有强化分配制度上的改革，真正实施优胜劣汰等竞争机制，才会进一步激励所有教职员工不断学习、提高专业能力的热情，推进学校各项工作的全面开展。

教师是高校最重要的人力资源，高校教师的智力和体力为高校的发展、学生的成才以及科学的进步做出了重要贡献，即高校教师所拥有的人力资本可以为社会创造财富。同时我国高校的知识创新不仅要把教师们作为创新的主体，还要当作高校团队的中心和主轴，以人本管理的思想整合教师和学院领导层的目标。因此，高校领导层需要把人本主义的管理理念贯穿在校内人力资本激励机制的构建中。

参考文献：

[1] 金文芳.基于人力资本理论的高校教师激励机制研究[J].文化创新比较研究，2018，2(13)：148.
[2] 王佳男.高校高层次人才引进的问题与对策研究[D].石家庄：河北经贸大学，2014.
[3] 夏林.高校人力资本激励机制研究[J].经济研究导刊，2013(29)：89-90.

人工智能大潮下高校应用型人才培养模式研究
——以徐州工程学院为例

李 琼

摘 要:在人类发展的历史长河中,教育相较于其他行业其变革几乎是最为缓慢的。传统的人才培养方式,以静态场景、统一要求和标准化管理为特征,已经越来越难以适应新时代的人才培养要求。随着人工智能的快速发展,高校应用型人才培养临着前所未有的挑战。本文以徐州工程学院为例,从培养目标、课程体系、培养方案等方面对该校人才培养模式进行再思考与再设计。

关键词:人工智能;人才培养模式;应用型人才

全球著名的咨询公司麦肯锡发布报告称,到2030年,保守估计全球约4亿人会因人工智能(Artificial Intelligence,AI)而导致其工作发生变动,激进预估会有8亿人因为人工智能而失业。从学科的角度来看,人工智能是研究、开发用于模拟、延伸和扩展人的智能的理论、方法、技术及应用系统的一门新的技术科学。当前最受关注的方向集中在计算机视觉、自然语言交互、认知推理、机器人学、博弈与伦理和机器学习等,几乎每个方向都跟教育高度相关。面对浩浩荡荡、不可阻挡的人工智能发展浪潮,教育应该更好地适应并引领时代的变革。

一、人工智能时代传统人才培养模式变革的必要性分析

传统意义上的接受教育即"到学校学习知识",人们通常把学习书本知识叫作"读书",把老师教学生学习书本知识叫作"教书",学生在学校的学习几乎天天沉浸在知识的海洋里,课本上的内容基本都是知识,课堂笔记记录的是知识,教师传授的主体是知识,考试所考的重点还是知识……人工智能时代,这种教育模式已越来越难以适应时代发展的需要。毋庸置疑,学生是学习的主体,也是评价教育效果的直接对象。人工智能环境下传统人才培养模式的变革,最为关键的是将传统的以"知识传授"为中心的教育模式跃升为以"智慧开发"为核心的新模式,实现全方位的教育转型。

二、人工智能时代徐州工程学院人才培养的再思考

徐州工程学院位于国家"一带一路"重要节点城市、国家历史文化名城、淮海经济区中

作者简介:李琼(1981—),女,硕士,徐州工程学院管理学院讲师,研究方向:信息管理与电子商务。

心城市、素有“五省通衢”美誉的江苏省徐州市。学校办学肇始于1959年，2002年经教育部批准升格为全日制普通本科院校，是国家卓越工程师教育培养计划实施高校、国家产教融合发展工程项目试点高校。

围绕“立足徐州、服务苏北、辐射江苏”的总体办学定位，徐州工程学院一直坚持“以培养应用型人才为目标”的办学方向。针对一般应用型高校受制于狭隘“工程观”和“专业观”，忽视现实工程的综合性、系统性，导致学生创新能力与现实工程需求不匹配等问题，徐州工程学院人才培养模式可结合人工智能技术提供的契机，进行根本性的再思考。人工智能时代的人才培养要注意如下几点。

（一）“知识传播主战场”的转移

在新的时代，学校所固有的“知识传播主战场”的地位正在削弱。随着互联网的广泛覆盖和手机、电脑等终端设备的普及，通过去学校学习知识来解决现实问题的模式已无法更快、更好地满足相关需求。为了与新的形势相适应，作为前沿知识传播生力军的高等院校，应结合新崛起的人工智能技术，重新定位自身的角色。

（二）高校教师的知识优势正在逐渐丧失

随着技术的快速进步，知识的迭代速度也随之变得越来越快，很多知识的生命周期开始变得越来越短。在很多前沿的知识面前，教师几乎和学生站在同一起跑线上，如何成为学生知识学习的引领者，成为令很多教师头痛的问题。传统意义上代表着“知识权威”的教师正面临着越来越严峻的知识危机。从未来的趋势看，大多数高校教师需要重新定义自己的专业方向和优势，高校也应考虑到师资来源的多样化。

（三）教育本质由“标准化”转向“个性化”

传统教育模式是“以教师为主导，教师主动教学生被动学，教师教什么学生就学什么”。在学习过程中，学生学习的内容是统一的、没有差异的内容，难以满足学生个性化的需求。在人工智能得到普遍应用的环境下，学生可以基于自身的学习兴趣、原有的知识结构、学习能力、就业诉求等方面的差异化特征寻求“个性化”“精准化”的教育服务。培养学生学会学习并促使其自主发展是教育本质的进一步发展。

综上所述，传统意义上以“知识传递”为中心的人才培养模式正遭遇空前危机，必须改变这一认知，让我们的学生适应人工智能时代发展的需要。

三、人工智能时代徐州工程学院人才培养模式的再设计

人工智能时代，徐州工程学院应用型本科人才培养应以学习者为中心，将人工智能与传统课程深度融合；以教学手段和教学方法智能化改革为重点，以人工智能师资引进与培养为根本，以实践教学体系建设为依托，以人工智能教育教学研究为支撑，以“智慧开发”为应用型人才培养模式的发展目标，使学校教育教学能紧跟时代发展的脚步，为淮海经济区社会经济发展的建设提供坚实的人才保障。

（一）以“智慧开发＋应用型人才培养”为目标

随着时代的不断发展，学生不仅是知识的接受者，同时还是知识的创造者。目前徐州

工程学院"以培养应用型人才为目标"，虽然比较符合学校的目前的实际情况，突出了应用型能力的培养，但与人工智能时代的特点还不太适应。因此，应紧扣新技术和新经济对人才培养的新要求，结合人工智能时代人人都是知识创造者的特点，重新定位人才培养目标。

在人工智能技术突飞猛进的今天，依靠自身的"知识能力"与人工智能进行比拼，必然无法占据优势。智慧是人类综合认知能力的体现，是人工智能所无法具备的，人类不可能被机器取代，最大限度地开发出属于自己的智慧才是应有之举。将"智慧开发＋应用型人才培养"作为徐州工程学院应用型人才培养的核心目标更符合时代的要求。

（二）推进课程体系的完善

徐州工程学院各专业课程体系是由通识课、学科基础课、专业必修课和专业选修课组成的，虽然体现了"厚基础、宽口径、重应用"的特点，但与人工智能时代的本质要求还有较大的差距。人工智能时代要求每个专业的学生对计算机科学、数据科学知识都有比较系统、比较深入的了解和掌握，而不仅仅是计算机科学专业和信息科学专业的学生要了解这些知识，因为只有这样才能对接人工智能、"互联网＋"、大数据、云计算等对智能化技术的需要。学校应深入推进人工智能类课程与传统课程深度融合，让"人工智能时代新技术和新文化"进课堂。

在此基础上，学校可根据需要引入 AI 深度学习的智能化工具，打破时空地域范围，超越以教师和书本为传播载体的传统教育方法和教学体制，综合利用人工智能知识信息链接、个性化跟踪反馈等功能特性建立适应瞬息万变的全球化竞争挑战的教学机制，帮助学生自主建构个性化的专业知识结构体系，真正实现"智慧开发"这一新的培养目标。

（三）线上与线下教学的深度整合

目前徐州工程学院在教学方法与手段上以课堂为中心、以教师为中心、以课本为中心的教学模式仍没有明显的改观，难以适应人工智能时代对个性化和定制化知识的需要。我们要改变以往重记忆和再现知识的传统教学方法，全面强化学生的知识应用与再学习能力，重点开发学生的智慧。

学校可以对"慕课"、视频公开课等优质教学资源进行深度开发利用，真正做到线上与线下的深度融合。在教学过程中采用多样化的教育手段、线上线下教育资源和学习空间融合的 O2O（线上到线下）教育模式。这种教育模式符合当今时代移动化和碎片化的信息接受方式，能集聚大量协作教学的链接资源与国际化课程，创新课程结构、教育资源、教学评价与教学环境，打破地理时差实现跨时空的互动交流，协调完成课程教学。

（四）人工智能时代实践教学需要再优化

徐州工程学院各专业的实践教学的设置以传统实践教学模式为主，基本都是在教学内容上以理论课为基础进行设置的，在教学空间上以校内实验室为主要场所，难以适应人工智能时代对实践教学提出的新要求。人工智能时代学校理论教育与社会实际工作紧密融合，社会经济发展中出现的新问题、新现象都需要学校教育给予及时、准确的响应，这就需要学校在实践教学中紧扣社会现实问题，以社会经济发展过程中的现实问题作为实践教学的内容。

人工智能、大数据、云计算等人工智能新技术的出现，让我们做实验所需要的资料和数据不再局限于实验室内，我们的虚拟实验室可以无限延伸。

（五）实现教师职能由知识输出者向教育引导者转变

支撑人工智能时代高等教育的核心仍然是教师，教师对人工智能时代新技术的认知比较敏感，大学教师对人工智能新技术了解程度整体较高，但不同学科的教师对人工智能时代新技术的认知度存在较大差异。为了适应人工智能时代发展的需要，教师必须转变思想观念，增加和提升人工智能教育应用方面的知识和能力。

人工智能时代，终身学习将成为教师的基本习惯和基本生活方式，掌握基本的人工智能技术成为教师的必备素质和能力；徐州工程学院教师在此方面的能力整体都比较欠缺，需要提前规划进行进修和培养。

四、总结

人工智能经过 60 多年的发展孕育，正进入前所未有的爆发期，教育无疑是受其影响和冲击最大的行业之一。人工智能不仅是一种技术，更是一种新的教学方式。本文从高校人才培养的角度进行审视，深入探究了传统的以“知识传授”为主要表现形式的教育模式如何向以学生为本、以“智慧开发”为中心的教育模式的转变。

参考文献：

[1] 黄荣怀，刘德建，徐晶晶，等. 教育机器人的发展现状与趋势[J]. 现代教育技术，2017，27(1)：13-20.

[2] 刘清堂，王洋，雷诗捷，等. 教育大数据视角下的学习分析应用研究与思考[J]. 远程教育杂志，2017，35(3)：71-77.

[3] 马玉慧，柏茂林，周政. 智慧教育时代我国人工智能教育应用的发展路径探究：美国《规划未来，迎接人工智能时代》报告解读及启示[J]. 电化教育研究，2017，38(3)：123-128.

[4] 牟智佳.“人工智能＋”时代的个性化学习理论重思与开解[J]. 远程教育杂志，2017，35(3)：22-30.

[5] 余明华，冯翔，祝智庭. 人工智能视域下机器学习的教育应用与创新探索[J]. 远程教育杂志，2017，35(3)：11-21.

徐州人才国际化分析研究

宋　娟

摘　要：国际化的人才，就是有在全球范围内与国际级企业、高层对话能力和共同语言的人才。随着高新科技的迅猛发展，全球正处于一个相互关联的经济体框架内，各个行业都迫切需要国际化的人才来参与市场竞争，引领企业或行业发展。由此，人才的国际化是经济国际化的必然要求，它决定了一个地区在区域发展格局中的成败进退，决定着区域经济发展的档次和水平，关系着区域未来的建设和经济产业发展。区域作为整体中的部分独立个体，参与经济全球化的程度已然越来越深，开放度也越来越大，但是如何才能积极主动、有的放矢地融入经济发展的前沿浪潮中，则考验着地方政府和企业的智慧，需要多方共同努力。本文试从徐州市人才国际化的优势分析、存在的主要问题、突破路径等多个方面来呈现徐州市人才国际化的现状，以期提供借鉴。

关键词：人才；国际化；经济；区域发展；突破路径

一、何为“国际化人才”

人才是经济社会发展的第一资源。当下的综合国力竞争，归根结底是人才的竞争。“得天下人才者得天下”，占领人才高地已成为各国以及区域经济竞争制胜的关键。徐州市目前正处在工业化转型、城市化扩张、经济国际化提升的关键时期，加快建设人才强市，培养造就一支规模宏大、结构合理、适应发展需要的高素质人才队伍，已成为各方的共识。

何为“国际化人才”？可谓仁者见仁智者见智。讨论最多也最易达成共识的说法体现在以下几个方面：① 国际化人才一定要有大局观念，善于研究全局性、长期性、战略性的问题。② 国际化人才要有全球视野和思维模式，善于从长远利益、根本利益的角度，观察和解决问题，以冷静、务实的态度处理各种关系。③ 国际化人才应该具备国际化的知识和市场观念：既要有扎实的科学文化基础，又要有较深的专业造诣；既要了解国际市场动向，熟悉国际市场规则，又要对世界经济发展进行客观分析，预测未来世界经济的走向。④ 国际化人才应该具有良好的创新意识和较强的创新能力。⑤ 国际化人才应熟悉国际规则，具有国际运作能力。⑥ 国际化人才应该具有良好的跨文化沟通能力，熟悉多元文化，具有国际交

作者简介：宋娟(1976—)，女，硕士，徐州工程学院管理学院副教授，研究方向：工商管理。

流交际能力。

许多专家和学者对国际化人才的含义或者素质特征进行了研究，表述也各不相同。但是人才国际化必须要服务于地方经济发展，必须要促使本地经济与世界接轨，才能体现其价值，因而在区域发展的框架内，笔者认为，人才国际化要有产业特色，体现区域的产业和文化特色，适应或超前于区域的发展。人才国际化，重在能力和素质的国际化，更要以本土人才国际化为基础。

由此，笔者以为，谈论区域人才的国际化，引进和培养要两手抓，两手都要硬。一是引进具有国际化背景和知识储备的优秀人才，在重点行业和关键岗位发挥人才的“领头羊”作用，一位人才凝聚一个团队，带领一个行业；二是培养本地化人才，采取“送出去”的方式，使其具有国际化的视野和思维模式，提升现有行业和技术的国际竞争力。相对于“引进”而言，加大对本地人才的培养力度，使其具备更高的国际化水平，具有更大的操作空间和更强的实用性。

二、徐州人才国际化优势分析

（一）地理区位优势——广阔的市场开发前景

徐州作为加速崛起的区域性中心城市，是全国重要的综合交通枢纽城市，是江苏省重点规划建设的三大都市圈核心城市和四个特大城市之一，同时也是江苏沿海开发与中部崛起的连接带和长三角与环渤海两大经济板块的接合部，具有显著的东靠西移、南北对接、双向开放、梯度推进的战略区位特征，具有集散、交通、创新、创意等显著的中心城市功能，在资本、技术、人才、信息、基础设施、交通运输、市场容量、文化活动以及居住条件等方面具有明显优势。各地人才来徐州创新创业、开拓市场的成功率较高，“突破徐州、立足淮海、走向全国”的市场效应日益凸显。人才国际化是经济全球化导致人力资源在全球范围内流动的必然结果。市场“需要”国际化人才，“需要”是最好的推动力。徐州的区位优势为各行业市场的开发和拓展提供了现实空间。

在此背景下，徐州迎来战略机遇期。其一是徐州自身的发展，区域“八大中心”的建设，让各方英雄有用武之地；其二是一线城市对部分人才呈现“饱和状态”，人才需要一定的集聚效应，但“大而无当”盲目集聚的结果，会让一部分有为之人感觉不到“需要”的满足，而徐州“二线强”和宜居城市的定位更利于吸引人才创业；其三，徐州区域中心城市的地位，会吸引苏鲁豫皖周边人才向徐州集聚，交通优势转化为地域优势，“乡邻情感”上的文化习俗认同让徐州有天然的贴近性。

（二）产业聚集优势——雄厚的产业集群效应

徐州是能源之都，电、煤、气、水等各类资源都十分富集，是名副其实的老牌工业基地，也是淮海经济区的产业中心，装备制造、能源、食品及农副产品加工、煤盐化工等产业均已超过 1000 亿元规模，徐工、徐矿、维维、徐烟、中能均为中国 500 强企业。近几年，徐州市正加快发展“六大千亿元工业产业”“八大战略性新兴产业”“五大千亿元服务业产业”，浦发银行、招商银行等数十家商业银行和投资机构也进驻徐州，门类齐全、基础扎实的产业集群为集聚优秀人才提供了良好的载体条件，大部分领域的高层次人才在徐州都可以找到用武之地。

徐州经济产业发展迅速，特别是“八大中心”的建设正按计划推进，有些产业正处于腾飞的起始阶段，比如机械、医疗、制药、物联、高新技术等。另外，徐州城市发展构建了一个主城区、五个县级城市的“一主五副”格局，产业发展所需的土地空间巨大。因而，徐州正成为投资的热土。

（三）文化资源优势——浓重的汉文化氛围

文化既是核心竞争力，也是产业发展的基础。作为汉文化的发祥地和集萃地，徐州有着几千年的历史积淀和文化传承，特别是汉字、汉语、汉服、汉文化，都发轫于徐州，对外交流极易融合，达到文化认同效果。徐州人文精神源远流长、广纳博采、开放包容、融汇百家，对外来人才创新创业尊重支持，并且围绕文化名市建设，结合打造“两汉文化”“军事文化”“山水文化”“书画徐州”等鲜明品牌，大力实施文化名角名家培养工程，着力培养和引进优秀文化人才，浓郁的文化氛围既是吸引力，也是产业形成的基础。由此而言，汉文化的丰富内涵有待挖掘，以期形成特色产业。

目前在徐落户的外地企业近 3000 家，其中包括世界 500 强企业 25 家。当前，徐州秉承“有情有义、诚实诚信、开明开放、创业创新”的新时期徐州精神，以情义促动发展，以宽容的态度、海纳百川的胸怀，着力打造各类人才创业首选之地。

（四）政策导向优势——人才是“第一资源”

在科学发展的进程中，徐州市始终把人才资源作为最为宝贵的“第一资源”，将科教和人才战略作为科学发展的基础性战略，创新思路举措，加快推进高层次人才队伍建设、高科技成果转化、高新技术产业发展的“三高联动”，积极引领人才向科技发展一线集聚，并不断加快区域性人才强市建设步伐。一系列的创新引进政策目前已开花结果，吸引了一大批高新技术人才的入驻。

高层次创新创业人才经评审通过后，可享受三个“一百”政策，即每位人才 100 万元的项目资助、100 平方米的工作场所和 100 平方米的公寓住房。优秀的领军人才和创新团队，项目资助金额可增加到 300 万—1000 万元，对成长潜力好的项目给予贴息贷款支持。与此同时，对处于孵化期的科技创业项目，所得税、增值税地方留成部分，实行“两年全免、三年减半”政策。

创新实施“研究生企业集聚工程”，凡到企业工作的研究生，市财政给予 3 万—20 万元的一次性补助，硕士 3 万元、博士 5 万元，优秀的经评审给予 15 万—20 万元个人资助；对于骨干企业，均能做到“安排住房、跟踪培养、支持创新、及时重用”。

徐州市多管齐下，制定了多方面的优惠扶持政策，努力营造出一种尊重知识、尊重人才的浓重氛围，其开明、开放的政策导向，无疑为国际化人才的引进和培养提供了肥沃的土壤。

三、徐州人才国际化存在的主要问题

(一) 人才分布不均

徐州是一个科教文化资源富集的人才大市，截至 2018 年年底，徐州市人才总量已达到 135 万人，其中高层次人才 10.2 万人。但徐州人才资源分布不合理，高层次人才主要集中在高校和科研机构以及教育、卫生领域，企业的高新技术、专业技术创新创业人才相对短缺。尤其是文化、旅游产业更需要大的产业集团和精英化人才的支撑。

(二) 人才贡献率不理想

人才通常是指具有一定的专业知识或专门技能、进行创造性劳动并对社会做出贡献的人。贡献率是指有效或有用成果数量与资源消耗及占用量之比，即产出量与投入量之比，或所得量与所费量之比，是分析经济效益的一个核心指标。其计算公式为：

$$贡献率=\frac{贡献量(产出量,所得量)}{投入量(消耗量,占用量)}\times 100\%$$

目前，徐州市在人才投入总量上并不比苏南相差太多，2015 年，徐州人力资本投资达 447.6 亿元，人力资本投资占国内生产总值(GDP)的 12.6%，全市人才贡献率为 29.5%，低于全省平均水平 4 个百分点(2015 年，江苏全省人力资本投资达 6590 亿元，占 GDP 的 13.6%，人才贡献率达 33.5%)，只比 2014 年全国的数字多 2.9 个百分(当年全国人才对经济增长的贡献率达到 26.6%)。而《2015 年苏州市人才发展统计公报》显示，苏州 2015 年年底全市人才资源总量达 161.21 万人，高层次人才 9.7 万人，全市人力资本投资 488.05 亿元，占 GDP 的 4.55%，人才贡献率为 43.4%，达到中等发达国家水平(西方发达国家人才贡献率大部分在 40%—60%之间)。2016 年，徐州人力资本投资达 543.04 亿元，人力资本投资占 GDP 的 13.52%，人才贡献率为 31.31%。与苏南人才贡献率的巨大差异，充分说明徐州在人才投入上，其产业转化能力不足，人才的带动能力不强。

人才资本投资是人才贡献率的源泉。投资人才资本比投资资源资本、产业资本能获得更大的收益。人才资本可以让一个“新品”在一夜之间战胜一个畅销几十年的“名品”，这就是投资人才资本的巨大经济效益。

(三) 专业园区发展缓慢、功能不足

近几年，徐州市各类园区建设成效明显，但对于大多数初期创业的海外人才来讲，特别需要投入门槛低、综合服务完备的专业园区。目前徐州市仅有 3 家留学人员创业园，分别是江苏省徐州留学人员创业园、江苏东陇海留学人员创业园和江苏省云龙文化创意产业园，但是这些园区在管理体制上，与市场化运作还不匹配，特别是没有实行孵化器经营管理的职业经理人任用制，没有建立与入园企业发展需要相适应的服务体系，存在着重资金轻人才、重引进轻培育等方面的问题，综合服务还不能完全满足人才需要。

(四) 人才工作力量薄弱、不够专业

目前徐州市市、县两级均健全了人才工作领导小组，两级组织部门也都设立了人才科室，但各县区人才科基本上都是 1—2 人，市委组织部人才处(人才办)也只有 3 名同志，领导

小组各成员单位有人从事人才工作，但都不是专业人才，还存在着人才工作“说着重要、忙时不要”的现象。

近几年，徐州市委、市政府把“双招联动”作为一项明确要求，但在实际工作中，“重招商、轻引智”、招商引智“两层皮”的问题一直没有得到有效解决，对人才的管理还处在“粗放经营”阶段，专业化、制度化不够，对各单位、各行业在人才使用、培养等方面的分类指导和把握不到位。在笔者调研中，有的基层人才办甚至对什么是国际化人才、有哪些国际化人才都不甚明了。

（五）人才政策不够优惠、系统

徐州目前在招引海外高层次人才方面，主要推介“六大优惠政策”，包括创新创业扶持、税费优惠减免、金融资金支持、知识产权入股、学术研究保障、生活配套服务。这些政策“外行人看着热闹、内行人知道薄弱”。比如金融支持，徐州市已经成立了 6 家风险投资和创业投资机构，同时政府成立科技成果转化风险补偿资金、创新创业“种子”资金，支持科技含量高、市场前景好的创新创业项目发展。领军型创业人才创办的企业，国有股份按约定退出的超出部分，用于奖励科技领军型人才。但实质上真正能够顺利得到风投创投资金的企业很少。此外，这些政策散见于各个部门的文件甚至是讲话中，还没有市委、市政府层面的正式文件，优惠政策真正落实起来比较烦琐且困难，需要集中、统一，以法规的形式落实到位，为人才创业创新提供便捷的分类指导和服务。

四、徐州人才国际化的突破路径

（一）利用多方平台引进国际化人才，建立人才国际化的平台和窗口

引进国际化的人才，必须要拓宽并深化完善各种引智渠道，通过多种平台和活动，以海纳百川的胸怀，促进人才的国际招聘和引进。

在继续推进“双百”高层次人才等一系列培养工程、计划的同时，必须进一步加强与海外人才组织的协作，发挥政府驻外机构和招商机构的作用，借助各地区商会、徐州籍在外人才联谊会的优势，宣传人才优惠政策，开展联谊对接活动，突出重点产业、重点项目和重点区域，适时并精心组织开展一系列招才引智活动，引进急需的高端人才。

（二）建设并完善人才载体，为引进国际化人才提供平台保障

吸引国际化的人才，尤其是吸引国际化的高级专业技术人才来徐州工作，必须要把载体建设作为筑巢引凤的重要手段，为人才发挥才智提供必要的舞台。

目前，徐州市已拥有国家级经济技术开发区 1 家，国家级大学科技园 1 家，国家级大学生创业示范基地 1 家，省级高层次人才创新创业基地 4 家，拥有省级以上认定的科技孵化器 14 家，省级以上认定的高新技术企业 93 家，省级留学人员创业园 3 家。中国徐州工程机械研究院、国家多晶硅徐州工程中心、感知矿山物联网研究中心、中德合作“东方鲁尔工业园”等一批重大创新平台已列入国家支持计划。

但是，要引进更多的专业化的国际化人才，让他们充分发挥自己的才智，还必须发挥“人才基地”的引领作用，新创建更多的高层次人才创新创业基地。有了载体后，还必须发

挥“创新在高校、创业在园区、人才在企业”的优势，让载体更好地发挥科技孵化器和产业发展引导作用，并且持续推动人才创业基地提档升级，进一步提高科技项目对接能力和人才服务水平。

（三）加大本土化创业型人才的培养力度，建立创新长效机制

目前徐州市有 14 所高等院校、31 所独立科研院所、335 家各类科研开发机构，集中了 1.8 万名中高级人才和近 20 万名在校大学生。所以，在大力引进国外人才的同时，还必须充分发挥徐州市的高校优势，着眼于基础性和战略性开发，提升徐州市未来的人才竞争力，加大本土人才的国际化培养力度。

截至 2017 年年底，徐州市大学生创业企业累计已达 3000 家，创造就业岗位 2 万个，申请各类专利 50 个，实现收入 2 亿元。在此基础上，必须继续深化大学生创业帮扶工作，加强青年人才和本土人才队伍建设。不断加大扶持力度，完善配套措施，积极鼓励高校在校生、毕业生自主创业，加快建设徐州大学生创业园，选择一批企事业单位设立大学生创业实训基地。加快建设淮海经济区区域性人才市场，促进大中专毕业生等各类人才就业创业。组织开展大学生创业评选表彰活动，营造有利于大学生创业的社会氛围。支持各地各部门为大学生创业提供优惠政策和扶持措施，鼓励各县（市）建设大学生创业基地。

（四）紧紧围绕“八大中心”建设，在薄弱环节和产业上重点突破

大力开发经济社会发展重点领域急需紧缺人才，积极适应转变经济发展方式、构建现代产业体系的需要，重点加大主导产业领域急需紧缺专门人才的开发力度。加快建设高层次创新创业人才队伍，努力培养造就一批能够突破关键技术、具有自主知识产权的创新型科技人才和依靠核心技术自主创业的科技企业家，全面加强人才队伍建设，积极为人才创新创业搭建平台，激励各类人才在经济社会发展中干事创业，促进党政人才、企业经营管理人才、专业技术人才、高技能人才、农村实用人才、社会工作人才等“六支队伍”竞相发展。

（五）开展人才开发的前瞻性研究，提出人才国际化建设规划和操作路径

要成立专门机构专题研究人才国际化工作，积极把人才国际化作为人才开发规划的重点内容进行科学谋划，作为实现人才强市的必由途径，纳入全市经济社会事业发展总盘子进行优先考虑。

（六）处理好大氛围与小氛围的关系，不要“政府在行动，企业不动”

建立“官、产、学、研、民”五位一体的人才培养机制，人才自组织和政府组织相得益彰，创造人性化管理与人情化的氛围。促进产学研合作扎实有力开展，建立以企业为主体的产学研战略联盟，引导和鼓励企业与高等院校、科研院所全面合作，共同建立实验室、研发中心、工程中心，联合培养高层次人才和创新团队，对产学研结合的科技成果转化运用给予经费支持。支持企业在高校、科研院所设立人才基金，联合高校创设院士工作站、博士后工作站及各类研发机构，提高企业经营管理水平和市场竞争力。放大徐州市科教优势，从高等院校和科研机构选派科技人才到基层和企业挂职服务，选聘一批科技企业家担任高校产业教授，推行产学研联合培养研究生的“双导师制”。

（七）分类指导，发挥行业协会的作用

创建徐州国际人才交流协会和专业人才行业协会，整合国内外人才资源，推进国内和国际人才市场的融通，提升人才交流的外向度。财政支撑行业协会的发展，外引和内部培训相结合，广泛培养，重点培育，做好监督。

（八）完善人才环境政策

积极营造尊重劳动、尊重知识、尊重人才、尊重创造的良好社会氛围，更新观念，树立更加开放的现代人才理念。对重点行业和人才，跟踪培养和督促，重视人才梯队的建设，给尖端人才上升空间，发挥群体效应。

用人单位，要树立以业绩为取向的人才价值观，打破论资排辈的框框，打破官本位的思维模式，树立服务理念，为人才提供切合实际的福利待遇。特别是文化单位，要从自身出发，培养自己的有国际视野的经营人才和专家。

建立长效的人才资源培养机制。构建终身教育体系，多层次全方位加强培训教育。加大教育对外开放的力度，鼓励有条件的高校拿出重点学科、专业与国外高校同类强项学科、专业进行国际化合作办学。

提升人才服务体系。提升政府人才公共服务体系，建立具有现代服务手段和服务标准、专业化、规范化的人才服务网络。进一步加强人事代理、社会保险代理、企业用工登记、劳动人事争议调解仲裁、人事档案管理、就业服务等公共服务平台的建设，满足人才多样化需求。创新政府提供人才公共服务的机制和方式，实行政府购买公共服务制度，加强对人才公共服务产品的标准化管理，大力开发人才公共服务产品。

五、结论

人才引领发展，合作赢得未来。人才的国际化是一项很现实的命题，也是一项刻不容缓的任务。无论是地方还是国家，甚至放眼全世界，只有拥有高质量的国际化人才，方能在经济全球化的浪潮中站在科学技术的前沿，跟紧时代步伐，从而拥有一席之地。因而，必须在整个社会中植入一种现代化的人才理念，让国际化的高新人才成为学科带头人，引领各行各业的发展，为国民经济创造持久的生命力。这就要求政府、企业、团体等各方必须群策群力，大力引进和培养国际化的人才，源源不断地为经济发展提供智力支持。“路漫漫其修远兮，吾将上下而求索”，徐州人才国际化的任务任重而道远。

参考文献：

[1] 陈力. 国际人才竞争的特点与趋势[J]. 中国人才，2013(12)：15-17.

[2] 陈水良，张文溪. 人才国际化成为当务之急[J]. 宁波经济（财经视点），2015(12)：26-27.

[3] 董小华. 推进首都人才国际化建设[J]. 中国人才，2007(15)：22-23.

[4] 沈荣华. 21 世纪中国的人才战略走向[J]. 中国人才，2017(1)：49-51.

[5] 吴瑕. 南京市人才国际化战略研究[J]. 中共南京市委党校南京市行政学院学报，2007(3)：79-81.

[6] 张华英. 人才国际化与国际化人才的培养[J]. 福建农林大学学报（哲学社会科学版），2013，6(4)：81-83.

地方高校服务徐州"一带一路"建设的人才战略研究

肖味味

摘　要：地方高校为服务徐州区域经济社会发展发挥了重要作用，但也存在诸多不足。当前，徐州对接"一带一路"已展开，如何培养出"一带一路"急需的创业创新人才、非通用语言人才、海外高端人才、急需领域专业人才，本文研究了具体的实施路径以助力徐州人才战略选择。

关键词：徐州；地方高校；一带一路

徐州地处苏、鲁、豫、皖四省接壤地区，自古是丝绸之路的重要门户。在国家"一带一路"倡议的规划中，徐州位于新亚欧大陆桥经济走廊的重要节点。江苏省委、省政府大力支持徐州参与"一带一路"的建设，这是我市发展历经东陇海经济带、徐州都市圈和振兴徐州老工业基地之后，面临的又一重大机遇。

一、地方高校为徐州发展做出的成就

地方高校作为我国高等教育体系的一分子，是指由地方政府管理、为地方培养人才的高等院校。地方高校在服务徐州经济社会发展方面不断探索，在为区域发展培养高素质的复合型、应用型人才方面起到了重要作用。地方高校在国家"一带一路"建设中肩负着不可推卸的伟大历史使命。

（一）积极转化科研成果，以促进区域经济的健康发展

徐州各地方高校结合自身学科发展开展科学研究，科研工作取得了长足的进步，取得了一批具有较高水平的研究成果，许多方面取得较大突破，产生了一定的影响，成果投入应用、经济效益日益显现。

以徐州工程学院为例，该校借鉴德国应用技术大学校企合作经验，通过建立产学研合作发展平台，吸引行业企业广泛参与学校办学，提高服务地方发展和产业转型升级的能力。学校与徐工集团、维维集团制定的"双徐工六共建""双支撑四融合"校企合作模式初显成效，校企联盟成员企业达220余家，双方共同开展专业课程建设、共同制定人才培养方案及专业培养标准、联合开展应用性研究，建立了全面的合作关系。为强化校企合作，该校与北京理工大学联合共建省级技术转移中心，依靠地方政府产业政策支持，面向企业创新需求，通过对科研成果、人才、信息等资源的优化整合，致力于技术转移的组织与服务工作；与徐

作者简介：肖味味(1981—)，女，硕士，徐州工程学院管理学院讲师，研究方向：财务管理、区域经济发展。

州市泉山区共建大学科技园和徐州2.5产业园，合作打造徐州地区唯一的国家级电子商务示范园区。

（二）以社会科学研究为主，成为服务政府和企业的智库

作为徐州地区的综合类地方高校——徐州工程学院，它成立了苏北农村发展研究院、徐州市现代物流发展研究院，通过参与地方政府以及党政机关的决策，通过科学研究、项目合作，提交科研成果（为企业公司做计划书、规划建议）来进行校企合作，或者是为企业发展提供设计方案、管理建议和宏观决策，服务社会。以现代物流发展研究院为例，近年来，徐州市现代物流业体系初步建成，成长迅猛，但迫切需要解决发展的瓶颈和存在的困难。徐州工程学院近年来一直致力于加强现代物流发展的研究，组成了高水平的物流研究团队，取得了系列物流科研成果："徐州市物流工程与技术研究中心""中国物流与采购联合会徐州地区物流师培训中心""中国物流学会产学研基地"相继成立；利用中央财政支持地方高校专项建设资金项目"徐州现代物流技术与创新实践基地"加快建设。徐州工程学院将加快培育这一优势研究领域，力求把研究院建成徐州现代物流业发展的智囊平台、现代物流技术攻关与成果的转化平台、物流信息数据资料库平台和物流人才培养基地。

（三）优化学科专业结构，扶助区域主导产业发展

徐州工程学院在学科和专业建设上，紧紧抓住江苏省委、省政府振兴徐州老工业基地的历史机遇，围绕区域和地方产业结构的调整、优化，合理设置学科及专业，突出地方性、工程类，学科、专业建设既依托地方经济，又融入、服务地方经济，在服务中找到位置，在融入中提高水平，在结合中形成特色，通过整合学校工科优势和地方产业优势，形成新的学科、专业特色。例如围绕徐州支柱产业，特别是其重点打造的"工程机械与装备制造业、农产品加工与食品工业、商贸物流业、能源产业"四大千亿元支柱产业和地方重点发展的新兴产业需求，整合学校学科专业资源，对有特色、具有发展潜力的机电、食品、土木、结构等学科重点扶持；按照"以生物技术为先导、以高新技术为依托、以农业资源为对象、以精深加工为目标、以服务地方为宗旨"的思路来建好农产品加工与贮藏学科；充分利用已经形成的具有鲜明特色的"大型工程装备系统控制及其智能化"的研究方向，将工程机械理论及技术与电子技术、计算机技术、流体传动与控制等前沿学科相互渗透、有机结合，使机械电子工程学科建出特色；密切结合徐州市着力培育亚洲最大的具有国际先进技术的千亿元光伏产业集群，打造"光伏之都"的目标，增设"应用物理学"光伏光电本科专业方向，申办并获批"物流工程"等新专业；等等。通过坚持学科专业一体化建设原则，该校发挥学科支撑专业建设、专业促进学科发展的双向作用，使学校的学科专业建设水平显著提升。

（四）提高应用型人才培养质量，为区域经济发展提供人才保障

多年来，徐州工程学院以提高应用型人才培养质量为目标，确立了"以应用能力和创新能力为培养主线，优化课堂教学、突出实践教学、强化自主学习、引导个性发展"的人才培养新模式，努力培养学生实践动手能力、创新创业能力、终身学习能力，并取得一定效果。

（五）扩大城市影响力，增强区域软实力

徐州工程学院为了弘扬地方文化，提升区域软实力，充分发挥高校的引领和影响作用，

一直致力于徐州人文、历史、艺术等文化研究和本区域非物质文化遗产发掘、传承、保护研究，先后承办了“中国·徐州非物质文化遗产高层论坛”等多个全国性或地方性学术会议，为徐州地方经济发展、社会进步、文化繁荣建言献策。

二、地方高校服务徐州经济社会的不足

徐州地方高校的发展虽然迈上了一个新台阶，服务地方经济社会有了新的内容和形式，但是还存在诸多不足，从而影响了徐州的经济建设和社会发展。

（一）多以教学型为主，科研职能普遍重视不够

高等教育大众化阶段，办学大规模扩大增加了教师的教学负担，导致投入科研的精力有限。因此，地方高校的科研工作为徐州区域发展并未做出预期中的贡献，高校与企业的产学研合作并没有产生实质的经济效益。

（二）理论研究能力不足，地方高校智库偏弱

地方高校创办的智库力量较弱，水平高、影响大的较少。同时，地方高校智库在服务社会的过程中存在理论脱离实际、重模型设计轻实际分析、重理论轻应用的问题，导致服务社会效果不佳。此外，地方高校智库人才较为单一，缺乏跨学科联合研究，解决社会复杂问题的经验欠缺。

（三）徐州市的人文、社会和教育环境对留学生的吸引力不足

目前在徐州门户网站关于来徐留学生相关信息非常少，并且更新滞后；除江苏省政府的留学生奖学金项目外，徐州市政府没有设立其他来徐留学奖励机制；此外，徐州地方高校的学习风气、留学生师资队伍配备、留学服务工作等方面都存在着不足。

（四）人才培养结构和模式亟待改善

尽管目前地方高校也进行了“一带一路”的相关研究，但在本科教育中却没有得到真正渗透，专业人才培养依然按传统的学科单独分开进行。而“一带一路”所需要的是综合性人才，与高校单科人才培养计划不符。

三、徐州建设“一带一路”人才战略的实现路径

地方高校人才培养的质量直接关系到“一带一路”建设的成败，因此徐州地方高校应创新人才培养理念，完善人才培养组织及机构，明确人才培养目标，以培养出“一带一路”急需的创业创新人才、非通用语言人才、海外高端人才、急需领域专业人才。

（一）优先发展与区域支柱产业和新兴产业相关的学科专业建设

徐州市出台《参与“一带一路”建设行动计划（2016—2020年）》，明确了基础设施互联互通、经贸合作、产业投资、能源资源合作、金融合作、人文交流、生态环保合作、淮海城市群建设、园区企业发展等9个方面的34项任务。《徐州市“十三五”人才发展规划》指出，全力服务区域性“产业科技创新中心”“先进制造业基地”“现代服务业高地”建设，把徐州市打造成为淮海经济区人才驱动发展的领跑区、人才环境建设的先行区、人才价值实现的示范区。

地方高校要在学科专业上积极响应区域经济发展需求，以扶持区域主导产业发展，扩大与徐州经济发展的关联度、协调度。

（二）深化课程教学改革

地方高校应整合现有的语言、文学、宗教、历史、地理、政治、经济及理工农医等学科专业，开发出适合“一带一路”的跨专业学科，积极探索“外语＋X”人才培养模式，培养各类复合型人才；此外还应优化授课内容，将“一带一路”建设背景、实施重点、合作机制、规则标准以及“一带一路”沿线国家概况等通识内容渗透到相关专业教育中。

（三）搭建产学研用合作平台

地方高校应积极联系社会各方面，搭建优质的产学研用合作平台。高校依据产业界所传递的人才需求信息，主动与产业界协商制定人才培养标准，共同实施人才培养培训。在研究方向上，应以市场和社会需求为主要导向，注重新技术和新产品的开发研究，注重成果转化和实际应用效果。双方要重点加强成果转化平台和技术孵化基地建设以及区域产业结构的升级调整，切实提高双方对区域经济社会发展的直接贡献率。

（四）鼓励出国留学和海外实践

“一带一路”参与各国的社会发展模式和历史文化传统多种多样，要想深入了解当地的风土人情，就应向沿线国家派遣愿意学习和积极投身于“一带一路”建设的留学生与访问学者，以增强“一带一路”人才的工作适应性和效果。此外，各种政府间和非政府间国际组织也为青年人才熟悉国际组织运作、理解国际规则、加快专业成长提供了实习锻炼的机会。

（五）建设智库平台

要发挥地方高校智库的特色，依据其所承载的使命，以研究徐州现实问题，服务区域发展决策作为工作突破口，对事关徐州发展的重大现实问题进行前瞻性研究并提出对策建议，争取在重点领域拥有一定话语权和影响力，成为政府倚重、社会认可的专业智库。根据社会的需求和大学的定位，重点主攻应用对策研究。

（六）加强来徐留学教育

地方高校应注重教育产品的开发，通过加强外文授课以及专业教育和学历教育等各种方式优化教育资源，满足“一带一路”沿线国家的学生需求。徐州市财政也应该拿出相应的财政资金，以吸引更多的“一带一路”国家留学生来徐留学。

参考文献：

[1] 韩宝平．服务区域经济发展　探索地方高校特色发展之路[J]．国家教育行政学院学报，2010(11)：3-7.

[2] 王立国．高校智库服务“一带一路”的路径与对策[J]．牡丹江师范学院学报(哲学社会科学版)，2016(2)：139-144.

[3] 余薇．地方高校智库服务区域社会的路径探析[J]．黑龙江教育学院学报，2014，33(4)：5-7.

[4] 周谷平，阚阅．“一带一路”战略的人才支撑与教育路径[J]．教育研究，2015，36(10)：4-9.

试论教育的社会制约性和教育的人的制约性

陈　奇

摘　要：人类的教育活动具有两个最基本的客观制约性，即教育的社会制约性和教育的人的制约性，具体表现为社会生产力、社会政治、社会文化、人的发展的顺序性、人的发展的阶段性、人的身心发展的不平衡性、人的身心发展的互补性、人的身心发展的整体性、人的发展的个别差异性等对教育的制约。认识这些制约因素，是人类教育活动按教育规律办教育的重要思想基础，也是促进人的健康成长的重要路径。

关键词：教育；活动；身心；发展；制约

教育活动既是能动的又是受动的，总是要受到一定客观因素的制约。教育活动具有两个最基本的客观制约性，即教育的社会制约性和教育的人的制约性。认识这一点，是按教育规律办教育的重要思想基础。

一、教育的社会制约性

所谓教育的社会制约性，即教育本身的变化和发展要以社会的变化和发展为条件，这是教育的根本特性之一。

（一）社会生产力对教育的制约

社会生产力对教育的制约明显地表现在两个方面，一是对教育的变化和发展提出一定的需要；二是为教育的变化和发展提供相应的条件。需要是一种动力，条件是一种可能，教育的变化和发展只有在既有需要又有可能的前提下，才会比较顺利地得以实现。有需要而无可能，教育的发展与变革只能停留在愿望上；有可能而无需要，教育的发展与变革就没有动力。

1. 生产力制约着教育发展的规模和速度

教育发展的规模和速度归根到底并不取决于社会的制度和人们的愿望（尽管这也是教育发展十分重要的前提），而是取决于社会生产力发展的水平。办教育必须要投入相应的社会资源，如人力、物力和财力，社会能为教育提供什么样的投入水平，与生产力发展水平直接相关。社会的物质资源不仅直接关系到办教育的物质基础，也直接关系到一个社会能

基金项目：江苏省高等教育教学改革研究课题（编号：2017JSJG255）成果。

作者简介：陈奇（1989—），女，硕士，徐州工程学院人文学院研究实习员，研究方向：教育管理。

够为多少社会成员提供多少教育机会和教育时间。总体上讲，生产力的发展水平与教育发展的规模和速度成正比，即生产力发展水平越高的社会，一般说来教育发展的规模就越大，速度就越快，受教育的人数就越多，受教育的时间就越长。因为，生产力发展水平越高，对教育发展的需求就越大，同时也有满足这种需求的可能。

2. 生产力制约着人才培养的规格

在不同阶段的生产力发展水平上，生产力的科技含量和社会分工的水平以及经济结构是很不相同的，因而必然对人才培养的基本规格提出不同的要求，进而制约着教育诸多方面的发展。比如，在古代社会，教育主要是培养各级各类技术人才，对这种人才的基本要求是有一定的文化修养、政治意识和管理能力，至于生产和科技方面的知识，在学校教育中是没有什么地位的，自然也不会对受教育者提出这方面的要求。过去我国的教育理论总是把古代学校教育与生产劳动相脱离的根本原因归结为统治者和剥削阶级轻视劳动和劳动人民，这是不符合历史唯物主义的。造成古代学校教育与生产劳动相脱离的根本原因是当时生产力发展水平低下，其科技含量很低，劳动主要依赖于经验，而劳动经验是不可能主要在学校教育中获得的。到了机器大工业生产的资本主义社会，尽管剥削阶级的本质并没有什么改变，但由于生产的技术基础大大增强了，生产的社会化程度大大提高了，劳动者的社会流动大大加速了，这就要求学校必须重视社会生产方面的劳动者、管理者和科技人员的培养。同时，生产力的发展也对人才培养的规格提出了不同的要求，不仅要求受教育者掌握一定的科学知识和技能，而且要求他们要对生产的技术基础的变化和由社会经济结构的变化所引起的产业结构、职业结构及就业结构的变化具有一定适应能力与应变能力。随着科技的不断发展，随着生产的技术基础的不断变革，随着人的社会活动的不断加速，人才培养的规格也随之发生相应的变化：以往的专业口径比较窄，现在比较宽；以往比较重视专业知识教育，现在比较重视基础知识教育；过去比较重视技能，现在比较重视理论；过去比较重视复制，现在比较重视创造。在农业经济、工业经济和知识经济时代，生产力对人才培养规格的要求是有很大区别的。

3. 生产力制约着教育结构

所谓教育结构，即教育机构总体的各个部分的比例关系及组合方式，包括教育纵向系统的层次与层次之间的比例关系和相互衔接，以及教育横向系统的类别与类别之间的比例关系和相互联系。生产力的发展不断引起产业结构、职业结构、就业结构、技术结构、消费结构和分配结构的变革，与此相应，社会对各级各类人才的需求结构也会发生变化，进而引起各级各类教育的比例关系包括专业设置的比例关系的变化。例如，初等教育、中等教育、高等教育与非正规教育的比例关系，以及中等职业教育、中等专业教育和高等教育中不同层次、不同专业、不同科类之间的比例关系等等，都要随生产力发展水平的变化而变化；否则就会引起教育结构的失调，从而导致人才培养的结构性失调，造成一些层次和类型的人才供不应求，而另一些层次和类型的人才供过于求。许多国家的经验都表明，调整教育结构使之适合生产力的发展状态，是提高教育经济效益和促进生产力发展的重要途径。

4. 生产力制约着教育的内容和手段

生产力的发展，尤其是科学技术的进步，会促进人类知识总量的不断增长和人类认识能力与思维水平的不断提高，由此就会促进学校课程体系和教育内容的变革。纵观教育发展史，无论是学校的课程体系与结构，还是具体的教学内容，总体上讲都要受到生产力和科学技术的发展水平的制约。近、现代教育史表明，世界各发达国家的重大教育改革几乎都是以课程体系和教学内容的改革为核心的，而每次课程体系和教学内容改革的一个重要目的，就是适应和反映生产力和科学技术发展的新要求和新水平。

教育的手段与技术都是一定的生产工具和科学技术在教育领域中的应用，很大程度上反映了一定历史时期生产力的发展水平。在 20 世纪以前，学校教育的手段非常单一和贫乏。20 世纪后，随着科学技术的迅猛发展和由生产力发展所带来的教育物质资源的日益丰富，幻灯、投影、电影、录音、录像、广播、电视等现代教育技术广泛应用于教育，大大扩展了教育活动的范围，提高了教育的效率与质量。1974 年，美国发射了第一颗专用于教学的“实用技术卫星”，标志着现代教育技术发展到一个新阶段。此后，电子计算机、微电子技术、光纤通信等最新科技成果逐步应用于教育。当前在我国，计算机辅助教学、多媒体教学、网上教学及计算机远程教学正在引起人们的广泛关注，这必将对我国的教育技术和教学方式带来革命性的变化。

（二）社会政治对教育的制约

1. 政治制约着教育的领导权

教育的领导权直接关系到教育为谁服务和怎样服务的问题，某种意义上是教育的首要问题，因为它决定着教育的社会性质和价值取向等一系列教育上的大政方针，进而又直接、间接地制约着教育的方方面面。可以说，有什么样性质的教育领导权，就有什么样社会性质和价值取向的教育。拿人才标准来说，专制社会要求教育培养的是唯书唯上、逆来顺受、盲目服从、因循守旧的奴才式的人才，在教育价值取向上势必压制人的个性和创造性，过分强调教育（包括教育的制度、体制、目标、内容、方法等）的统一性，在教育方法上势必强调死记硬背和强制灌输；民主社会要求教育培养的是具有独立人格、怀疑精神和参与意识的主体性人才，在教育价值取向上势必鼓励个性和创造性，重视教育的多样性，在教育方法上势必强调启发性和发现式教学。教育的领导权如此之重要，以至于它本身就成了一个国家和社会的政权的组成部分。在一个国家和社会中，哪一个阶级、阶层或集团掌握了政权，它就必然会控制教育的领导权，并优先把自己的意志和利益付诸教育实践。

政治控制教育领导权的主要途径有：① 通过组织手段和某种体制直接对教育机构行使领导职能；② 任免教育机构的领导者和教育者；③ 颁布教育和与教育有关的各种方针、政策；④ 制定与教育有关的各种法律、法规；⑤ 控制教育资源（特别是教育经费）的分配；等等。

2. 政治制约着受教育的权利和机会

一个国家设立什么样的教育制度，什么样的人进什么样的学校、接受什么样的教育，进入不同教育系列要有什么样的标准，都与国家的政治制度有着密切的关系。在奴隶社会，奴隶被完全剥夺了受学校教育的权利；在封建社会，劳动者及其子女也极少有受学校教育的权利和机会，即使在社会上层人士内部，受教育的权利和机会也是极不平等的，充满着等级色彩；到了资本主义社会，资产阶级倡导接受教育的权利平等和机会均等，这是资产阶级民主政治在教育中的重要反映。所谓教育机会均等，就是以法律的形式在起点上给予所有公民和儿童以同等受教育的机会。它要求用客观、公正的标准和科学的方法来选拔、招录学生，取消一切不平等的教育规章制度。产业革命后，科学技术开始广泛应用于生产，要求一般劳动者也要掌握一定的文化和技术，同时工人阶级也积极地为获得平等的接受教育的权利而斗争，使教育机会均等的要求逐步发展成为一个普遍的政治原则和教育原则，并被开明的资产阶级政治家所接受。例如，美国总统杰斐逊拥护天赋人权说，在美国建国初期即提出用公款给平民和劳动者以同等的教育机会。第二次世界大战后教育机会均等的内涵更为丰富，主要包括：① 进入各级各类学校的机会均等；② 受教育过程中的机会均等，包括教育者平等、公正地对待所有的受教育者并使每一个受教育者在原有基础上得到应有的发展；③ 取得学业成功的机会均等，即社会应保证各阶层的子女在各级各类教育中所占比例大致相当；④ 在物质、经济、社会或文化方面处于最低层者应尽可能通过教育系统本身得到补偿；⑤ 不只是在获得知识方面，更主要是在获得本领方面机会均等；⑥ 在终身教育方面的机会均等；⑦ 在国际范围内缩小富国与穷国在教育资源分布、教育设施发展、学业成功率和学业证书价值上的不平等。1948 年 12 月联合国大会通过的《世界人权宣言》第 26 条规定：“人人都有受教育的权利，教育应当免费，至少在初级和基本阶段应如此。”教育的历史和现实都表明，受教育的权利和机会是否平等以及平等的程度如何，与国家的政治制度和政治开明度有直接的关系。

3. 政治制约着教育目的的性质和思想道德教育的内容

教育要培养具有什么样政治方向、社会价值和思想品德的人，以及为实现某种教育目的所要传授的政治理念、意识形态和伦理道德方面的教育内容，都直接受到一个国家政治制度的制约。不同的政治制度要求培养具有不同政治立场和思想意识的人，自然要求传递不同思想道德的教育内容。

有人误以为，注重思想政治教育和道德品质教育只是社会主义国家教育的特点，其实，资本主义国家也非常重视思想政治教育，只不过其表现形式和教育方式有所不同而已。以美国这一当今世界最强大的资本主义国家为例，它对国内的思想政治教育就一直相当的重视。美国的许多学者信奉这样一种观点，即“任何社会，为了能存在下去……必须紧密地围绕保持其制度完整这个中心，成功地把思想方式灌输进每个成员的脑子里”。虽然美国不大使用“思想政治教育”这个概念，但在公民教育、道德教育、情感教育、价值观教育、宗教教育等名目下，却进行着大量实质性的思想政治教育。美国的思想政治教育主要有四个方面的内容：① 资本主义制度及其优越性的教育。其目的是宣扬“美国的生活方式”“自由企业”“政治民主”等，宣扬美国的资本主义制度是“理想的制度”，是“社会发展的顶峰”。② 反共教育。美国一向视共产主义为洪水猛兽，坚持致力于“从精神上反击国内外共产主义的不断威胁”。美国的许多中小学曾经(特别是在 20 世纪 60 年代)开设过以反共为中心内容的课程，如“共产主义、其方法及毁灭性后果”等，在其他课程以及课外、校外活动中也掺杂一些反共内容，如举办“西方反共产主义联盟”一类的政治报告和辩论会等。一些资产阶级人士认为,“我们正在同共产主义进行激烈的斗争。……我们反对共产主义,就应知道它的哲学,知道马克思、恩格斯、列宁、斯大林,要弄清楚它究竟是什么样的经济制度、宗教或病菌。……有了这种知识能毁灭共产主义必然胜利的神话”。③ 公民权利和义务的教育。在美国,守法、投票和纳税是“好公民”的必要条件,因而政治教育的一贯目标是教育人们“参加劳动、纳税、守法、投票、关心个人和家庭的事情”。美国的公民教育总体来讲是比较成功的。20 世纪 80 年代初,国际民间测验会在一次多国青年动向调查中发现,分别有 70%和 80%的美国青年赞同“国家利益重于个人利益”和“青年不为国家尽力就意味着背叛”的观点,这在各国青年中是比较突出的。日本青少年研究所所长千石保曾经指出:“美国人作为国家公民的义务感是支撑美国国家的支柱。”④ 国民精神的教育。美国是一个由多民族融合而成的新兴国家,它必须创立并向青少年一代传输新的政治神话和新的民族象征。美国善于利用各种活动,包括举办奥运会和发射航天飞机这样的活动,宣扬“美国精神”,以此来唤起人们“强烈的对国家的忠诚感”。美国儿童在上小学的最初几年里,就在与自己祖国的关系中形成了一种“我们”的意识,并在与别国公民的关系中形成了一种“他们”的意识。绝大多数美国中小学生都倾向于认为“美国是世界上最好的国家”,“当一名美国人比当任何其他国家的国民更好”。美国关于国民精神的教育甚至已经带有了一定的民族沙文主义色彩。例如,中学的“社会研究”课中,公然宣扬美国领导世界的“责任”,号召青年学生将来要为保持美国在世界上的强大地位和维护世界的和平与秩序而努力工作。

在美国,越来越多的人认识到道德教育应当成为“学校最重要的职责之一”。美国学校的道德教育并没有全国统一的内容,但其目标归纳起来大致有以下六个方面:① 尊重人的尊严。包括尊重所有人的价值和权利;避免欺骗与不老实;促进人与人之间的平等;尊重良心的自主权;能与不同观点的人共同工作;制止歧视行为。② 关心他人的幸福。包括承认人与人之间的相互依存;关心国家;寻求社会的公正;助人为乐;努力帮助他人在道德上成熟。③ 将个人兴趣与社会职责联系起来。包括参加社会活动;完成社会赋予的合理工作;在日常生活中发扬自尊和尊重他人的美德,如自我控制、勤奋、公正、仁慈、诚实、礼貌等;履行诺言;通过与他人接触建立自尊。④ 为人正直。包括工作勤奋;捍卫道德原则;具有道德勇气,能为大局达成和解或作证;为个人的选择承担责任。⑤ 认真考虑道德选择。包括正确认识某种环境中所存在的道德问题;运用道德原则(如待人规则等)做出道德判断并考虑到决定行为的后果;试图了解社会和世界上的重大道德问题。⑥ 探索和平解决冲突的办法。包括力求顺利地解决个人与社会的冲突;避免对人身体上和语言上的侵犯;认真倾听别人的意见;鼓励他人敞开思想对话;为和平而工作。总之,道德成熟的人“熟谙道德原则,并能付诸行动和为运用它们而承担责任”。这种人乃是美国“民主制度的基础”。

(三) 社会文化对教育的制约

价值问题是文化的核心问题,价值取向对人们的教育思想、教育态度、教育行为等都具有深刻的和统领性的制约作用。以价值观为核心的文化必然制约着教育的目的、内容、方法,以及制度和管理等方方面面。下面以中国传统文化对中国教育价值观的影响为例,从四个方面谈谈文化对教育的制约。

1. 重功利轻发展的教育价值观对教育的影响

在中国传统社会,受教育者的教育价值观和教育目的观是相当狭隘的和功利化的,这种观念导致中国传统教育过分偏重追求某种功利目的而比较忽视学生内在素质的真正发展。在家族主义盛行的中国,家庭的利益往往被看得很重,传统教育中“读书做官”“学而优则仕”这种外显的教育价值观的深层动因就是“光宗耀祖”。学业有成就是为了扬名,扬名之目的就是显祖。由于中国传统社会崇尚“官本位”,读书人求取学问旨在中举做官,只有做了官,才算是功成名就,才算是“光耀门楣”。不仅如此,“书中自有黄金屋”“书中自有颜如玉”,也是读书人所津津乐道的。总之,“十年寒窗无人问,一举成名天下知”“万般皆下品,唯有读书高”,就是对中国传统社会读书人狭隘功利主义教育价值观的写照。在这种观念的驱动下,读书人往往死记硬背、不求甚解,追求的不是真才实学,而是外在的功利目的,无论是教育者的教育价值观还是受教育者的教育价值观,都不会真正关注人的内在素质的发展,这种教育必然是浮躁的、浅薄的、重结果轻过程的。直到今天,重外在功利、轻内在发展,仍然是中国教育的一大问题,应试教育就是显著表现。尽管造成这种状况的更为内在和根本的原因还在于现实的社会发展状态和水平,但传统文化的强大惯性也是不可忽视的。

2. 重共性轻个性的教育价值观对教育的影响

几千年的封建专制造成了中国大一统的社会架构,要求人们思想统一、行为同步。在人的发展上,要求教育要有统一、共同的目的,使人尽可能多地形成共性,以支持大一统的集权社会。在中国传统文化中,个性是没有什么地位的,凡事喜欢大家都一样,只要大家都一样,就容易心安理得。盲目从众,可以说是传统中国人的一大特色。在封建统治者看来,个性有碍专制统治,应尽可能抑制。压制学生个性的一个突出表现就是教育的模式化,模式化的学校、模式化的目标、模式化的内容、模式化的方法、模式化的过程,乃至模式化的教师,最后“制造”出模式化的学生。总之,中国教育的一切几乎都被模式化了,共性有余,个性不足,夸张地说,千校一面、千师一面、千生一面。我们的学校就像一座座工厂,教育过程就像一条条流水线,学生就像一个个标准化的产品。教育的模式化,造成了学生发展的一律化和平面化,学生唯唯诺诺,无棱无角。

3. 重服从轻自主的教育价值观对教育的影响

中国传统文化比较倡导人云亦云、唯书唯上、逆来顺受,加之中国封建社会的宗法制度和森严的等级制度,使传统的中国人失去了做人的起码尊严和自主性,人们习惯于服从、忍让,以至麻木不仁。为了能够培养出听话和服从的人,传统教育的规矩特别多,要求特别严,惩罚特别重。在教育中,首先就是要服从经典和师长,好学生的第一标准就是“听话”。深受中国传统文化影响的中国教育至今仍然相当强调学生服从品质的养成,致使所培养出来的人唯书崇上,习惯于跟风跑、随大流,盲目从众,如风吹墙头草,缺乏个人应有的尊严、责任感和自主性。

4. 重认同轻创造的教育价值观对教育的影响

被鲁迅誉为“19 世纪末叶最敏感的人”的严复,对中西文化有颇为深入的研究,他指出:

“中西事理，其最不同而断乎不可合者，莫大于中之好古而忽今，西之力今而胜古。”这一比较，甚得要领。中国传统文化的价值观念倾向于厚古薄今，时常感慨“今不如昔”“一代不如一代”，倡导“法先王”，鼓吹“天不变，道亦不变”，唯古是法作为一种价值观念代代相传。古代经典所提倡的思想理论和政治、道德、礼仪等规范，具有绝对的权威性，后人只能遵循，不能叛忤，法古崇古的势力非常强大。在教育上，推崇的是引经据典，上所施而下所效，要求把圣贤之言、四书五经烂熟于心，提倡的是所谓“熟读唐诗三百首，不会作诗也会吟”的学风。中国古代的科举制就要求文人读同样的书，说同样的话，写同样的文章，把人们的思想牢牢地束缚在了圣贤典籍上。从汉代“罢黜百家、独尊儒术”开始，中国传统文化就形成了一种以循旧性为特征的思维方式，眼睛习惯往后看，易于满足、因循守旧、抱残守缺、闭关自守、夜郎自大，缺乏危机感，怕冒风险。过于强调调和与中庸之道的中国传统文化，使国民更喜欢求稳苟安、安分随时、知足常乐，缺乏艰苦创业的韧性和开拓未来的雄心。鲁迅先生曾痛心疾首地说道：“我独不解中国人何以于旧状况那么心平气和，于较新的机运就这么疾首蹙额；于已成之局那么委曲求全，于初兴之事就这么求全责备？”时至今日，中国教育最大、最致命的弊端仍然莫过于压制人的创造性。中国缺乏创造性人才，也已成为改造中国传统文化和改革中国现今教育所面临的最艰巨和最关键的任务。

当然，中国传统文化对中国教育也有诸多积极的影响，对中国教育的现代化也必将有重要的补充作用。

二、教育的人的制约性

所谓教育的人的制约性，即教育活动的实施要以作为受教育者的人的身心发展变化为前提，必须遵循人的身心发展的规律和特点，这也是教育的根本特性之一。

（一）人的发展的顺序性对教育的制约

人的发展的顺序性，是指人的身心发展所具有的由低级到高级、由量变到质变按次序发展的特性。比如，人的身体发展大致是遵循着从头部向下肢、从中心部位向全身边缘方向、从骨骼到肌肉的顺序发展的；心理的发展总是由机械记忆到意义记忆，由具体思维到抽象思维，由喜怒哀乐等一般情感到理智感、道德感、美感等复杂情感。瑞士心理学家皮亚杰关于发生认识论的研究，比较科学地揭示了个体认识发展的一般顺序，即个体认识的发展是按照感知运算水平、前运算水平、具体运算水平、形式运算水平的顺序而进行的。美国心理学家柯尔伯格的研究证明，皮亚杰的发生认识论在个性的道德认识过程中也具有普遍的推广意义，认为人的道德认知遵循着从前世俗水平到世俗水平再到后世俗水平的发展顺序。

人的发展的顺序性对教育的制约是显而易见的。从总体上讲，教育活动的进程必须适应人的发展的顺序，不能“颠三倒四”，更不能“倒行逆施”。比如，教育必须遵循由具体到抽象、由低级到高级、由简单到复杂的总体顺序，循序渐进地进行，不宜“陵节而施”“揠苗助长”，否则不仅不能收到应有的教育效果，还会损害受教育者的身心。

（二）人的发展的阶段性对教育的制约

人的发展的阶段性是指人的身心发展所具有的不同年龄阶段有不同的发展任务、发展重点和发展特征的特性。人在不同的年龄阶段表现出不同的身心发展总体特征，具有不同的身心发展的主要矛盾，面临着不同侧重的发展任务。前后相邻的阶段是有规律地更替的，在一段时期内，发展主要表现为数量的变化，经过一段时间，发展由量变转变到质变，从而使发展水平达到一个新的阶段。人的身心发展的年龄特征，就是指人在发展的不同年龄阶段中所呈现出来的一般的、典型的、本质的征象。人的发展的不同阶段是相互关联的，上一阶段的发展必定影响下一阶段的发展，因此人的发展的每一阶段不仅具有本阶段的意义，而且具有人生全程性的意义。柯尔伯格所提倡的著名的道德发展阶段模式可以作为理解人的发展的阶段性的佐证之一。他认为，道德判断的发展过程中存在着顺序不变的、带有普遍性的六个阶段：服从与惩罚；工具性-相对论者；好孩子；法律与秩序；契约性墨守法规；普遍的道德原则。

人的发展的阶段性要求教育必须从受教育者的实际出发，尊重受教育者在不同年龄阶段的不同发展特征，有区别、有重点地提出不同的发展目标，采取不同教育内容和教育方法。如果不顾年轻一代发展的阶段性特征，硬用社会的要求和成人的心态去强求学生，必定会造成不良的教育效果。

（三）人的身心发展的不平衡性对教育的制约

人的身心发展的不平衡性是指人的身心发展所具有的在发展速度的快慢和发展时间的早迟上的不均衡的特性。人的身心发展的不平衡性主要表现在两个方面：第一是身心发展的同一方面的发展速度在不同年龄阶段上的不平衡性，如青少年的身高、体重有两个生长高峰期，第一个生长高峰出现在出生后的第一年，第二个生长高峰则出现在青春发育期。在这两个高峰期内，身高、体重的发展速度要比其他时期迅速得多。第二是身心发展的不同方面的发展时间在早迟上的不平衡性，如在生理方面，神经系统、淋巴系统成熟在先，生殖系统成熟在后；在心理方面，感知成熟在先，思维成熟在后，情感成熟更后。

根据人的身心发展的不平衡性，心理学家提出了人的发展的关键期或最佳期的概念，即人的身体或心理的某一方面机能和能力最适宜于形成的时期。教育工作者必须善于捕捉人的发展的关键期而不失时机地对受教育者实施及时的教育，以获得事半功倍的教育效果。一旦错过发展的关键期，就会延误受教育者的发展，甚至造成难以弥补的损失。

（四）人的身心发展的互补性对教育的制约

人的身心发展的互补性是指人的身心发展所具有的不同机能、能力可以相互补偿的特性。人的身心发展的互补性首先指机体机能方面，即机体某一方面的机能受损或缺失后可以通过其他方面的超常发展得到部分补偿，如失明者可以通过听觉、触觉、嗅觉等方面的超常发展得到一定补偿。互补性也存在于心理机能与生理机能之间，如良好的心态和坚强的意志可以在一定程度上弥补生理发展方面的不足。互补性还存在于心理发展的不同方面之间，如人的智力因素与非智力因素之间就存在着相当大的互补性，尤其是良好和超凡的非智力因素对智力因素的不足具有重要的补偿作用。

人的身心发展的互补性要求教育工作者应根据学生个体发展的具体情况有针对性地“取长补短”和“长善救失”，即通过发展身心某一方面的长处去弥补和补偿另一方面的短处，不一定非得要求学生越是某一方面不行就越是要朝这方面去努力，而是可以通过适当发展另一方面的长处来弥补某一方面的短处，这样既可以提高教育效能，又可以促进学生个性与特长的发展。

（五）人的身心发展的整体性对教育的制约

人的身心发展的整体性是指人的身心发展的各个方面所具有的相互牵连、相互制约和相互促进的特性。个体身心发展的各个方面是一个整体和系统，它们是在相互牵连、相互制约和相互促进中共同获得发展的，身心发展的任何一个方面严格地讲都不可能孤立地获得发展，即使有所发展，也没有什么意义和发展的后劲。身体发展与心理发展、身体发展的各个方面与心理发展的各个方面，都是一个整体和系统，相互之间都存在着这样、那样的关系，互相影响，难以割裂。如果个体身心发展各个方面的内在关系受到破坏，人的发展就会片面、畸形，进而影响整体素质的提高。

人的身心发展的整体性要求教育必须要有基本的完整性、全面性与和谐性，要求教育工作者必须坚持全面发展的教育和各方面教育的相互协调与配合，这样才能促进人的全面、和谐发展，使受教育者在此基础上形成真正的特长。

（六）人的发展的个别差异性对教育的制约

人的发展的个别差异性是指不同个体之间在身心特征上所具有的相对稳定的不相似性。正常人的发展须经历共同的发展阶段并有共同的年龄特征，但不同个体在发展的速度、水平及发展的优势领域等方面千差万别。其表现模式有三：一是不同个体的同一方面发展的速度和水平各不相同，如两个同龄儿童，一个在某一方面的才能表现较早，另一个则表现较晚；二是不同方面发展存在差异，如有的学生第二信号系统的发展占优势，他们的数学能力强，另一些学生则恰恰相反；三是不同个体具有不同的个性心理倾向，如不同性别的儿童和同一年龄阶段的不同儿童往往具有不同的性格、气质和兴趣与爱好等。

人的发展的个别差异性要求教育工作者必须坚持因材施教的原则，即根据一定的教育目标，根据受教育者的个别差异和具体特点，采取不同的教育措施。贯彻这一原则，要求全面深入地了解每个学生，系统掌握其成长发展的资料，注意对个别学生进行特殊培养，采取弹性教学制度等教学组织形式，如允许加速学习或减速学习，采取能力分组及组织兴趣小组等；在思想品德教育中，针对由不同遗传素质、家庭环境、社会关系、个人经历等所形成的不同个性特点，有的放矢地进行教育。

就教育与人的关系而言，现代教育与传统教育的最大区别集中表现在受教育者在教育中的地位和价值上。皮亚杰认为，新旧教育的不同，就在于是否考虑到儿童本身的特性，是否尊重和遵循关于个人心理结构的规律和关于个人发展的规律，是否尊重儿童的主动性。现代教育思想认为，受教育者作为人，他们的需要、兴趣、价值、尊严、发展特性和规律以及个人的合法权益等等，在教育中都应得到充分尊重。在社会越来越文明和人道化的今天，教育在这方面的进步程度，也越来越成为衡量一个国家教育现代化水平的根本性标志之一。当今，教育的人性化、主体化和个性化愈来愈成为世界教育发展的潮流。在大众化、划一化、物化和机器化的机械文明中，人日渐感到非人化，日渐沉沦为非本质和非本来的人，日渐丧失了自我的人格、主体性和个体。在机械文明的社会中，人们推崇的是“工艺论模式”的教育观，简单化、划一化和工具化的教育把学生当作商品原料一样加工。这种扼杀人性、个性和主体性的模式化、工厂化的教育遭到了越来越强烈的抵制，也是当今教育改革要解决的世界性问题。美国教育哲学家奈勒指出：“我们的儿童像羊群一样被赶进教育工厂，在那里无视他们独特的个性，而把他们按同一个模式加工和塑造。我们的教师们被迫，或自认为是被迫去按照别人给他们规定好的路线去教学。这种教育制度既使学生异化，也使教师异化了。现在已经到了要改善的时候了。”

必须指出，教育要尊重和适应年轻一代身心发展的特点和规律，并不意味着被动迁就学生身心发展的现有水平和固有特点。教育应积极主动地适应学生身心发展的特点和规律，教育应适当走在学生发展的前面，按照“最近发展区”的心理学原理，用适当超前于学生现有发展水平的教育，去拉动学生的发展。

参考文献：

[1] 褚宏启.中国教育管理评论[M].北京：教育科学出版社，2007.

[2] 邓炎昌，刘润清.语言与文化：英汉语言文化对比[M].北京：外语教学与研究出版社，1998.

[3] 罗生全，程芳芳.大学教师有效教学特质及其养成[J].黑龙江高教研究，2012，30(6)：12-15.

[4] 魏善春.大学有效教学：目标、要素及实现可能：一种过程哲学的审视[J].现代大学教育，2013(1)：35-40.

[5] 周晓健.美国高等教育管理的改革对我国高校管理的启示[J].江西科技师范学院学报，2004(5)：7-11.

新时代背景下大学新生心理特点及适应性教育探究

田 静

摘 要:大学新生由于所处的特殊发展阶段常常出现适应综合征的现象,如果不能顺利度过适应期,实现身份角色的转变,将会表现出学业、人际关系、环境等多方面的适应不良,对接下来的大学学习和生活产生严重的影响。高校教育工作者应结合新时代背景针对大学新生的心理特点开展适应性教育,帮助学生有意义地度过大学时光。

关键词:大学新生;心理特点;适应性教育

大学对每一个学生而言都至关重要,大学阶段是世界观、人生观、价值观形成的关键时期。从高中到大学,由于地理环境、学习特点、生活环境、人际关系等诸多方面发生巨大变化,大学新生出现适应综合征的现象较为普遍,特别是对于高中阶段不曾有过在校住宿经历的学生来说,进入一个新环境所带来的陌生感和疏离感尤为明显。如果大学新生在大学一年级不能较为平稳地度过适应期,将极大地影响学生今后的学习和生活。新生入学教育是大学教育的第一课,是加强大学生思想政治教育工作的关键环节和重要途径,也是高校进一步落实立德树人根本任务的举措之一。

一、大学新生的心理特点

大学生处于青年后期和成年早期阶段,在这一阶段生理发展已经基本趋于成熟,而从心理发展来看,认知上处于智力和创造力的高峰期,情绪上处于深刻、丰富和变化期。

从个体发展的角度看,依据埃里克森的心理发展八阶段理论,大学生在这一阶段的主要发展课题是自我同一性,即自我的建立和整合是心理发展的主要任务。自我同一性发展不良者表现出对自己缺乏清晰而完整的认识,自我各部分是混乱的、矛盾的、冲突的,迷失自我和生活的方向,难以应付复杂的社会生活。相反,自我同一性发展良好者具有自我认同感,自我概念清晰,接纳自我,有生活的目标和前进的方向,并为下一个阶段的发展打下了良好的基础。

大学生心理发展的一般特点表现为:自我意识增强,但发展不成熟,理想自我与现实自我的矛盾冲突比较尖锐;情感丰富,充满激情,但情绪波动较大。大学新生处于过渡适应阶段,心理发展呈现阶段性特征,诸多不适应既是进入陌生环境的特殊心理反应,也是心理发

作者简介:田静(1988—),女,硕士,徐州工程学院管理学院讲师,研究方向:大学生思想政治教育。

展未成熟的表现。

二、大学新生适应不良的表现

很多大学生都会面对大量生活变化，这种变化的广度和深度让人生畏，具体有以下描述：离开熟悉的朋友和周围的团体；第一次远离熟悉的成长环境，进入到与家庭环境差异很大的宿舍环境；结交新朋友；逐渐熟悉新的民族和其他社会阶层群体；正视时间管理的必要性；关于自己表现的反馈变少了；参加新的社团和其他学校组织；对自己的经济状况承担更多的责任；建立或打破亲密的人际关系。

（一）环境问题

大学新生刚刚进大学，对陌生的环境有很多不适应。地域、气候条件、生活习惯的差异让他们感到非常不习惯，影响了睡眠和学习成绩，他们情绪低落，心情郁闷，感觉诸事不顺。

（二）学业问题

学业问题的表现有以下方面：① 没有明确的目标和方向，没有足够的压力和动力，导致兴趣缺乏、厌倦学习、上课注意力分散。② 不适应大学学习的节奏和特点。大学不同于高中，高中时常会有阶段性的考试来检测阶段性的学习成果，但是大学没有这样的考试，无法评估自己学习得好不好，感觉大学里学习很轻松，所以从高中的紧张忙碌到大学的轻松自在，这种学习特点的变化和环境的变化使自己感觉在大学里个人状态不佳，虽然也有想要认真学习的意识，但意志力不够坚定，容易受到周围人和事的影响，情绪不够平稳，有些急躁，缺乏调节情绪的技巧。

（三）人际交往问题

人际交往问题表现为人际关系方面存在迷茫和疑惑。进入大学后，发现与同学相处上处处遭到同学们的排挤，内心很渴望宿舍里呈现和谐的氛围，但是希望总是伴随失望，这些失望更让其陷入自卑的沼泽无法自拔，紧张的学习、严格的纪律、集体生活的环境都让人感觉格格不入。自己无法积极适应大学的生活，无法很好地与其他同学进行沟通，不知道如何充实而有意义地度过大学的生活。

在大学校园里，人际关系的重要性尤为突出。然而大学新生在高中时将精力集中于学业和高考，与人交往的经验相对较少，缺乏必要的经验和技巧以及正确的交往态度，出现渴望交往的心理需求与心理闭锁的矛盾，引发人际关系不适，这些是过渡阶段所具有的正常现象。大学生处于刚刚跨入成人行列但并未真正成熟的特殊阶段，在逐步走向成熟的过程中个体会经历许多的磨砺和考验，学会积极适应社会变化、正确面对挫折是十分重要的。

三、大学新生的适应性教育

（一）切实做好入学教育工作

入学时新生的角色转换任务为大学教育提供了一个良好的、重要的思想政治教育契机，高校教育工作者应该在这一时期有针对性地对新生进行思想政治教育，对新生给予及时科学的学习和生活指导，使其尽快地熟悉、适应大学生活，完成从高中生到大学生的角色转变，开启大学学习和生活的良好开端。

1. 理想信念教育

紧密围绕习近平新时代中国特色社会主义思想和党的十九大精神，结合学校实际和特色，切实将习近平新时代中国特色社会主义思想贯穿于新生入学教育全过程，引导学生把讲话精神内化于心、外化于行，不断奋进、砥砺前行。

2. 心理健康教育

入校之前，大部分学生对大学学习和生活充满了好奇和憧憬，相对于高中的紧张生活和老师家长的管教而言，大学是自由的。但在真正进入大学后，理想与现实之间的巨大落差让很多同学悲观失落。对学校、环境的不满以及对室友的挑剔等让他们感觉自己与周围环境格格不入。对于这部分学生，要帮助他们矫正认知偏差，正确理解和认识高等教育，消除以名校定义自己的错误观念，鼓励他们树立自信心。高校教育工作者在开展集体讲座之外，还要对个别学生出现的问题有针对性地进行谈心教育，让学生了解到目前自己的心理状态，给予自己一个心理调适期。

3. 安全教育

从消防安全、交通安全、治安防范、日常生活安全等方面结合日常生活、社会热点和身边事例，就怎样预防事故的发生、怎样判断潜在的危险、怎样保障人身安全和财产安全等若干问题进行详细讲解，培养学生从入学便树立起安全防范意识，自觉遵守学校学院的规章制度。

（二）帮助学生加强专业了解

为了让新生对自己所学的专业增强了解，尽快熟悉大学学习内容多、课程多、难度大以及教师讲课方式灵活的特点，引导学生树立正确的学习观，帮助新生稳定专业思想、明确发展目标，提高他们学习的积极性。学校应组织各专业教研室老师对本教研室所属的本科专业的新生进行专业教育讲座。讲座分别以各专业的负责人为主讲，向新生介绍将要学习的专业，专业负责人结合本专业的教学计划，对各专业的发展现状、培养目标、课程体系、就业方向、师资力量等方面做生动而翔实的介绍。对于新生提出的各种问题，专业课教师给予全面的解答。通过专业思想教育，能够使新生进一步明确学习目标和方向，激发广大同学的学习热情和钻研能力。

大学新生要为自己制定大学生涯规划，制定总目标及阶段性目标。为阶段性目标制订详细的计划，逐渐找到自己的成就感，不要让环境的变化影响到自己的心态以及对生活和学习的态度。要提高自学能力，掌握适合于自己的学习方法，制定良好的学习措施，有效提高学习成绩，通过自己的努力提高自己的专业技能和自己的实践能力。如焦虑严重且持续较长，则要通过心理咨询帮助排除。

（三）指导学生加强人际沟通与交流

许多大学生来自外地，远离亲人独自生活，缺乏独立生活的能力和经验，容易与宿舍同学发生矛盾，在新环境里感到孤单。对于这类学生，要首先与他们产生共情，理解他们的心理状态，告诉他们初入校园时的孤独是正常的，但应尽快调整。由于个人成长环境的差异，与同学相处中难免发生争执和矛盾，要学会敞开心扉，加强沟通，彼此互相理解，锻炼提高人际交往能力技巧。建议其在交往中真诚待人，建立起良好的友谊。与人交往要避免功利性，不然早晚会失掉朋友的信任。要注重提升自己的人际魅力，包括仪表、个性、才能和兴趣魅力。要谨记，平等、尊重、宽容、诚信，这些都是与人交往的箴言。平时还要增强心理素质，相处过程中遇到问题要寻求方法解决，不要逃避。

有些学生在家中备受父母亲的呵护，较少从他人角度思考问题，建议其遵循交往的法则，克服自身存在的坏习惯，更多地融入宿舍环境。宿舍环境需要室友的共同努力方能得到改善，室友间需加强对彼此的了解，相互学习，不断磨合，促进彼此的共同进步。同时，辅导员老师要对其进行思想和心理开导，鼓励其用积极、建设性的方式处理矛盾，而不是采用消极被动式、破坏式的方式加剧矛盾。

（四）指导学生掌握自我应对策略

高校教育工作者要指导学生学会积极主动寻求社会支持。研究表明，个体适应水平与社会支持水平呈显著正相关。大一新生在遇到困难、心存困惑时可利用的社会支持系统包括家长、同伴、老师、心理咨询师，也可以从阅读书籍中获得感悟，增强信心与勇气。还应教导学生学会提高生活自理能力，摆正心态，尝试独立处理学习生活中遇到的问题，积极向优秀的高年级同学学习。

近年来，大学新生的适应性教育不断得到重视，相关措施和策略层出不穷。新生适应性教育要广泛发动青年教师、辅导员、班主任等不同群体的力量，形成合力。大学新生适应性问题是一个综合性问题，要认识到适应性教育的复杂性，从目前的研究来看，相关理论还有待进一步完善。值得引起注意的是，在开展新生适应性教育时要更加注重学生所处的时代背景，新时代背景下的新生适应性教育研究还有待进一步探索。

参考文献：

[1] 林立涛.全过程育人视阈下大学新生适应性教育探析[J].学校党建与思想教育，2018(24)：72-73.

[2] 宋立晓.大学新生入学教育问题探析及对策研究[J].卫生职业教育，2010，28(6)：15-17.

[3] 岳超，强国民，白雪.高校新生入学教育实施效果影响因素分析[J].顺德职业技术学院学报，2014，12(2)：65-69.

[4] 邹晓丹.新时代背景下大学新生入学教育内容的探索和实践[J].开封教育学院学报，2018，38(11)：73-74.

高校辅导员的初心和使命

赵 莎

摘 要：大学辅导员工作责任重要，担负着教育和指导中国共产党未来创造者和接班人的重任，那么怎么样才能做好一名辅导员？这一问题显得尤为关键。作为高校思想政治工作的主要沟通者，我将遵循个人魅力、辅导员的初心和使命以及信念等展开论述。“中国共产党人的初心和使命，就是为中国人民谋幸福，为中华民族谋复兴。”作为一名共产党员我们要牢记习总书记的这番话，同时作为一名大学辅导员必须把立德树人当作自己的中心思想，结合实际工作中的经验及工作方法，全面贯彻到对当代大学生的教育教学中。这不仅是一名共产党员的历史使命，也是身为一名教育工作者的初心。

关键词：新时代；辅导员；思想教育

一、个人魅力在辅导员的工作中起着重要作用

辅导员是开展大学生思想政治教育的骨干力量，是高校学生日常思想政治教育和管理工作的组织者、实施者和指导者。掌握学生的思想动态和个性特征，与时俱进，紧随时代脉搏开展学生教育和管理工作是辅导员工作的必然要求。现在回想起刚刚进入大学校门时的学生，他们来自天南海北，刚从紧张、忙碌、高压的高中时代进入到大学校园里，怀揣对象牙塔的生活的向往来到了我的班级，我这样一名平凡却不平庸的辅导员老师便是他们迈向社会前的启蒙老师，他们太多太多的第一次都是在我的陪伴下完成的，正因为如此我才会说辅导员老师的个人素养和人格魅力对他们的影响很大。就像我们常说的，学生与老师相处久了，慢慢地，学生的脾气性格、做事方法甚至为人处世的风格都会变得和老师一样。所以我想，作为一名辅导员的我，在校园里不经意间的一言一行，待人接物时的态度，都可能会影响到学生们。所以我觉得辅导员应该具备以下基本条件：品格高尚、豁达开朗、学识渊博、能力突出等。辅导员要从正确的政治立场出发，要坚持教人者先教己，在思想政治教育工作中更进一步成为先进思想文化的传播者。与此同时还要善用辅导员的优势，通过在平时生活中与大学生的密切接触深入其内心，从而通过自己的影响力与个人魅力引导实施教育，贯彻“以人为本”的理念。

作者简介：赵莎（1986—），女，硕士，徐州工程学院管理学院助教，研究方向：思想政治教育。

二、辅导员的初心源于“历史的期盼”

从五四运动到“一二·九”运动，青年人担任着主要力量，与此同时青年人的力量也是取得决定性胜利的重要因素之一。年轻的大学生是国家的希望和未来，也是国家最宝贵的人力资源。党始终高度重视青年大学生的教育培训，重视大学生党员的发展。当代中国大学生肩负着实现中华民族伟大复兴的神圣使命。实现中华民族的伟大复兴，需要年轻的大学生贡献自己的青春、智慧和力量。党的十九大做出了中国特色社会主义进入新时代的重大判断，这是当前大学生思想政治教育工作的时代主题。习总书记在第十九次全国代表大会的报告中明确指出：“青年兴则国家兴，青年强则国家强。青年一代有理想、有本领、有担当，国家就有前途，民族就有希望。”这是马克思主义青年观的生动体现。辅导员归根结底就是要做好党的青年学生工作，培养青年大学生成为合格的大学生，促使青年大学生明确认识党的章程。从内心深处，我将紧跟党的发展路线，团结和凝聚年轻的大学生坚定而自觉地遵循党的决定，并跟随党。在新时代，青年运动的主题是明确的，那就是为实现中华民族伟大复兴的中国梦不懈奋斗。我们要教育引导青年学生融入当代青年运动的洪流，坚定信念，志存高远，脚踏实地，勇做时代的弄潮儿。培养担当民族复兴大任的时代新人，这就是我们辅导员的使命。

三、辅导员的使命源于“时代的召唤”

我时常思考：身为辅导员的我们有着什么样的使命？为国家输送人才？为社会培养有担当、有能力的大学生？这是我们一直以来的奋斗目标。那有什么是更具特色，更符合我们职业特点的使命呢？我认为，就是为实现中华民族伟大复兴培养新人。要想开展好中国梦教育，我们辅导员首先要加强理论素养，中华民族伟大复兴中国梦是党中央提出的重大战略思想，是党和国家未来发展的政治宣言，是全党全国各族人民共同的奋斗目标。我们要全面理解中国梦与个人梦的关系，深刻了解中国梦的实现路径。党的十九大的召开，标志着中国特色社会主义新时代的开始。辅导员作为开展大学生思想政治教育的骨干力量，负责大学生的日常生活和思想政治教育管理工作。了解和理清学生的思想动态和个性特征，实时跟进，紧随现实情况开展学生教育和管理工作是我对自己的基本要求。习总书记在全国高校思想政治工作会议上指出，中国高等教育应坚持“四个服务”的原则。“为人民服务，为中国共产党治国理政服务，为巩固和发展中国特色社会主义制度服务，为改革开放和社会主义现代化建设服务。”这段话从根本上阐明了培养什么样的人才以及如何培养人才。这就要求我们在工作中坚持贴近学生，做到围绕学生、关爱学生、服务学生，在铸魂育人的伟大实践中实现自我价值。我们高校辅导员是实施大学生思政教育的重要力量，就应该充分发挥出教育者应有的职能，通过思政实践教育的不断发展和创新与时俱进提高教育成果。我们既是陪伴学生成长的知心朋友，也是他们的人生导师，不仅要帮助他们解决实际问题、帮助他们健康成长，更要引导他们成为中国特色社会主义的合格建设者和可靠接班人。新时代的年轻人有一个明确的使命，即实现中华民族的伟大复兴。教育引导青年学生融入青年运动的潮流，坚定理想信念，脚踏实地，让他们成为更加独立自主、积极向上、充满自信、善于创新的社会主义事业建设者，这是我们辅导员义不容辞的责任与义务，也是我们伟大的使命。

四、辅导员的事业需要“笃实的信念”

在日常工作中，作为辅导员，我们会遇到许多问题，学生的思想和价值取向是问题最多的方面。在互联网迅速发展的时代，互联网这把双刃剑传播出的许多思想和意见都是尖锐性的，并且它们会针对学生产生不良的影响，这种不良影响最终很容易会造成学生的价值取向发生一定的改变，同时也有可能会改变学生的思想和行为。作为辅导员，我们必须要注重对学生的思想引导，从而纠正学生们的价值观，使学生在我们的帮助下树立坚定的信念。我们不仅要把教育融入到日常生活中去，更要引导学生从正确的方向看待以下问题：如何正确选择个人和集体？怎样做才能够培养青年大学生应对各种思潮并且做出正确的选择？我们要引导学生正确地思考问题，正确地对待问题，正确地实践，尽量减少学生在思想道路所走的弯路。面对就业压力，一些大学生仍秉承着“唯分至上”的观念，却完全忽略了培养自身综合能力，智商高、情商低，不知道如何处理个人与他人的关系，更不懂得如何适应社会环境；还有一些大学生，认为读书无用，忽视专业知识的学习，坐混文凭，不能客观评估自身能力，希望可以早日进入社会赚大钱。这就需要我们辅导员坚定地引导大学生选择符合自身特点的成才道路，指导大学生处理好修身、学习和就业的关系，正确认知学历、能力和人格品质在自身成长的道路上的重要性。

作为一名大学辅导员，责任非常重要。辅导员应成为广大青年学生的指路明灯，为他们引导正确的人生道路，帮助他们塑造良好的价值取向，向广大青年学生传播正能量，与他们共同成长。

五、结语

社会在不断地发展进步，大学生群体不断体现出新的特点，辅导员工作也因此不断地面临新的挑战，只有遵循大学生成长成才的客观规律，不断创新工作理念、改善工作方法，才能完成大学生思想政治教育的主要任务，体现辅导员工作的重要价值和意义。作为一名新时代的辅导员，要自始至终做到心中有党，坚持我们的信仰，心中怀爱为学生，心中怀责敢承担。要深深地意识到赢得学生树得水，失去学生树断根。辅导员在思想政治建设与学生日常管理工作中不仅要夯实硬实力，还要提升软实力，在新时代的辅导员工作中不断学习新思想，不忘初心，牢记使命，踏上立德立人的新征程，努力成为学生健康成长的引导者和守护者。

参考文献：

[1] 白凯，苗国厚. 大学生思想政治教育应警惕自由主义思潮[J]. 时代教育（教育教学版），2009(10)：1.

[2] 胡学举. 坚持党的领导　坚定“四个自信”[J]. 四川党的建设，2017(22)：24-25.

[3] 宋思涛. 服务型辅导员队伍建设探究[J]. 中国轻工教育，2018(1)：49-52.

[4] 唐承沛.坚定做习近平新时代中国特色社会主义思想的信仰者和践行者[J].秘书工作,2018(1):15-17.

[5] 王亚杰.旗帜的力量　时代的召唤:高等学校入党积极分子培训教程[M].北京:北京邮电大学出版社,2009.

[6] 闫立超.良性互动:马克思主义理论学科建设与思想政治理论课教学:马克思主义理论学科发展与思想政治理论课创新论坛综述[J].湖北社会科学,2017(6):195-198.

颠覆与蜕变:“焦点解决”的生命精义

——《建构解决之道——焦点解决短期治疗》的启示

田　硕

摘　要:心理治疗的应用远非局限于精神卫生领域,在社会工作、高校教育、行政管理、商业服务等诸多领域都需要借鉴心理学专业谈话的经验。读者们通过学习《建构解决之道——焦点解决短期治疗》,可以感受对传统心理治疗的一种颠覆,让心理治疗技术成为一种大众都可以享有的谈话工具。

关键词:心理;焦点解决;生命精义;短期治疗

焦点解决短期治疗(Solution-Focused Brief Therapy,SFBT)不同于传统的问题焦点(problem-focused)取向,它归属短期治疗的一支,也被称为后现代及社会建构论的派别,是一种心理治疗派别转移的代表,是美国密尔瓦基的短期家族治疗中心通过临床实践结合研究历程逐渐发展起来。SFBT 不以病理学的角度来分析当事人的问题成因,而是视心理治疗为一个过程,当事人与咨询师一起建构当事人希望达成的目标。《建构解决之道——焦点解决短期治疗》诠释了焦点解决的基本精义,是我国台湾焦点短期治疗领域专家许维素博士撰写的。她投身焦点解决短期治疗领域近 20 年,迄今已出版、校阅、翻译 SFBT 相关著作 9 部,是我国台湾焦点解决短期治疗领域最有影响力的专家之一。

一、焦点解决体现中国文化的魅力

全书分为五篇:第一篇“焦点解决短期治疗的基本精义”;第二篇“焦点解决短期治疗的反思与应用”;第三篇“焦点解决短期治疗于危机干预与情绪困扰的应用”;第四篇“焦点解决督导构成要素的探讨与应用”;第五篇“悼念焦点大师 Steve de Shazer 以及给亲爱的 Insoo 督导的一封信”。除了荟萃相关文献的精华及呈现著者心得之外,各篇构架及撰写反映了著者学习与应用 SFBT 的重点与历程。其中,扎实的理论功底、多年本土化实践、中西方精神的融会贯通以及丰富的专业教学培训经验体现了“焦点化”的独特优势。此书表达的,是学习 SFBT 的精神,是辛苦经营、无法速成的、需要形塑自我风格的专业发展历程,也为研究此领域中想要学习、精进与培训 SFBT 者提供了一个重要的桥梁。

(一) SFBT 的基本精义

SFBT 对专业的基本承诺与认同以及心理咨询专业可被接受度的专业价值如尊重人类

作者简介:田硕(1983—),女,研究生学历,徐州工程学院管理学院副教授,研究方向:心理健康教育,思想政治教育。

尊严、个别化服务、助长当事人的愿景、以当事人的优势为基础、鼓励当事人参与、充分提高当事人的自我决定、助长转移性、极大化当事人的赋能感、保密性、促进一般化、检测改变等方面的内容,充分反映出焦点解决模式具有其他学派不可比拟的中国文化的相容性。就咨询而言,中国文化中儒家的道德心,讲求咨询师的职业操守,仁爱之心,和为贵,和而不同;道家的自然心,道法自然,阴阳平衡,谨守虚弱的理念完全是焦点的理念;佛家的知觉心,提供了技术路线,境由心生。如何改变当事人的知觉体验,是焦点咨询取得成效和咨询成败的关键。焦点解决模式的实操性对于浸润了中国文化的国人来说,是一大资源优势。焦点解决以关注人的能力和对未来的希望作为问题求解的基础,调动自身优势,是一种以积极正向为独特魅力的沟通方式。

（二）SFBT 的人性观

SFBT 非常重视当事人的成功经验、力量、资源、希望,通过解决导向的对话,使当事人在面对问题时,愿意去思考:对他来说,什么是有效的解决方法,以及这些方法是如何产生的。这样可以减少当事人的挫折感,增加自我效能感。SFBT 采取和当事人合作的方式,秉持正向性及整体性的观点,相信当事人是解决自身问题的专家,重视可能存在的改变。SFBT 着重“改变”对话,不是“问题式谈话”的对话,而是积极辨识想不想要改变、知不知道如何改变、是否了解阻碍改变的阻力等,进而引发当事人的动机与具体行为的改变,达到帮助当事人了解自己怎样可以维持已经拥有的一切,学习欠缺的不足,怎样评估自己的行为策略等。

体悟 SFBT 的人性观,“每个人都有力量、智慧及经验去产生改变”“在非常困难的处境下,每一个人都已经尽了全力”“一个人会被过去影响,但不会被过去所决定”“每个人都希望维持仁慈、道德、礼貌、友善、诚实,希望改善自己的生活,也希望他们所爱、所尊重、所敬仰的人的生活有所改变”。洞悉困扰所在,探索来访者的目标,对构建解决之道有巨大的影响力量。

SFBT 的基本精神是人性本善价值的展现,如:“每一个人都是独特的,虽然不见得都能做到想做的事情,但都是有资源与潜能去解决自己的问题,同时也知道自己的目标与方法。”“每个人都有力量、智慧及经验去产生改变。”“人们是拥有惊人的资源的,尤其当他们被允许时。”“人们拥有自然的复原力,也会持续运用这个复原力来改变自己。”“当事人不等于他们的问题,当事人是当事人,问题是问题。在非常困难的处境下,每一个人都是已经尽力全力的。”解决之道即在个人经验之中,只有当事人最了解自己的状况。人们都希望留下正向美好的足迹,并对世界具有正面的贡献。

（三）以柔克刚,相信由“非志愿”变为“志愿”的可能性

1. 焦点解决的首要原则

焦点解决咨询针对非志愿个案辅导的几条首要原则:第一,不以改造当事人为目的,而以“理解当事人”和“建立关系”为目标。如何理解当事人?SFBT 强调正向建构,即充分信任当事人做任何事情都有一定的理由,能够面对咨询师,已做出很大妥协。咨询师要赞美—同理—讨论—期许。第二,不提供改变的方向,始终秉承“身后一步引导”的原则。改

变的方向不是由咨询师来提供的，而是由当事人在内在期望之中找到起点。不愿意的背后一定有愿意的，不喜欢的反面一定有喜欢的，不愿意做的背后一定有愿意做的。在强化当事人内心的正向期许后，咨询师的任务是站在当事人身后协助当事人，观察有无实现自己期许的路径。当事人愿意走怎样的路径遵循当事人的选择。奇迹提问和可读化提问后再利用关系提问，可以帮助当事人增强改变的意愿。

2. “非志愿”变为“志愿”的可能性

坚持相信由“非志愿”变为“志愿”的可能性。生活中，每个人改变的曲线不尽相同：有人跳跃性地前进；有人螺旋式地改变；有人如登阶梯般一步一步向前；还有人每前进一步后，则需要很久才能再向前一小步。因此要配合当事人改变的速度与方式，维持当事人改变的意愿，并期待当事人有更大的突破。在当事人的状态更为稳定时，再适时提醒他未来可能出现的挑战，或是鼓励他再多做改变。咨询始终围绕协助当事人知觉到可能性来展开。即使一番谈话没效果，也不要认为这是个案失败，要把“没有改变”看成是“酝酿阶段”，进而将讨论如何改变作为当下的“一小步”，允许个案采取自己的方式和步伐前进。

由此可见，SFBT 强调发展性、复原力与去病理化，相信“复原”乃开始于当事人愿意改变的那一刻；强调人们不会只被过去、心理疾病等因素所局限，是可以创造出自己想要的未来的。聚焦于未来的探讨将会比回顾过去更能提升能量，当人们具备足够的社会建构资源的支持时，将会走出所要的不同的人生道路。

二、焦点解决知易行难

SFBT，简单易入门，适用人群广，适用各种问题，理念诱人，无论是快速见效，还是积极正向，都让人愿意涉足一二。它技术简单，大致的提问和回应技术不过十余种，易学易懂。然而真正使用 SFBT 的咨询师为数不多，反映了 SFBT 确有“知易行难”的特点。要从会焦点提问到比较娴熟地运用，特别是把握理念精髓的应用，其过程并不简单。将技术与理论相融十分重要。把咨询比作钢琴伴奏，最佳的状态是伴奏与演唱的相融，而非伴奏归伴奏，演唱归演唱。尽管咨询技术运用很好，但没有和当事人匹配，咨询便无法贴近当事人。焦点解决模式，是一种与时俱进的治疗技术，充满了积极的人性观，它跳出问题看问题及其解决问题的思想，适合当代人类互动的各种社会情境，甚至在处理国际关系中也适用，这使得焦点解决模式迅速走出了心理治疗的范畴，很快运用在诸如教育和组织管理等其他领域。

三、焦点是生活化的焦点

SFBT 通过咨询与治疗协助当事人，关注当事人过去的资源和优势，焦点放在“解决之道的故事”而非“问题的故事”。当事人面对困难时，SFBT 发现诸如特质、能力等帮助其面对挑战；利用评估问句与循环问句去记录和测量当事人与理想未来的进程，保有对于时间、地点的专业界限与伦理守则，尽力做到最好的咨询与治疗。

此书突出了“短期治疗”。焦点解决包含着许多短期的元素，为此，被冠以“短期”治疗技术。受到传统模式耗时费力的影响，“短期治疗”对咨询师来说充满了诱惑。然而，焦点之所以“简短”并非在于快速地解决了来访者的问题,“快”在于最大化地增强了来访者实现改变的动机,这种动机是来访者与生俱来的一种积极向上的社会化生存动力。焦点对积极人性观的推崇呈现的是一种全新的哲学思想,这也使得焦点的理念不仅让来访者受益,也让咨询师受益。实践证明,应用焦点技术很大程度上减少了咨询师自身的职业倦怠感,这无疑让读者对焦点充满了渴望。所以,焦点不会再让咨询师们显得“医不自治”,学习和应用焦点技术第一个受益的是自己,第二个是家人和朋友。当然,这种受益可以无限地延伸出去,这或许是焦点令人最为着迷的地方,焦点是生活化的焦点。

此书重视目标架构、例外架构、假设解决架构。咨询开始时,咨询师应特别关注当事人的来访情况,就当事人重视的目标给予充分肯定,进而建立合作关系,过程中需要协助当事人转换抱怨情绪及渴望,形成初步的晤谈目标;如果例外架构合适,则引导其发现既有优势;如果假设架构合适,则尝试引发当事人所想要的愿景。焦点解决模式需要从当事人来访问题中找到未来的愿景和认同的目标,从而向前推进一小步。

四、焦点解决模式在思想政治教育工作者实践中的应用

高校思想政治教育工作者的工作是一门学问。对于思想政治教育工作者来说,与学生谈心是师生交流思想,进而相互了解、相互影响的过程,谈心的方式、方法是影响谈心效果的关键性因素。掌握一定的谈心艺术,将对开展大学生的各项管理工作,促进大学生的健康成长发挥重要作用。

焦点解决模式的核心理念是:① 问题不是问题,如何应对才是问题;② 合作、沟通、互动是解决问题的关键;③ 发现例外事件,挖掘自身资源;④ 正确聚焦,积极行动。因此,高校思想政治教育工作者从视角上要立足现在,展望未来,引导学生将注意力集中到未来,运用正向的、积极的话语,鼓励学生通过自己的努力探索解决问题的方案。在方式上,要以尊重为基础,相信学生自身具备的无限潜能,看到其正向的力量,在实践工作中,要传达出对学生的信赖和鼓励。在内容上,要以人为本,增加与学生之间的接触,关心学生的心理健康、学习生活的动态,在潜移默化中完成对学生的思想政治教育引导。在技术上,要灵活运用焦点解决模式,在学生无法找到例外情况时,使用奇迹提问的方式,使个案对所期望的解决方法产生一种清晰的、细节的、可行的描述。面对难以敞开心扉的学生,可以组织有相似症状的学生进行团体辅导,学生找到共鸣感后的交流会逐步迈入问题核心,从而提高教学效率。焦点解决模式还包含了一般化、赞美、评量问句、例外等心理咨询技术。要想从焦点解决模式角度重构辅导员和大学生的关系,需要将这些技术和日常的思想政治教育工作成功嫁接。

五、结语

要深刻体悟 SFBT 的人性观:每个人都有力量、智慧及经验去生产与改变;每个人都希望维持仁慈、道德、礼貌、友善、诚实,希望自己及所爱、所尊重、敬仰的人生活有所改变。所以,坚定于生命各种可能性的发生,是一个与未知态度一样的重要姿态。SFBT 恰如一种令爱它的人们不断体验与蜕变的生命哲学,所有坚持、等待、不放弃的努力,都是持续酝酿着

改变人的契机与能量。在它的大家庭里，每个人都在接受焦点的过程中，感受不同，收获不同，相同的是都在成长中坚定生活的信念，都在沿着自己的人生轨迹不断前进。

参考文献：

[1] 许维素.建构解决之道——焦点解决短期治疗[M].宁波：宁波出版社，2013.

专业建设

高质量发展背景下的品牌特色专业建设路径研究
——以徐州工程学院财务管理专业为例

马忠民

摘　要：当前，中国经济正处于从高速增长转向高质量发展的关键期，高等教育的任务就是培养满足社会经济高质量发展需要的优秀人才。本文基于品牌特色专业的内涵，分析了经济高质量发展下打造品牌特色专业的必要性，结合社会对财务管理专业人才的需求，以及应用型本科院校发展状况，提出了品牌特色专业建设目标以及具体建设路径，以提升应用型本科院校自身竞争力和持续发展能力。

关键词：高质量发展；应用型本科院校；品牌特色专业；财务管理；建设路径

当前，我国经济增长模式发生深度变革，必须贯彻“新发展理念”，从“求速度”向“要质量”转变。中国经济正处于从高速增长转向高质量发展的关键期，高等教育的任务就是培养满足社会经济高质量发展需要的优秀人才。品牌特色专业建设是培育高质量高素质人才的一个重要渠道。对于地方应用型本科院校而言，一方面综合实力需要不断加强；另一方面要通过打造品牌特色专业，拥有在社会上具有较高影响力的品牌特色专业，那么学校的知名度与竞争力就会显著提高。因此，品牌特色专业建设应列入地方应用型本科院校发展战略的核心内容，必须融合地方经济高质量发展转型的要求，培养融合市场需求的应用型高质量专业化人才，充分发挥服务地方经济的能力。

徐州工程学院财务管理专业于 2015 年获江苏高校品牌专业建设工程项目（PPZY2015A076），2009 年获批为教育部高等学校特色专业建设点，本文结合品牌特色专业的内涵，立足高质量发展要求，研究徐州工程学院财务管理品牌特色专业建设和发展实践，为应用型本科院校提升专业建设水平、增强特色优势、充分发挥服务地方经济的能力提供借鉴。

一、高质量发展背景下品牌特色专业内涵

受到“经济由高速增长阶段转向高质量发展阶段”的影响，高质量的经济发展对教育提出了新挑战，教育的政治功能和社会服务职能所决定教育必须做出回应。要对教育体制中

作者简介：马忠民（1966—），男，硕士，徐州工程学院管理学院副教授，CCAA 国家注册质量管理体系审核员，研究方向：投融资与教学管理。

培养目标、知识体系、学科与机构设置、培养模式、教学制度等进行改革和完善,实现人才的素质、理念、竞争力等与国际接轨的目标,形成教育质量的品牌特色效应。品牌特色专业应该满足五方即政府、社会、学生、家长及用人单位的要求,实现国家经济、科技、社会发展等对高素质人才的需求。专家学者对品牌特色专业的解释有很多,尚不统一。品牌特色专业建设是应用型本科院校自身谋求发展的突破口,是提升教育质量服务地方经济发展的重要切入点。教育部将"特色专业"定义为应能充分体现学校办学定位,在教育目标、师资队伍、课程体系、教学条件和培养质量等方面,具有较高的办学水平和鲜明的办学特色,获得社会认同并具有较高社会声誉的专业。品牌专业体现在人才质量、专业优势与实力等方面。所谓地方高校的品牌专业应是相对于国内同类高校,能够达到一流水平或领先水平的专业。

笔者认为,在高质量发展要求下应用型本科院校的品牌特色专业是指在长期的办学实践中,结合自身优势资源和特色,所形成的人无我有、人有我优、人优我新、具有自身质量特色或质量优势的专业,衡量的标准就是培养出满足当前经济高质量发展要求的具有独特竞争力的优质毕业生人才。

二、高质量发展背景下应用型本科院校建设品牌特色专业的重要性认识

毋庸置疑,地方高校在满足高等教育大众化需求方面做出过巨大贡献,但时过境迁,当今经济的高质量发展对高等教育的要求越来越高,高校之间的竞争也日渐加剧,地方高校已经风光不再。相对于部、省属高校,地方高校的生存空间被严重挤压,地方高校必须提升办学竞争力,激发质量活力,以质量吸引生源,才能获得可持续发展。品牌特色专业建设的过程就是不断优化提升办学质量的过程。在实践当中,需要结合地方经济发展要求确定有特色的办学定位,并遵循特色专业自身的发展规律,保持和发展已有的品牌优势,以超前创新的眼光提升建设发展品牌特色专业的创新意识,以适应区域经济发展为导向,在不断创新中寻求服务地方经济高质量发展的重要切入点。

(一)需求端对人才的质量要求不断提高

社会经济的不断发展对高校毕业生的质量要求不断提高,高等教育的资源配置也要结合市场需求的变化不断进行动态调整,以适应区域经济发展为导向。在地理位置上地方高校有着明显的优势,与地方区域文化、政治、经济联系密切,为地方高校培养适用于面向地方市场需求的人才类型、人才质量提供了充足的信息,能够较快感受到企事业单位对人才的需求动向。这也必然推动了高校教学质量的提高,根据地方经济发展的实际需要来确定人才培养的类型与规格,不断调整已有专业的教学内容,不断针对性优化人才输出质量,在品牌特色专业建设中,突出地方高校自身的专业特色,使学生能够及时了解地方经济发展的最新动态,接触区域经济发展中的问题所在,实施差异化发展。

(二)供给端生源供给规模不断下降

资料显示,江苏参加高考的学生人数从2010年的52.7万,下降为2018年的33.15万,减少19.55万。从江苏省生源供给端的发展趋势可推测出地方高校遇到的生源供给压力会不断增大。摆脱地方高校生存压力的有效办法就是利用专业品牌特色效应,通过提升

专业的品牌特色质量来提高地方社会认可度与知名度。必须充分认识到品牌特色专业建设是地方高校的第一要务。品牌特色专业并不为名牌高校所独有，地方高校可以根据自身的条件，结合区域位置优势，灵活办学，借助自身独有优势，打造属于本校的品牌特色专业。

无论从需求端还是供给端，都可以看出，建设品牌特色专业，既具有极端重要性与极度紧迫性，也是实现应用型本科院校提升自身竞争力，实现自身高质量发展重要路径。

三、高质量发展背景下应用型本科院校品牌特色专业建设路径

随着中国经济发展模式的转变，教育也要基于与经济高质量发展的生态网络关系而主动采取变革措施，并超前布局引领型人才培养，同时还要充分彰显本真价值的教育尺度，丰富未来高质量发展潜力，培养高质量发展的人。品牌专业要为社会所普遍接受，只有走内涵发展道路，才能成为信得过的"商品"。塑造地方高校品牌专业首先要在局部地区占据领先地位，进而在全省直至全国同类专业中占据领先地位。特色专业要在办学理念、人才培养目标、培养模式、培养质量等方面具有显著特色，培养的学生某些方面的素质和能力优于其他院校该专业的学生，并得到社会的广泛认可、有较高声誉。徐州工程学院财务管理专业为江苏高校品牌专业建设工程项目、国家级特色专业，品牌特色专业的建设目标为"持续改进、建设先进、面向区域、突出特色"，具体实现路径为"提升品牌特色专业意识、明确办学目标定位、做好培养方案设计、强化师资队伍建设、推动教法改革突出实践教学、系统协同一体化培养"。

（一）提升品牌特色专业意识

品牌特色专业在创建过程中需要加大宣传力度，形成全校强烈的品牌特色意识，并加大宣传和资金投入，形成品牌特色专业文化，建立文化宣传园，设计具有原创独特性的管理学院财务管理品牌专业文化宣传内容 12 项，文字内容做到既突出特色品牌又要朗朗上口、便于记忆、入目入心，例如"以质量求生存，以特色谋发展""品牌梦特色魂，树新风铸师魂""知识路实践魂，协同化育新人""强化实践教学，坚持产教融合，深化校企合作"等，收集相关宣传图片 12 幅巧设搭配，提炼品牌专业文化核心要义，达到良好的宣传效果。同时要积极开展主旨宣传，组织在校学生参观，在品牌专业建设支撑的各层面，如校企合作、专业建设、教学成果、师资队伍建设等方面，主动邀请专家举办会议，通过媒体关注扩大宣传影响。

（二）明确办学目标定位

品牌特色专业的定位就是要结合实际、差异化发展，主动探测市场需求，满足市场需求。教育作为经济高质量发展的人才供给侧，也要注重由量向质的转变，树立科学的办学理念，明确并细化办学定位，不能一味追求高层次、大规模，应根据所处的区域位置，扮演应有的角色，做出应有的担当。淮海经济区经济发展也步入高质量发展期，生产服务一线紧缺应用型、复合型、创新型人才，这应成为财务管理专业人才培养模式构建的重要依据和出发点，要紧紧围绕应用型、地方性的办学定位，经过持续实践探索，与经济高质量发展同步，确定应用型人才培养目标是立足徐州、服务淮海经济区、辐射全省的高素质、强能力、厚基

础的高质量综合型创新人才，用差异化目标定位解决同质化存在的问题，以满足社会多样化、区域现实性等需求。

（三）做好培养方案设计

在深入分析当地经济与社会发展对财务管理人才的需求基础上，吸纳政府机构、行业协会和企业相关人士与本校教师共同组建品牌特色专业建设委员会，参与制定人才培养方案，将相关国标、行标或企标，细化为人才培养细则。培养方案设计一应突出应用性，围绕地方经济高质量发展的需要，在财务管理人才知识结构与能力体系方面进行突破，防止“高大全”，体现“实细专”；二要以学生为本，根据学生未来职业进行分类培养。例如对于财务管理管理专业来说，在大二或大三学年可以基于学生的兴趣开展学生分类培养，技能应用型人才培养特别注意要以应用能力培养为导向，理论课程与实践课程并重，尤其要增加实践课时数量，引导学生参加各种技能比赛；公务管理型人才培养要引导学生多参加院学生管理工作、选修行政素质与写作能力提升等相关课程以提高综合行政能力；专业硕研型人才培养可以引导学生通过参与教师科研课题项目、论文写作发表等途径，使学生奠定一定的科研功底，为以后攻读硕士开展相关研究打好基础。

（四）强化师资队伍建设

地方应用型本科院校的授课教师应突出“双师型”特点，既要有“理论型教师”还需要“实践型教师”，加大力度培养具有一定数量的具有过硬实践能力的实践型教师，满足培养技能应用型学生的培养要求，为此要求加强应用型师资队伍建设。财务管理专业的具体方案：一是“走出去”方式，教师通过在政府与企业相关部门挂职，参与企事业单位具体项目等方式来提高财务管理实践水平；二是“引进来”方式，就是通过聘请政府与企事业相关财务管理人员到校授课讲学等方式，或者柔性引进徐州市一线相关财务管理官员、财务总监来学校给学生授课讲学，以此保证实践性教学内容质量，优化提高整体的师资实践水平；三是激励老师通过开展财务管理项目研究等方式实现产学研结合，不断提高财务管理实践能力。

（五）推动教法改革突出实践教学

财务管理专业作为实践性很强的学科，教法上应改变单一课堂讲授的教学方法，积极尝试混合式教学改革，例如情景式教学、案例教学、互动启发式教学、问题导向教学、翻转式教学等新教学方法。加大综合实训、课程设计、课程小论文、实习参观、毕业设计、社会实践和科技创新竞赛等实践课程的学习力度，建立“三全式”即全方位、全过程、全员参与的实践教学系统性革新。集成“投资实践教学”“融资实践教学”“资本运营实践教学”“现金流量管理实践教学”等几大实践教学内容，突出专业技能上的实践实用性标准；以“拓展训练体验教学”“创业创新素质训练”等方式培养学生良好的专业品质、身体心理素质和较强的创新意识等职业素养，培养与工作岗位相适应的踏实敬业、沟通交流、吃苦耐劳、团结协作的职业精神。专业课程体系中应防止课程内容交叉重复，选用版本内容新、贴近财务管理实际的教材，拓展学生生产实践方面知识能力。

（六）系统协同一体化培养

在品牌特色专业建设过程中，要充分认识到“开放办学”“合作办学”的重要性，主动利用学校、企业、社会、国际合作等办学资源，创建“校中厂”“厂中校”“实训中心”“实习基地”等，进行实地演练操作，开展系统协同一体化培养，政企产教融合深度合作。尝试学业导师制，由导师负责实践指导与能力提升，重视创新创业教育，促进学生创新创业能力的提高，将“学”“用”“创”有机融合，机制上形成双向或者多向良性互动，既要考虑品牌特色专业的系统性、前瞻性，同时还要突出区域经济发展特征与瓶颈，产业集群升级转型质量要求，系统化促进，而不是单向输出，不断提高办学质量和社会服务水平，培养符合高质量发展要求的财务管理专业人才。

四、结语

目前，我国经济已经转入高质量发展阶段，教育也要主动采取变革措施，并超前布局。品牌特色专业建设是培育高质量人才的一个重要渠道。地方应用型本科院校应结合本区域经济高质量发展对人才质量的新要求，充分认识高质量发展背景下品牌特色专业建设的重要性，研究高质量发展视域下应用型本科院校品牌特色专业建设路径，不断提高办学质量和社会服务水平，培养符合高质量发展要求的财务管理专业人才，提升应用型本科院校自身的竞争力和持续发展能力。

参考文献：

[1] 蔡宗模，张海生，吴朝平，等.“高质量发展”对教育提出了什么要求：基于十九大报告的文本解读[J].当代教育论坛，2018(6)：31-38.

[2] 曹翔.地方高校品牌专业建设：重要性、内涵与路径[J].教育探索，2017(1)：33-36.

[3] 程俊杰.高质量发展背景下破解“创新困境”的双重机制[J].现代经济探讨，2019(3)：5-10.

[4] 黄忠东.试论应用型本科院校财务管理国家特色专业的建设[J].黑龙江高教研究，2012，30(3)：161-163.

[5] 刘云生.经济转向高质量发展阶段：教育怎么办[J].教育发展研究，2018，38(11)：1-10.

[6] 马忠民.教师现代信息素养与品牌、特色专业发展研究：以应用型本科院校财务管理专业为例[J].丝路视野，2017(36)：16-17.

[7] 王国平.品牌制胜：高校品牌战略体系的构建及实施[M].北京：知识产权出版社，2012.

[8] 谢健.关于高校本科特色专业建设的几点思考[J].教育观察（上旬刊），2014，3(10)：23-25.

[9] 姚正海.财务管理特色专业建设思路与方案设计[J].财会月刊，2010(30)：104-106.

应用型本科院校房地产开发与管理专业建设探析

何旭东

摘　要：专业是高等院校培养人才的载体，是高等院校有效推进教育教学改革、提高教学质量的立足点，专业建设的水平决定着高等院校人才培养的质量。本文以应用型本科高校徐州工程学院房地产开发与管理专业为例，从专业定位、师资队伍、教学资源、课程建设、教学过程、学生发展、质量监控等方面，探讨应用型本科院校房地产开发与管理专业建设和专业发展的思路与对策。

关键词：应用型本科院校；房地产开发与管理；专业建设

一、引言

房地产行业是与我国国民经济高度关联的产业，占国内生产总值的6.6%、投资总额的1/4，涉及60多个房地产相关产业，房地产业已经成为中国经济支柱产业之一。房地产开发与管理是随着房地产行业发展而新兴的专业，目前全国有50多所本科院校开设房地产开发与管理专业，100多所高职院校开设了房地产经营与估价专业。2016年，李克强总理在《政府工作报告》中提出"推动具备条件的普通本科高校向应用型转变"。2015年《教育部发展改革委财政部关于引导部分地方普通本科高校向应用型转变的指导意见》下发。随着国家相关政策的引导，应用型本科院校房地产开发与管理专业建设与发展的目标将重点定位在"培养具有一定理论基础的高素质应用型人才"，明显区别于"研究型人才"和"一线技术人才"。应用型本科院校应加快转型发展步伐，适应区域发展的需要和产业振兴的需求，通过"产学研教"互动融合，培养服务生产一线的高层次技术应用型人才，逐步实现人才培养与就业需求的无缝对接。而专业是高等院校培养人才的载体，是高等院校有效推进教育教学改革、提高教学质量的立足点，专业建设的水平决定着高等院校人才培养的质量。本文以徐州工程学院房地产开发与管理专业为例，从专业定位、培养目标、教学资源、教学过程、学生发展、质量监控等方面，探讨应用型本科院校房地产开发与管理专业建设和专业发展的思路与对策。

二、房地产开发与管理专业定位

徐州工程学院房地产开发与管理专业自2012年着手可行性论证，2013年3月提出申

作者简介：何旭东(1970—)，男，博士，高级经济师，研究方向：项目管理。

请，2013 年 12 月获教育部批准，2014 年开始招生。房地产开发与管理专业定位为：以“大应用观、大工程观、大生活观、大文化观”为引领，以房地产开发与管理专业人才需求为依据，以《高等学校房地产开发与管理本科指导性专业规范》为基础，培养德、智、体、美全面发展，掌握房地产开发与管理相关的建筑与土木工程技术以及相关经济、管理、法律等基础知识，具有较强实践能力和创新精神，适应社会经济发展要求，服务生产管理一线的应用型技术人才。毕业生主要在房地产开发企业、房地产投资企业、房地产营销策划企业、房地产评估机构、房地产经纪机构、物业服务管理机构、招投标代理机构等就业。

专业定位紧密结合社会经济发展需要和企业岗位对接需求，强化专业建设、淡化学科建设，在遵循本科教育规律的同时，注重对学生学习能力、创新创业能力的培养。学校紧随淮海经济区和苏北地区经济发展进程，力争把房地产开发与管理专业建设成苏北及淮海经济区同类高校中领先的应用型专业。

三、房地产开发与管理专业建设保障

（一）重视师资队伍建设

目前学校房地产开发与管理专业有专任教师 9 人，其中博士研究生 2 人，硕士研究生 7 人；具有一级注册建造师资格的教师 2 人，房地产物业管理师资格 1 人，注册咨询工程师资格 3 人，高级经济师资格 1 人，双师型教师数量超过教师总数的 70%。教师队伍的职称结构、学历结构、年龄结构均有了明显改善，逐步建成了结构相对合理、发展趋势良好的师资队伍。存在的问题是教师队伍中正高级职称的教师数量不多，具备博士学位的比例偏低，尚无国内一流教学名师，中青年骨干教师中有海外学习经历的比例偏低，国际交流较少。

针对存在问题，学校层面严格落实“中青年骨干教师国内外研修计划”“教师队伍博士化计划”“‘双师型’教师队伍培养计划”等工程，加大对中青年教师的培养力度。学院层面设立了教学、科研等奖项，选派中青年优秀教师到省内外高校进行访学、进修，通过自主培养和对外引进相结合，积极开展学术交流。

（二）加大教学资源投入

在专业实验室建设方面，学校本着“实践教学体系的建立必须服从、服务于专业培养目标，以注重应用和强化动手能力培养为重点”的原则，遵循“整体规划，各有特色，分期完成，逐步更新”的思路，增加实验实训教学经费投入，更新仪器设备，增添工程造价实训平台与工程项目管理实验室，不断调整完善实验室建设。

在实习基地建设方面，学校重视与社会企事业单位的联系，考察签署了南京链家房产经纪有限公司等一批专业教学实习基地，满足了学生实习和毕业设计的要求；同时，加强对学生的岗位职业技能培训，通过参加实训和有关考试，帮助学生获得相应的职业技能证书，增强学生就业竞争力。

（三）构建课程建设体系

课程规划方面，学校引入房地产及相关行业标准，根据行业岗位要求，整合原有课程、开发新课程，修订培养方案，制定与企业相应的课程评价标准，形成一个应用型人才培养模式下的课程体系。对照人才培养目标和就业市场需求，除了常规的专业核心课程设置，尚需强化土木技术知识的课程教学，增加房地产营销和管理方面的核心课程，注重调整管理类课程与工程类课程之间的比例关系。

专业课程建设方面，学校通过校企紧密合作，课程设置兼顾理论与实践，注重培养学生的实践能力，增加实践性教学环节课时；课程内容以教学大纲任务为中心，整合相应的知识、技能和方法，实现理论与实践的统一，课程内容充分反映房地产及相关业的新知识、新理论、新技术、新工艺和新方法。

专业教材建设方面，房地产开发与管理专业教材具有选择使用面广、专业知识衔接性强、更新速度快的特点。为了加强教材建设，学院专门成立了教材建设委员会，制定教材使用规范，指导教师选用教材。大部分课程都选用了最近 3 年内出版的国家级获奖或省部级获奖教材，优秀教材使用率达 90%以上，达到了大纲规定的要求。

存在问题是课程设置与房地产开发管理职业能力的需求匹配度不够，实践教学环节设置偏弱，学生参加全国性技能大赛的机会较少。

为此，在课程设置上，打破基础课、专业基础课和专业课等“老三块”的传统设置，围绕职业素质和职业能力培养主线安排课程，课程调整尽量契合就业方向与职业能力需求；加大实践性教学环节，制定实践项目课程标准和评价体系，以完善实践教学体系；鼓励和引导学生参加行业专业技能比赛和技能等级证书考试，在竞赛和考核中提高学生的操作技能，激励学生的进取精神，检验教学效果。

（四）优化教学实践过程

严格依据人才培养方案，制定课程教学大纲。课堂教学中，按照课程大纲知识点，重点讲授要点内容，教学方法依据所讲授内容特点和学生掌握情况，采用案例教学、问题引导式教学相结合等多种方式。课程考核采用了“平时成绩＋期末成绩＋实践环节”的综合考核方式，其中实践环节采取实习报告和指导老师评价相结合的考核方式。

构建“产学结合、研教融合、层次分明、行动导向”的实践教学体系。专业实践教学包括课程实验、集中实践实训。课程实验有工程项目管理、工程造价、工程结构、房地产开发与管理等；集中实践实训有房地产市场调查实习、施工现场管理实习、生产实习、创业创新实践、毕业设计等。通过系统化实践教学训练，培养学生动手操作能力和创新能力，巩固所学专业知识，实现毕业即能上岗的目标。

毕业设计是一个重要的综合性教学环节，是对学生综合素质与能力培养效果的全面检查。毕业设计的目的、组织工作、选题、对指导教师和学生的要求、毕业设计答辩、成绩评定等方面要做到目标明确、制度规范、措施具体。

存在问题是教学大纲规定的内容、要求与教学实施还存在一定的差距；实践教学体系在具体实施中与企业实际操作还存在偏离，需要进一步优化。尚需要认真总结教学实践，透彻了解专业培养目标和技能要求，明确本课程在专业教学计划中的地位和作用，严格依据教学大纲选用教材，保证教学大纲顺利实施。要进一步完善校内实训基地建设，完成从专业基础到专业实践的全部实验及校内实训项目；在现有产学合作基地的基础上，根据“互惠互利、双向受益”的原则，加强校企联合、产学互动；毕业实践环节继续推行“三位一体”实践教学模式。“三位一体”是指房地产经营管理专业毕业实习、毕业设计和毕业生就业一体化统筹安排。

（五）加强教学质量监控

教学质量监控体系对教学目标的实现和提高教学质量起着重要的保障作用。而教学管理的制度化、规范化和科学化既是教学管理水平的体现，也是稳定教学秩序、提高教学质量的重要保证。为了使教学管理工作规范化，学院构建了“四全一循环”质量生成与保障体系；建立了完整的教学管理制度，教学管理工作的各个环节做到有章可循，有据可依；构建“分管教学副院长—教务科”“专业教研室主任—教研室”的两级教学管理体系，分别承担教学管理的工作，教学管理的工作重心移到专业教研室一级。

四、推进学生素质全面发展

本专业学生招生人数基本完成招生计划，大部分学生来自江苏及周边省份，少数学生来自贵州和宁夏等地。第三方麦可思调查报告分析显示，房地产开发与管理专业学生满意度为78％，学生毕业时掌握基本工作能力的满意度为57％，说明学生对基本理论知识和基本技能的掌握不够，须加强对基本理论知识与基本技能的教学和实训。

对房地产开发与管理专业学生的跟踪调查发展，毕业学生就业情况良好，就业率基本达到99％，就业方向主要是房地产开发企业、房地产中介行业、装饰装潢公司、房地产咨询公司、房地产物业管理企业以及房地产相关行业管理机构，就业对口率在80％左右。毕业学生参加工作后普遍感觉创新能力、人际交往与沟通能力、组织管理能力比较欠缺。学生反映最集中的问题是，虽然学校所设课程的教学内容符合社会需要的程度比较高，但还是应该为学生提供更多的实践实习机会。用人单位普遍反映房地产开发与管理专业的毕业生对行业专业知识掌握的水平明显低于工作要求的实践水平，发展潜力不足。

通过对比分析，我们建议应增设更加贴近房地产专业需求的专业课程，突出房地产经营管理的特色，加强工程技术课程比重，体现工程与管理的有机结合，提升学生土木工程基础知识和应用能力；不断扩大校外实训基地的数量，继续完善实训基地的类型结构，以满足不同教学的需要，使学生能够深入企业进行实践锻炼，强化实际操作能力。

五、房地产开发与管理专业建设的策略

（一）选择专业标杆

针对专业定位不够精准、人才培养目标不够清晰、特色总结不够明确的问题，学院组织教师到相关单位调研学习，加强房地产开发与管理专业就业情况跟踪调查，密切关注调研专业人才市场需求情况，进一步优化专业定位，选择专业标杆。

高等院校采用标杆管理模式进行专业建设，能够避免闭门造车的现象，即以目前专业建设实践最优的、同等层次本科院校中的房地产开发与管理专业作为专业标杆，对比分析、查找差距，结合自身实际条件进行选择性学习。对比分析和选择标杆专业的维度可以集中

在与专业建设相关的顶层规划、教师发展与团队建设、课程教学资源开发、实验实训条件建设、学生创新创业训练、教学交流合作、教育教改研究等方面。

(二) 改善教学条件

利用超星网络课程平台加强课程资源建设,扩大实验实训室的面积、改善实验实训室硬件环境、增加房地产教学模拟沙盘、工程项目管理软件、工程造价实训软件等,添置学生实习实训必备的安全帽、测量仪器等设施设备。

注重适度开放教学资源,合理安排教学任务,挖掘现有仪器设备的潜力,实现教学资源共享,提高资源利用效率和使用效益。在充分利用资源存量的同时,强化校企产教学研互动融合,搭建科技成果转化平台,既解决了企业技术难题,又弥补了教育经费不足,实现校企双赢合作。

(三) 提高教学质量

正确认识学校办学定位和人才培养目标定位,积极探索、大胆创新高素质应用型人才培养模式。高质量的教学依赖高水平的教师队伍。应用型本科院校可以加大专业教师人才引进力度;组织教师进行学历提升和短期培训;加强校企合作交流,选派青年教师到房地产企业挂职锻炼,熟悉生产经营和企业管理,提升教师社会实践能力;提高"双师型"教师比例及规格,提升教学团队整体业务水平。

科学的教学管理制度是教学质量得以提升的基本保障。学院从课前准备、课堂教学、实践教学到成绩考核及记载等各主要教学管理环节,均明确提出管理目标和质量标准;不断强化和完善教师教学考核机制,明确对教师教学质量考核要求,把教学质量作为考核教师工作和聘任教师职务的关键条件,明确了对教师师德、教风以及要承担教育教学研究工作的要求,促使教师做到敬业爱生、为人师表。

(四) 推动实践教学改革

构建实践课程体系。在专业人才培养方案中要体现"厚基础、善实践、能创新、高素质"的特点,为学生将来从事房地产开发与管理相关工作提供良好的基础知识背景和实际操作能力;增加专业核心课程和实践教学的学时数,使学生能学深学透并具有较强的实践能力;核心课程教学中增加实验、实训教学环节,在一些实践性较强的课程中增加模拟教学、案例教学的学时数。

建设完善实习基地。根据实习教学大纲要求,学院与江苏国汇置业集团、南京链家等多家企事业单位签署了校外实习基地协议,满足了学生实习和毕业设计需求。为了避免校外实习流于形式,学院采取与实习单位共同考核、奖惩结合等相应措施,完善实践教学考核机制。

加强岗位职业技能培训。由教研室联系相应的专业教师或聘请房地产企业的相关岗位负责人,针对房地产项目流程具体岗位开设专题讲座;鼓励学生获得相应的职业技能证书,实现一张文凭多种证书;尝试应用项目教学法,增强学生自主学习与独立思考的能力,培养学生团队协作意识,提升学生顶岗实践能力。

改善实验教学环节。充分利用现有的财务管理实验室、ERP 沙盘模拟实验室以及营销策划综合实训软件，借助土木学院实训实验室硬件配置，开展相关课程的校内实践教学。增加关于房地产开发与管理的全流程模拟软件，配备仿真模拟实验室，进一步优化实践教学效果。

参考文献：

[1] 何红.房地产专业教师论房地产开发与管理专业的核心课程建设[J].经济研究导刊，2014(15)：68-69.

[2] 李英田.应用型本科院校房地产开发与管理专业发展浅析[J].低碳世界，2016(15)：240-241.

[3] 王洪海，范海荣，高秀青.工程管理专业房地产方向课程教学研究[J].高等建筑教育，2011，20(4)：78-81.

[4] 王静，王俊霞.房地产开发与管理复合型人才培养模式研究[J].沈阳工程学院学报(社会科学版)，2016，12(4)：545-548.

[5] 王书明，李圆.应用型本科院校《房地产开发与经营》课程教学改革探讨[J].中国校外教育，2015(16)：171-172.

基于“大工程观”视角构建应用型高等院校品牌专业建设体系研究

——以徐州工程学院财务管理专业为例

徐建波

摘　要:2015 年徐州工程学院财务管理专业获批江苏高校品牌专业建设。在此背景下,本文结合我校在对应用型本科院校的办学定位、办学个性和办学特色思考的基础上提炼出的“大应用观、大工程观、大文化观、大生活观”的办学理念,提出将“大工程观”融入财务管理品牌专业建设中。作者在研究的过程中大量阅读文献,开展现场访谈、问卷调查,以培养应用型本科人才为出发点,调研企事业单位的财务管理人员、我校毕业生的用人单位和国内外同类高校,跟踪往届毕业生,提出基于“大工程观”办学理念,从建设思想与原则、重构专业课程体系、改革教学方法与手段这三方面开展财务管理品牌专业建设。

关键词:“大工程观”;品牌专业建设;财务管理专业

一、引言

江苏高校品牌专业建设工程是江苏省 2015 年启动的一项重大工程,目标是推动我省人才培养机制模式改革,强化高校本专科专业建设,通过品牌专业建设强化大学的标杆意识和顶天立地意识。实施高校品牌专业建设工程,是继优势学科建设工程、协同创新计划等专项之后,我省高等教育领域启动的又一重点工程,按照分批立项、分类资助、持续推进的思路,至 2020 年在全省高校中立项建设 200 个左右在全国同层次同类专业中具有领先优势、高标准通过国际专业认证、在世界同领域具有影响力和竞争力的本专科品牌专业。

财务管理专业一直是我校的尖刀专业,随着本专业获省教育厅批准为江苏省品牌专业,如何按照省级品牌专业建设的要求和目标开展教育教学改革,进一步提升本专业学生的培养质量,成为摆在我校每一位财务管理专业教学工作者面前的重要课题。本文的研究将结合我校财务管理专业的特点和未来发展目标,提出应将我校提出的崭新的理念,即“大工程观”办学理念融入品牌专业建设中。在探讨如何开展财务管理品牌专业建设的研究过程中,以“大工程观”这一独特的视角探讨品牌专业建设问题,这是将工程教育模式融入应用型本科高等教育的一次有益尝试。本文研究成果将为改进财务管理专业人才培养模式

作者简介:徐建波(1979—),男,博士,徐州工程学院管理学院讲师,研究方向:公司金融。

提供参考依据，为地方本科院校人才培养过程中适应地区经济发展需要提供参考，为其他类型的高校改进专业建设提供参考。

二、用“大工程观”理念建设省级品牌专业的理论分析

（一）“大工程观”理念的思想源泉

“大工程观”理念产生于工科领域，其发展演变至今已有大半个世纪，先后经历了“传统工程观—过度工程观—大工程观”三个阶段。第一阶段是20世纪三四十年代前，传统工程观主导的工程教育，侧重技艺技能本身的研究与运用，重视处于工程经验阶段的工程实践。到20世纪40—80年代，美国工程教育引进科学教育，开设数学、物理等基础学科，但是这种教育过分科学化、学术化，过分强调科学基础理论研究与教育，偏离以实践为基础的工程教育的本质。20世纪90年代以后，美国有志之士提出要改革美国“过度工程科学”化的工程教育体系，使建立在学科基础上的工程教育回归其本来的含义，更加重视工程实际以及工程教育本身的系统性和完整性。麻省理工学院前院长莫尔在1993年提出“大工程观”概念，他指出，工程教育的改革方向是要使建立在学科及其分化制度基础上的工程教育回归到其本来含义，更加重视工程实际以及工程本身的系统性和完整性。后人把这种思想称为“大工程观”。如今“大工程观”已形成从理念到实践的一套完整的、可操作的教育教学理念与教学模式，切实指导美国工程教育改革，并取得巨大成功。

“大工程观”理念最早见于1996年国家教委工程教育考察团赴美考察报告，国内学术界对此概念进行演绎或者拓展，并用以指导工程教育的改革。2006年6月，教育部战略研究重大专项“面向创新型国家建设的中国工程教育改革”第三次研讨会在徐州召开，此次会议纪要提出：要使课程设置从单一的“工程专业课程”传授转变为“大工程观、大系统观”为指导的课程架构体系。

（二）“大工程观”的内涵

在对待“工程”这个概念上，以往我们都狭隘地认为只有理工科才谈工程。随着教育理念的更新，人们越来越清晰地意识到人文社科专业也有工程，同样强调多学科、多专业知识相互融合。狭义工程是指“以某组设想的目标为依据，应用有关的科学知识和技术手段，通过一群人的有组织活动将某个（或某些）现有实体（自然的或人造的）转化为具有预期使用价值的人造产品过程”。广义工程则定义为由一群人为达到某种目的，在一个较长时间周期内进行协作活动的过程。工程本质上是多学科的综合体，是以一种或几种核心专业技术加上相关配套的专业技术所重构的集成性知识体系，是创造一个新的实体，有很强的、集成的知识属性，是多学科多领域的整合与集成。

“大工程观”理念强调的是：任何一项现实工程都是既包括科学、技术，也包含管理、经济、法律、人文等学科的“大工程”；由于现实工程的系统性，在探究知识理论性、完整性的同时，尤其重视应用各种技术和工具去解决实际问题，具有实践性、整合性、创新性。“大工程观”不能只从简单的大小来理解，不是指规模本身的“大”，而是指为专业系统提供理论支撑的科学基础知识系统范围的“大”，涉及各方面学科的交叉与融合，远远突破专业知识本身

的范围。“大工程观”就是“以整合、系统、应变、再循环”的视角看待大规模复杂系统的思想。

（三）“大工程观”理念对财务管理专业的要求

将“大工程观”理念用在财务管理专业学生培养过程中，就是要把学生培养成为具有复合知识与技能之人。具体包含以下方面：

第一，更加重视知识的系统性和完整性。

用“大工程观”来教育财务管理专业的学生，就是树立工程系统性和整体性的认知方式和观念。在知识构成方面，不仅强调本专业知识体系内的知识要素和单元，更强调知识之间的关联性、整体性，在知识结构上体现宽与专的统一。在专业能力方面，不仅强调专业技能，更强调专业技能与周边系统和环境的关联。也就是说，“大工程观”理念要求财务管理专业学生知识和能力的多样性。“大工程观”理念所培养的人才，具备从事复杂系统的应用、管理、创新等方面的能力，具备良好的较宽领域的适应能力。

第二，更加重视学生的人文素质。

一个称职的财务管理专业的学生，学好专业本身的课程仅是基础，具有良好的人文素质是适应未来工作需要的必备条件。人们认为，人文素质越高，就越可以从事更高层次的领导工作和管理工作。如果人文素质很差，个性有严重的缺陷和问题，即使专业知识水平很高，恐怕连最基本的技术工作也很难开展，甚至当不好一名普通的技术人员。

人文素质不仅强调技术属性，更要体现社会属性，对学生有更全面的能力要求。这些能力包括协调能力、组织能力、领导能力、被领导能力、攻关能力。这就要求学生在专业培养过程中需要掌握心理学、社会学、美学、概率统计、多媒体技术等其他学科的知识。财务管理强调知识在现实中的应用能力，但现实工作中，我们面对的并不是财务管理活动的单一世界，它经常需要从业人员具备相互交融的自然科学知识与人文社会科学知识、显性知识与隐性知识，建立复合、动态、先进的知识结构。

总结以上两点发现，对培养应用型财务管理专业人才而言，要用“大工程观”来引领学科专业建设，撤除狭隘的“专业观”藩篱，提倡相近学科搭建平台、文理工各科之间相互渗透，开展学科知识、专业技能、思维方式、职业素养、生活态度、社会责任等多元融通的学习，以完善学生的知识结构，培养学生的职业技能，激发学生的创新灵感，塑造学生敬业乐观的道德操守，培养出理论与实践统一、专业技能与真善美相融合、兼具高智商与高情商的复合型人才。

三、以“大工程观”理念引领财务管理省级品牌专业建设的举措

财务管理专业自设立以来，紧密围绕我校“立足徐州、服务苏北、服务江苏”的总体办学定位，着力提升教学、科研和专业人才培养水平，不断提高本专业在江苏及淮海经济区的影响力，以培养适应地方经济发展需要，德、智、体全面发展，具备经济管理、财务、会计、税务、金融等方面的知识，具有较强的创新能力和实践能力的高素质的应用型财务管理本科人才为目标。

基于以上发展现状和目标，下面将运用"大工程观"办学理念，围绕品牌专业建设思想与原则、重构专业课程体系、改革教学方法与手段这三方面，提出如何开展财务管理品牌专业建设的建议。

（一）"大工程观"教育理念引领下的品牌专业建设思想与原则

基于"大工程观"教育理念，本文将财务管理省级品牌专业建设的思想与原则归纳为"明确方向、理清思路、调整内容、注重实践"四点。

明确方向，即明确财务管理专业培养的方向是应用型财务管理人才。本科财务管理专业教育要注重能力的培养，坚持通用性和专用性结合，工科文科相渗透，要使学生具有各项专业能力及拓展能力，突出实际操作能力、综合分析能力的培养，做到理论与实践并重，融知识与能力为一体，实现核算型人才向管理型人才的转变。

理清思路，即理清财务管理品牌专业建设思路。在"大工程观"教育理念指导下，以课程设置为建设中心，针对人才培养构建以能力为导向的"平台＋模块"课程体系，即通识课程、专业课程和集中实践课程三个平台，理财规划方向、工程财务管理方向两个模块。课程设置更强调整体化、综合化，特别是要体现整体化的思想。设置柔性的模块课程，让学生根据社会需求和个人兴趣爱好确定专业方向，选修不同专业方向的课程，以提高学生的综合素质，增强学生对未来工作的适应性。

调整内容，即围绕财务管理人才应具备的知识、素质和能力调整教学内容。在教学上要体现"基础实、素质高、上手快、有后劲"的特色，为学生从事会计、财务管理和金融工作提供了良好的基础知识背景。培养的学生具有较高的政治理论素养和社会责任感，具有良好的身体心理素质和文化修养，具有爱岗敬业、诚信、规范、创新和团结合作的职业精神。

注重实践，即加强实践环节的教育，注重专业动手能力和独立思考能力的培养。本专业除了对各专业课如财务会计、成本会计、财务管理、财务分析和审计等课程进行实际操作训练外，还对财务管理专业知识进行综合模拟训练，从而增强学生的专业动手能力、微机操作和软件维护设计能力，为学生创新思维能力奠定宽厚的基础，使毕业生工作上手快，适应能力强。

（二）基于"大工程观"教育理念，重构财务管理专业课程体系

为了更好地体现"大工程观"的教育理念，给学生提供综合的知识背景和较强的实践能力，在上述"明确方向、理清思路、调整内容、注重实践"的思想指导下，财务管理专业应按照未来财务管理专业人员所应具备的素质和能力要求来设置课程模块，构建以能力为导向的"平台＋模块"课程体系，即通识课程、专业课程和集中实践课程三个平台，以及理财规划方向、工程财务管理方向两个模块。

通识课程平台包括通识必修课、通识选修课，目的是培养学生思想政治修养及抽象的逻辑思维与判断分析的能力；加强文化修养，提高英语水平与计算机使用技巧；增强历史和社会意识等。通识必修课程主要包含大学生心理健康教育、体育、大学英语、计算机应用基础等课程。另外也设置部分通识选修课供学生根据个人兴趣爱好进行选择，课程可涵盖天文地理、人文经济、军事科学、公关礼仪等方面。

专业课程平台包括学科基础课、专业必修课、专业选修课。学科基础课指同专业知识、技能直接联系的基础课程。课程设置包含高等数学、管理学原理、经济学原理、线性代数、应用统计、概率统计、管理信息系统。专业必修课包括基础会计、金融概论、中级财务会计、成本会计、财务管理、计算机会计、投资学、财务分析、管理会计、公司财务、高级财务管理、计算机财务管理等。专业选修课的设置根据理财规划方向、工程财务管理方向两个模块确定,既有独立课程也有交叉课程,具体包含的课程见表1。

表1　财务管理专业课程模块构成

理财规划方向课程	跨方向课程	工程财务管理方向课程
证券投资 税务筹划 审计学	专业导论、经济法、税法、国际贸易结算、资本运营、战略管理、财政学、资产评估、商业银行经营管理、个人理财、中小企业财务管理、市场营销、风险管理、学科前沿	项目投资与融资 工程造价管理 施工企业会计

集中实践课程应根据人才培养方案的内容设置专门的训练计划和训练方案,主要是围绕财务管理岗位所需的特殊素质进行训练。有的可以结合专业课程内容进行训练,如财务管理综合实训、会计综合手工实训、会计综合上机实训、ERP实训、毕业设计(论文)。有的可以通过户外场地课程、野外课程或室内情景训练进行。要注重室内情景的训练,因为它特别适合自觉能力、应变能力、创新能力、组织能力、人际关系处理能力、协调能力、判断能力、领导能力、执行能力等综合能力和管理素质培养的训练。具体可以设置为暑期认识实习、会计专题和财务管理专题学年论文、大学生创新创业实践、岗位技能实训、工程哲学、工程经济学、工程管理学等。每一个平台的每一个课程类型都包含一定比例的实践环节,规定实践环节的最低学分和比例要求。

"平台+模块"的课程体系,能够反映出财务管理专业的办学思想和专业培养目标,从模块化的教学内容与课程体系来看,体现了培养应用型本科专业人才的理念,有其特色和长处。对某些课程内容有交叉重叠,通过课程的教学大纲规定教学内容,来避免交叉重叠的教学内容,合理地分配专业课的理论课时和实践课时比例,从而形成前后逻辑关系清晰、内容相互衔接、课时比例协调的课程体系,在保证课程信息量不减少的前提下优化课程内容,提高应用实践教学效率。

(三)围绕"大工程观"教育理念,改革品牌专业教学方法与手段

1. 培养学生的创新精神和实践能力

"大工程观"教育理念强调培养学生的创新精神和实践能力,促进学生的全面发展。"创新"是指包括创造力和创新意识在内的一种素质特性。高等教育的任务是培养具有创新精神和实践能力的高级专门人才,发展科学技术文化,促进社会主义现代化建设。对于财务管理专业的学生来说,他们不仅要掌握本专业的知识,更需要具备创新的能力和精神,以便促进毕业生就业,使他们不再是求职者,而应成为就业机会的创造者。具体措施有:

(1)提高学生的专业核心能力,增加专业核心课程的课时。

财务管理专业,其会计核算、财务管理是专业核心能力,因此相关的课程要增加学时,

使学生能学深学透。对于一般的专业课程和一些了解知识性课程适当减少课时或不开，采用设立学院公选课（一般的专业课）、系列讲座（了解知识性课程）等方式来弥补，并在教学计划中要求学生必须选够学院规定的公选课课时数。要以培养学生的创新能力和实践能力为核心，依据财务管理人才培养方案和设置课程体系，通过优化课程设置和教学内容，强化专业核心课程，着力培养学生专业核心能力与应用能力。

（2）加强校内实践、实训教学环节。

要增加实践教学课时，重视实践教学环节，强化实践教学管理。在核心课程教学中要增加实践、实训教学。

首先，改革实践课程的教学和考核模式。在一些实践性较强的课程中增加模拟教学、案例教学、现场参观教学的课时。要借助启发式、讨论式、研究式等教学方法，培养学生的思维能力、创新能力和自主参与意识，形成“实验随课程、实训随学期、实习随就业”实践教学方法，考核方式采用提交论文、报告等形式。利用省级实验教学示范中心——“经济管理综合实验中心”平台，对实验实训考核制度进行改革，将实验分为三种类型：基础技术实验、综合型实验和开放型实验。根据不同的实验实训项目和内容，采取灵活多样的考试形式。

其次，形成完备的实践实训课程体系。财务管理专业实践教学包括课程实验、综合实训和创新能力实践。课程实验有会计学基础实验、财务会计实验、成本会计实验、会计电算化、财务分析实验、管理会计实验、审计实验、电子商务实验和管理信息系统实验；综合实训有会计核算综合实训、财务管理综合实训和 ERP 综合实训；创新能力实践有学年论文、大学生创新实践项目、个性化教学和毕业设计（论文）。

最后，加强校内实践情景化教学。一是财会实务校内情景化。训练内容是以企业财务流程为背景资料，从原始凭证的编制、审核到记账凭证的编制以及记账和编制财务报表的一整套仿真性实验案例的实训。二是财务信息化校内情景化。学生通过实际操作熟悉Office办公软件、会计综合实训软件、财务管理教学软件等多套财务软件，熟练操作会计和财务管理软件。三是 ERP 实习校内情景化。该实践综合模拟企业采购、生产、财务、配送和营销等实际运作的全过程，通过专业实习校内模拟化，极大地提高了我院财务管理专业学生对企业生产经营管理的实战能力。

（3）安排充分的校外实习时间。

创造条件让学生参与实际业务的处理，让学生在真实的经济环境中进行磨炼，并通过实践来提高学生发现问题、分析问题和解决问题的能力。校外实习至少安排 1 学年或更多，让实习单位乐于接受，也使学生有一个系统连贯的学习，这样可以起到两个过渡作用：一是把三年内所学的知识应用于实践，达到理论到实践的过渡；二是从学生身份到社会工作人员的过渡，使学生毕业时已能融入社会并胜任基本业务工作。

2. 注重对学生学习方法、综合能力的培养

“大工程观”理念强调人才要具有终身学习的能力。在当代知识几何级爆炸时代背景下，知识更新速度越来越快，无论学生在校学习的专业知识多么全面、紧跟时代，如果不能够保持终身学习的状态，也很快就会面临被时代淘汰的命运。那么大学专业教育的意义何

在？此时，教会学生如何学习变得尤为重要。叶圣陶先生曾说过："教任何一门课程，最终目的都在于达到不需要教。"相比于中小学基础知识需要一定程度的填鸭式教育，大学教育则是为了以教达到不教，使学生具备"自为研索、自求解决"的能力。财务管理专业教师大多是经过了长期的学习和专业训练，都有自己学习、工作过程中总结出来的好方法和好经验，把这些拿出来与学生分享，用自身的学习作为案例，更容易在学生中产生良好的影响，帮助学生形成良好的思维习惯，提高学习的能力。

根据王李的调查结果，目前财务管理人才可分为战略型、管理型及操作型三类。战略型人才是在企业管理活动中能够制定财务政策、财务规划等的高层次财务人员。管理型人才是能对企业财务运营进行综合管理、规划的中高级财务管理人员。操作型人才则要求具有良好的沟通能力，熟练使用相关财务软件，能进行财务处理、资金统计等具体业务操作。三种不同类型的人才和与之相匹配的能力要求如表 2 所示。

表 2　财务管理人才层次与岗位、能力要求对照表

人才层次	相关岗位	能力要素
战略型	财务策划师 财务咨询师 财务分析师 财务培训师 高级财务经理等	沟通交际能力 组织协调能力 信息处理能力 特定行业财务专项能力 投融资管理专项能力 高级财务分析专项能力 国际财务专项能力
管理型	财务主管 财务分中心主管 成本主管 融资主管 资金主管 税务主管 财务规划师等	沟通交际能力 英语应用能力 信息处理能力 成本管理应用能力 财务服务应用能力 规划管理应用能力 财务分析应用能力
操作型	核算员 划款员 报税员 财务统计员 资金员 成本员 记账员 财务综合员 财务统计员等	英语应用能力 沟通交际能力 组织协调能力 计算机应用能力 统计分析能力

从表 2 中可以看出，不同层次人才的目标要求差异很大，综合能力越高的，学生在职业竞争中的优势越大。可见，职业能力决定了未来职业前途。这也为我们在财务管理品牌专业建设过程中，制定人才培养方案、设置课程体系、建设师资队伍等方面提供了方向性依据。

3. 将“大工程观”思维贯穿于教学活动全过程

在财务管理教学过程中，我们可以使用类似工程的方法，将工程学的思维引入其中，结合会计、审计、金融、统计等相关学科的理论知识，采用数学、工程、计算机等技术来模拟财务管理内容、确定财务计划和管理模式，将学生培养成为既富有财务管理理论素养、掌握统计工具、具有工程思维，同时具备广阔人文关怀、能够进行复杂管理的复合型财务管理人才。

财务管理是一个应用型专业，它与金融、会计、统计、数学以及法律等学科密切相关。我校财务管理专业尽管一直走在全校乃至全省改革创新的前列，但由于受传统的重专业、轻基础思想，以及功利主义价值取向的影响，忽视了知识的相关性问题，明显表现出与“大工程观”教育理念所要求的系统性特征不相适应。相关学科课程不多，学生知识面太窄，知识融通性不够。优秀的财务管理人才应具有宽厚的金融、投资等大金融背景知识，如果没有坚实的基础理论、基础知识，就无法应对财务管理中出现的复杂问题。

另外，在专业建设过程中对人才的科学精神和人文精神的关注不够。在中学阶段实施文理分科，致使学生文化素质训练欠缺，全面素质培养不够。在培养学生的人文素质方面应注重精神层面，学生是否具备人文素质不能仅仅理解为听过人文学科课程。事实上，我国大学生不缺乏一般意义上的人文学科知识，真正缺乏的是人文精神。这种现代意义上的人文精神是基于一种普遍的以人为本的人类自我关怀，表现为对人的尊严、价值、命运的维护和道德修养的不断提升。要将人文教育融入人才培养方案中，在课程体系中设立“专业导论”“学科前沿”“素质拓展”“音乐素养”等多门专业文化素养课程，将财务管理专业文化渗透于人才培养全过程，营造具有“大文化观”的人才培养氛围，彰显专业精神、提升专业品位，引领财务管理专业人才培养。

参考文献：

[1] 王李. 财务管理专业“产学”结合人才培养模式研究：以中国劳动关系学院“民生班”为例[J]. 中国劳动关系学院学报，2015，29(5)：118-121.

[2] 谢笑珍. “大工程观”的涵义、本质特征探析[J]. 高等工程教育研究，2008(3)：35-38.

[3] 张新科. 略论应用型本科院校办学的四个定位[J]. 天中学刊，2015，30(5)：120-123.

信息管理与信息系统专业实践教学改革研究

刘　振

摘　要:信息管理与信息系统专业是具有较强实践操作性的学科,对学生的专业实践能力要求较高。本文在信息管理与信息系统专业实践教学方案总体设计思路的基础上,分析了目前在实践教学环节中存在的一些问题和不足,最后提出了一些有关信息管理人才能力培养和实践教学改革的建议。

关键词:信息管理与信息系统;实践教学

一、引言

信息管理与信息系统专业是介于经济管理学、统计学与运筹学以及计算机科学之间的一个边缘性、综合性、系统性的交叉学科,培养的是能够在国家政府部门、企事业单位、科研机构等组织从事信息系统建设与信息管理的复合型高级专门人才,需要熟练掌握信息系统的规划、分析、设计、实施和管理等方面的方法与技术,具有一定的信息系统和信息资源开发利用实践和研究能力。信息管理与信息系统专业(简称"信管专业")是具有较强实践操作性的专业,用人单位对学生的专业实践能力要求较高。它不同于计算机科学与技术,也有别于工商管理。与计算机相关专业比较,信管专业偏重于信息的组织与管理,以培养学生信息系统规划、分析与设计及实施能力为主,强调"使用"而不是研究,工具是信息技术;而与其他管理专业相比,信管专业学生其计算机应用能力要强,重点是应用信息技术进行管理。实践教学是培养信管专业学生实操能力的有效途径。实践教学一直是高校教学改革发展中重点关注的领域,随着社会的快速发展,企业对信息化建设人才能力的要求也在不断提高。如何为企业培养信息化建设所需的既懂信息技术又具有管理能力的复合型人才,实现高校人才培养与企业用人需求的无缝对接,已成为该专业实践教学的重要任务。构建结构合理、效果良好的信管专业实践教学体系,具有重要现实意义。

二、徐州工程学院信管专业实践教学方案总体设计思路

因为本校该专业本身是文理兼招,不可能让每位学生都从事开发方面的工作,所以从大局上要让学生不排斥这个专业,使他们对专业本身有足够的信心。学生领悟到专业设置的目的,了解到光明的前景,给自己选择一个就业方向,通过大学四年的努力,最终实现人

作者简介:刘振(1976—),男,博士,徐州工程学院管理学院副教授,研究方向:企业信息化。

生就业的一大目标,而不是虚度光阴,不知道自己喜欢什么、擅长什么、将来要做什么。应该加强学生实践能力的培养,而实践能力的培养并不等价于编程能力的培养。所以本校该专业定位于着重培养信息技术系统开发、电子商务、企业信息管理方向的人才,强调学生的实践能力与应用能力的培养,制定适应信管专业培养目标的培养方案。教学实践包括程序设计实习、管理实习、管理软件实习、毕业设计等,一般安排学期第18周,其中毕业设计总时间不少于12周。

(一)专业认知

这个阶段一般安排在第一学年末的暑假,为期一个月。专业认知是在实践中对专业有一个初步的认识,是培养学生认识和观察社会、训练应用能力和操作技能的重要教学环节,是素质教育的重要手段。该阶段的形式主要为社会调查,有针对性地结合本地区、本专业具体情况,选择合适的选题,设计合理的调查问卷,获得翔实的调查数据和根据数据所完成的逻辑分析。学生深入企业实地考察,了解企业的主要业务流程或信息管理实践活动,增强学生对信息管理与信息系统的认识,培养和提高学生观察事物、发现问题和解决问题的能力,深入了解企业在生产第一线从事信息管理的技术人员和管理人员的工作内容,以及该工作所要求必备的专业知识、技术能力和基本素质结构。而社会实践调研,正是为专业人才培养模式的制定提供了有力的证据,为实践教学的开展提供了良好的参考平台。该阶段需要学生认真记录调查过程,并写出相应的调查报告,内容涉及被调查企业的运营管理情况现状、结构和信息系统在本单位的应用现状等。

(二)课程实验

为了加强实践教学环节,根据教学计划安排,信管专业课程大部分都与理论课时同步安排了不低于16课时的实验教学环节。要求教师建立比较完善的实验大纲,学生上机要有上机实验内容,对学生的实验结果应严格考核并有相应的记录,把学生的实验环节纳入学生的平时成绩中来,加强学生对上机实验的认识。该阶段也是学习专业课程所必需的教学环节,把学生所学的基础理论和专业知识有机结合起来,通过课程设计的实践,巩固和掌握专业知识,并为今后的毕业设计做必要的准备。通过课程设计的实习实训,学生明白该课程在整个专业设置中的意义,了解课程与课程之间的衔接性,并掌握必要的专业技能。该阶段有利于培养学生独立思考的能力和团队合作的精神,让学生能够获得综合应用所学的专业知识解决实际问题的能力。

(三)项目实践

课程实验是围绕教学内容展开的,在实验内容、规模和结构上与实际有一定的距离,学生缺乏对所学知识融会贯通的能力。项目实践阶段是使学生结合具体项目进行的实践活动。内容包括创新性实验、开放性实验和实际的项目实施。创新性项目由学生担任项目负责人,项目组由3—6名学生组成,由任课教师担任指导教师,由学生提出申请,经批准后正式立项,学校提供一定的经费资助,在本科学习期间由教师指导完成。通过实践,很多项目的实验结果可以申请专利和发表论文,并在实际中得到了应用。开放性实验项目是由教师作为项目负责人,组织一定数量的学生在课余时间进行的实践活动。学校提供一定的项目经费，以保证项目能够如期完成。此类项目参与的学生较多，项目的难度适中，可作为普通学生的课外实践活动。该类实验项目包括ERP沙盘模拟项目、在线商城网站设计项目等。实际的项目实施则是教师从申报的各级纵向课题和横向课题中选择适合学生做的工作，交给学生并指导他们完成，让他们走出学校、走进企业，亲身感受企业对信息化人才的能力要求，从而培养学生的创新能力、解决问题能力及信息系统实施能力。该阶段在内容上涉及的深度和广度更加接近实际，在结构上具有连贯性，目的是通过项目实践中的综合训练，培养学生实际分析问题和动手的能力，最终更好地完成教学任务。

（四）毕业实习

为了加强本校信管专业学生的职业素质训练，让他们提前了解社会，增强岗位意识和岗位责任感，最大限度提高综合素养，另外也为了学生的毕业就业考虑，本校特别安排学生到校外实训基地进行顶岗实习。毕业实习是信管专业学生整个学习过程中一个极其重要的教学环节，是学生运用在校学习的基本知识和基础理论去研究和探讨实际问题的实践锻炼，是综合考查学生运用所学知识分析问题、解决问题以及动手操作能力的一个重要手段。在此阶段，学生完全履行其实习岗位的所有职责，独当一面，具有很大的挑战性，对学生的能力锻炼起到很大的作用。分管教学副院长、信息管理系主任、办公室主任、辅导员组成实习领导小组，全面负责安排、落实各项实习事宜，指导老师可以通过电话、电子邮件等方式指导学生的实习过程，定期下企业了解学生的实习和思想情况，积极配合各实习单位做好学生的各项管理工作。毕业实习，能够使学生转变观念，接触社会，从而增强学生的岗位意识和社会经验，训练信管专业学生的适应性，培养学生吃苦耐劳、善于沟通和虚心学习的精神。

三、目前实践教学存在的问题和不足

（一）学生参与实践活动的积极性不高

大多数高校信管专业的实践教学体系均忽略了该专业交叉学科的特点，对学生的专业知识应用能力的培训不到位。实践教学体系的设置存在问题：课程设置与社会发展不相适应，且课程教学各自为政，课程知识集成和综合不够；实践教学体系中的各个教学环节间缺少衔接，知识的认知和应用不能很好地嵌套，学生综合应用能力得不到更好的训练，实践教学模式仍沿用传统的大班模式，使得老师不能够及时发现教学中存在的问题，进而不能充分调动学生学习的主动性、积极性。

（二）实践教学模式单一

当前实践教学活动中，学生参与课程实验、课程设计都是根据学校制定的实践教学指导书安排逐步展开，实践教学考核大多通过网络、教科书或者同学间相互摘抄有关内容，拼凑出大同小异、高度相似的实践总结报告。此种教学模式和手段，造成学生学习积极性、主动性差，使得学生创新能力缺乏锻炼。实践课程过于依附理论教学，实践环节缺乏自我创新的综合类、设计类实践训练，而以验证性、规范性的训练为主。

(三) 考核机制失效,监督机制缺乏

目前的实践教学考核方法不能充分反映学生实践技能掌握状况,无法有效激发学生学习的积极性、自主性。实践课程成绩评定、考核多是以学生所完成实践报告为主,同时考虑学生出勤率给出考核成绩。这样的考核方式在一定程度上可以对学生的实践成果做出积极的评价,但是,不能很好地对学生实践操作过程做出评判,再加上教师在实践过程中缺乏有效的引导和监督,从而大大影响学生参与实践的兴趣和积极性,也不能对学生的实操技能做出客观的评价。

四、信管专业实践教学改进措施

(一) 激发信管专业学生学习兴趣,强调"主动式"实践

一些信管专业学生,到了高年级时仍不知道自己专业的就业方向,非常迷茫,所以,应该多请一些具有实战经验的专家来学校开办讲座,多请一些校友来学校与学生进行交流,培养学生的学习兴趣,让学生明确自己的就业方向,合理进行职业规划。

鼓励和引导学生参加教师科研,通过师生科研共建,带动部分学生参与科研项目,激发学生主动学习的热情和创造力,从学习中找出自己存在的问题,领悟出自己在哪些方面还需要提高。积极鼓励和指导学生去申报各种级别的大学生科技创新项目,让他们从科技创新项目中学到更多的课外知识并提高实践能力。传统教育模式下,重视知识的传授,忽视能力的培养,这是一个突出问题。在这种教育目标下形成的教学方法,其主要功能在于知识的灌输,强调的是教师的"教","简单粗暴"地直接把课程计划和课本之中的知识原封不动地教给学生,很少关注学生的"学"。目前的实践教学模式、教学过程都是以任课教师为主的命题式实践流程,学生处于被动地位,总是以老师的意愿和思路来完成实践教学活动。然而实验室环境毕竟与企业、社会环境有着较大差异,这就使得学生在工作以后,在实际工作中无法有效发现问题并解决问题。因此,信管专业实践教学活动应该采取以人为本的教学方法,以培养学生发现问题、解决问题的能力为主,而不是安排大量验证性的实践活动。要突出强调教法与学法相结合、"研究教"与"研究学"相结合。在实践教学目标上,注重在传授给学生知识的同时,加强学习方法与研究方法的指导,充分发挥学生的主观能动性,着重发展学生的学习能力、质疑能力、实践能力和创新能力,从而进一步加强学生的适应性、创新性、竞争意识和合作意识。

(二) 实践教学手段和方式的多样化

改变信管专业实践教学中教学手段和方式单一的局面,不同的教学实践内容采用与之相适应的教学方式,这样才能使教学实践达到预定的目标。课程实验模块主要在实验室实施,学生按照教师布置的实验内容,对基本的理论知识进行验证、模拟和设计,主要采用情景教学进行环境模拟。专项实训模块主要采用课程设计、课程实践和实习的方式,让学生在集中的时间里进行比较系统、完整、感受性较强的实践活动。例如,企业经营模拟课程设计在 ERP 沙盘模拟实验室进行,几个同学组成一个模拟企业,让多个"企业"面临同样的市场环境模拟运营,展开竞争。项目实践主要在课余时间或假期进行。学生通过参加由学校

组织的、由专任教师作为指导教师的大学生创新性实验计划项目、开放性实验项目以及教师的横向、纵向科研课题，在大学期间做真实项目的锻炼，将为尽快适应未来职业角色奠定基础。要多开展与相关企业的合作，可以让学生参加一些企业相关横向课题，例如“ERP 软件实施项目”，让学生跟着专业实施人员进行企业 ERP 项目的实施，熟悉 ERP 实施的基本步骤和过程。

（三）实践教学手段的信息化

先进的教学手段能够使教学目标更完美地实现。信管专业的特点需要学生必须在一个信息化程度比较高的环境下进行设计和实习，为了达到更好的实训效果，应该增设数字媒体技术应用和数据分析与商业智能实验室，建立基于 ERP 系统的信息化模拟实习工厂，并购置数字内容加工与管理、数据分析与商业智能平台软件，着重培养学生网络信息组织能力、内容编辑加工能力、内容资源管理能力、图形图像处理能力、多媒体信息处理能力和数据分析能力等。

课程实验一般在计算机房进行，先进的计算机软件需要与之相配套的硬件环境做支撑。实验室必须及时更新计算机设备才能确保实验的速度和准确性。在实验教学中采用先进的实验教学平台系统，教师可以在教师主机上随时查看每台学生电脑的实验情况，还可以通过教师主机控制学生机器，和教师主机保持同步。建议学院的实验室、机房能够全天候开放，保证学生随时可以进行实验和研究活动。在实验过程中，学生可以采用多媒体平台进行交流、沟通，还可以通过网络教室远程学习各种课程，为学生多途径汲取新知识提供了平台。

（四）优化考核方式，改进考核效果

对于实践课程、活动的考核不能只看结果，应当注重对过程的实时监控和管理，尝试将 ISO 9000 的管理思想融入考核过程中，将考核贯穿于整个实践活动中。实践教学的目的是让学生通过各项教学实践活动，掌握本专业所必备的专业技能，提升学生实践应用能力。对于是否达到这样的目标，需要用标准化、科学化的考核方法来评价。实践教学考核主要从实践教学的内容、实践的时间、学生应具备的能力等方面进行考核，可采用定量和定性相结合的方法具体实施。定量考核主要有笔试、上机考试等，以分数确定考核成绩。定性考核主要有项目答辩、实践态度和合作意识考查等，以等级确定考核成绩。任课教师可通过签到、提问、讨论等多种方式观察、记录学生的实践活动表现，以此监督和引导学生对实践过程的控制和参与，培养良好的学习态度和行为。此外，在成绩的评定上，要做到多层面多手段的考核，力求做到公平、公正、公开。例如：可以采取小组答辩的方式，要求学生制作相关的实践汇报文档，进行答辩，最终成绩由答辩成绩、报告成绩、平时成绩等构成。

（五）重视学科竞赛和水平资格考试

鼓励学生参与各种学科竞赛和水平资格考试，强化实践动手能力，以考促学，主要是让学生参加由学校教务处、学院组织的各项学科技能竞赛，通过层层选拔甚至可以参加全省乃至全国的高水平竞赛。应要求学生在校期间至少要参加一项竞赛，旨在让学生把竞赛当成学习的一种手段，既增强了他们的实践动手能力和专业知识，又培养了他们的竞争意识和团队合作精神，促进了团队合作意识和能力的培养。很多学科竞赛都是以项目组形式安排任务的，并且要建立明确的组织分工，明确任务，全体成员共同合作、协作完成实践教学项目，需要成员之间协调配合和分工协作。

五、小结

实践教学环节是信管专业教学过程中培养学生实践能力和创新能力的重要环节，在互联网时代，信息技术的发展和应用层出不穷，互联网上的信息的生产、加工、存储、组织和管理能力的培养已经成为信息管理人才能力培养的一个重要方向。信管专业的实践教学与人才能力培养模式在符合该专业培养目标的基本要求的基础上，还要结合学院的定位和特色，以及我院现有的资源与师资情况，根据市场、环境及社会需求的变化来确定。要根据现实情况调整和改革我院信管专业的实践教学内容，不断完善教学方法，改变教学模式，加强实验资源的更新，提高师资水平，做到真正提高学生的实践动手能力，适应社会的需要。要坚持教学与科研相结合，以科研促进教学，以科研指导实践，让更多的学生参与到老师的教研教改课题中，参与到社会生产实践中，增强自身能力来应对信息管理人才面临的各种挑战。

参考文献：

[1] 何小利，宋钰，周述文. 信息管理与信息系统专业实践教学改革探讨[J]. 电脑学习，2010(1)：66-68.

[2] 李敏. 信息管理与信息系统专业实践教学体系研究[J]. 办公自动化，2011，16(10)：53-54.

[3] 王永红，何建新. 信息管理与信息系统专业实践教学改革研究[J]. 中国电力教育，2011(35)：165-166.

旅游产业发展与高校旅游管理专业人才培养协调发展研究

时吉光

摘　要：旅游管理专业招生规模萎缩和专业就业率较低显示出当前旅游高等教育存在一定不足。旅游产业和旅游教育有积极的互推互助作用，发挥两者的正反馈作用至关重要。结论表明：技能培训缺乏和旅游自主意识弱是现实中旅游教育的不足，需要重新审视旅游产业人才需求特征，培养旅游自觉意识，进行旅游教育科学分层。

关键词：旅游产业；旅游管理专业；人才培养

随着我国经济发展和人们生活水平的不断提高，旅游产业日益发展。要更好地促进旅游产业的蓬勃发展，推动中国由旅游大国向旅游强国转变，就需要大量专业的旅游管理人才，这带来人力资源巨大缺口。而现实的一面是，学生专业认可度低，旅游行业就业率低和专业招生规模不断萎缩。这两者形成了鲜明对比，这一矛盾带来的反思是旅游教育应调整体系，重新审视旅游高等教育人才培养目标以及人才培养方式。本文立足旅游产业和旅游教育的相互作用，分析两者不协调、错位发展的深层次矛盾，为旅游高等教育和旅游产业取得双赢发展提供可行性建议。

一、旅游产业和旅游教育的相互作用

旅游产业是以旅游吸引物为核心，涵盖六大要素的综合性产业。旅游高等教育，指旅游专业教育，是培养旅游高级专门人才的社会活动。中国旅游经济几十年的发展中，旅游产业和旅游教育在交织到一起，相互联系，相互作用。

（一）旅游产业发展促使旅游教育不断前行和跟进

经济基础决定上层建筑。旅游经济的持续升温，影响力逐步扩大，旅游产业成为国家战略性支柱产业。要保持旅游产业稳定持续发展就要协调供给和需求两个方面。经济发展和休假制度的完善使旅游需求不断释放，供给侧的改革不仅仅是上项目，加大投资，还需要培养更多的专业化和多层次的人才。旅游产业发展使对旅游人才的需求增加，旅游发展的新热点和新动向引导着旅游教育人才培养的方向。旅游产业的持续稳定发展为旅游教育的发展提供了丰厚的经济基础，成为旅游教育的基础推动力。旅游产业人才需求动向引导着旅游教育人才的培养目标，旅游产业新动向和新趋势要求旅游教育不断跟进，是旅游

作者简介：时吉光（1980—），男，硕士，徐州工程学院管理学院副教授，研究方向：旅游文化及资源开发。

教育发展的根基。

（二）旅游教育推动旅游产业由粗放型向集约型转变

旅游需求的蓬勃发展要求供给迅速跟进，用高投资完成的旅游项目起到了暂缓供需矛盾的作用，但从长期来看，这也造成了资源浪费。旅游产业发展要协调经济、社会和环境三者之间的关系，就必须从粗放增长转变到集约增长上来，这种转变需要人力资源持续投入。高等教育为培养旅游人才搭建了一个重要平台。旅游教育输送的多层次人才为旅游产业发展方式的转变提供了人力资本。多元化旅游人才进入旅游行业提升其管理水平，推动了传统旅游发展模式的转变，提高了旅游产业的国际化水平。高等学校教育科研和教研活动，提升了教学水平，培养的人才成为旅游产业转型的推动力。

（三）旅游人才是旅游产业和旅游教育的对接点

我国由旅游大国向旅游强国转变，需要大量人才的输送和培养，掌握现代管理知识、具有国际视野、知识构成综合的高层次人才培养是重要保证。旅游产业可持续发展、竞争力提升和国际化需要创新人才，这是行业发展的需要。培养人才是旅游教育的主要任务，这些人才是企业发展最重要的人力资本。旅游人才需求端是企业，供给端是教育。供需两者在旅游发展中互动，这样旅游产业和旅游教育就结合起来了。旅游产业与旅游教育密切联系，旅游人才是旅游产业和旅游教育的对接点。旅游产业和旅游教育两者互动发展，发挥双方对彼此的积极作用，才能使两者协调发展，取得共赢。

二、旅游管理专业学生的就业问题

随着我国旅游经济不断发展壮大，旅游人才教育和培训不断跟进，已形成了职业教育、本科教育和研究生教育的完整体系。根据就业调查，旅游管理专业毕业生，特别是本科生并没有在专业内就业，旅游行业的人员很大一部分不是相关专业的毕业生。这就引出了两个问题：旅游管理专业的毕业生为什么选择其他行业就业，其他行业比旅游行业好吗？其他专业的毕业生为什么能进入旅游行业，他们的自主意识强吗？以问题为出发点，通过分析调研发现高校旅游教育存在以下两个问题。

（一）旅游管理高等教育人才培养技能培训不到位

旅游管理专业毕业学生选择到其他领域就业，大体基于以下判断：个体层面是旅游管理专业毕业生对比非专业学生在行业内没有较大优势，行业层面是其他行业发展前景要好于旅游业。从宏观经济运行和国家政策来看，旅游行业成为国家战略性支柱产业，政策日趋合理，旅游发展大环境不断完善，旅游经济在国家 GDP 中的比重不断提升，发展前景是好于一般传统行业的，从行业层面来解释原因缺乏合理性。个体层面，专业教育给学生打下坚实基础，具有丰厚的知识储备，但旅游专业本科生专业内就业率仍不到 20%。旅游管理专业学生愿意冒一定风险，抛弃学科背景到其他行业就业。形成这种现象有两个方面原因：行业特点和旅游教育。

旅游行业是多种行业的交集，其六大要素涉及很多传统行业，外延性强的特点决定了旅游行业人才的多层次和多背景。高校旅游教育更偏重于能力素质教育，缺乏技能性训练。在注重实际操作的酒店和旅行社，不同专业背景的毕业生起点大体一样，旅游管理专业本科毕业生不具备操作层面的优势。

（二）旅游管理高等教育人才缺乏自觉意识

旅游管理专业的毕业生进入旅游行业源于旅游行业覆盖面较广，产业链条较长，需求各种不同类型的人才。根据企业走访，旅游企业不同部门中除了需求旅游专业人才外，对其他专业人才也有一定需求，给其他专业学生就业一定的空间。旅游行业非本专业毕业生需要接受专业培训，熟悉行业特点，接受旅游服务意识和服务理念短期培养。旅游高等教育体系不能完全覆盖旅游业六大要素背后的行业，这是客观事实。非本专业毕业生大量进入带来的隐忧是旅游服务的非专业化以及旅游投诉率的提升。缺乏高等教育带来的能力和素质，使非本专业学生在旅游行业内缺乏上升空间，行业高流动率表明入行门槛低和行业内人才替代率较高等特点。旅游产业发展需要大量高素质和专业性较强的人才，促使行业发展更加科学。由粗放发展转到内涵式发展的关键点是人才，引导专业人才留在行业内可为旅游行业发展提供可持续发展的动力。

三、旅游产业与旅游教育协调发展的措施

如何理顺旅游产业发展和旅游教育的关系，取得两者的共赢，就要发挥旅游教育的引领与带动作用以及旅游产业的基础和推动作用。

（一）重新审视旅游产业人才需求，重新制定旅游人才培养方案

在中国，旅游教育迅速发展，在不同学校里旅游管理专业地位差距很大。旅游高等教育办学定位要和旅游行业需求对接，目的是培养适应旅游产业需求的人才。旅游者关注身心体验的需求使旅游需求体现新特点，旅游对象增加使旅游资源的范围扩大，旅游人才需求更加侧重综合能力和素质，需要较高的适应能力和动手操作能力。旅游行业人才需求的新特点要及时反馈到高校，通过更新人才培养方案，完善现有课程体系，更新学生的知识体系。人才培养方案的不完善体现在课程设置和专业实习两个方面：课程设计滞后于旅游产业发展，教材质量不一，知识更新速度不够；专业实习中见习部分难以深入，专业实习部分仅限于酒店，其他要素涉及较少。培养方案不符合旅游产业发展，导致旅游教育培育目标偏离，现有体系下，培养出的人才难以适应市场需求。教学方案改革要组织行业专家、教育专家和政府部门共同进行，在纲领性文件基础上体现出地方特色和学校特色，借鉴国外成熟经验和学科构建方案，形成多元化培养方案。旅游人才培养要结合旅游行业实践，人才培养方案要突出实践性和操作性，一个重要途径是建立校企合作基地，培养通才和专才，使旅游教育结构与旅游产业发展需求相匹配，形成两者的积极互动。

（二）培养旅游自觉意识，打通旅游产业和旅游教育的通道

旅游自觉意识是实施旅游社会教育和学校教育的重要基础，是对旅游意识的强化和自觉，不仅针对旅游从业人员和旅游地民众，也针对高校旅游管理在读学生。高校旅游教育培养潜在旅游从业者，专业教育中应不断强化学生的旅游自觉意识，通过潜移默化的方式优化旅游发展环境。高校旅游管理专业旅游自觉意识的培养，可激发学生对本专业的热

爱，参与到旅游发展中去。要实现旅游经济可持续发展，旅游自觉意识的培养至关重要，应作为旅游管理专业重要的教育任务。要从本土文化、主体意识、乡土情结和世界性视野来培养高校旅游管理专业学生的旅游自觉意识。旅游自觉意识蕴含的思维模式和价格观念是旅游教育的基础和起点。旅游自觉意识推动旅游管理专业毕业生提升学生学习主动性和积极性，促使旅游从业人员不断提升能力和素质。旅游自觉意识的培养，不仅可以提升个人对旅游管理专业的认同，更能打造旅游产业鲜明的旅游形象，有利于个人与产业的共同发展。

（三）以学校资源为基础划分办学层次，满足旅游产业多层次人才需求

旅游产业是综合性、包容性较强产业，需求的人才具有多样性和多层次性。旅游教育要完成这一任务，需要完善现有教育体系，以普通教育为主体，职业教育和继续教育并重。旅游人才需求不仅要侧重量的研究，更要侧重质的研究。旅游人才的多层次性要求教育体系分层、分级。旅游产业需要的人才结构是金字塔结构：基层人才需求量最多，侧重操作和技能；高层人才需求量少，侧重管理和策略；中层人才需求量居中。需求数量和需求层次的不同，反馈到学校，需要不同学校旅游管理专业教学目标应有所侧重，调整人才培养方案，不应都以中高层次人才为培养目标。应建立本科层次的职业教育培养体系，以理论知识学习为基础，不断延伸旅游专业实践层面的学习，开展校内实训室实习和校外实习基地实习，一步步拓展实习领域。学生实习也要分方向、分层、分级，具有明确的就业取向。

（四）旅游专业文化和旅游企业文化对接，理论联系实际

校园里良好的专业文化，可以凝聚学生，使学生养成良好的职业习惯，有更高的理想追求。完善的课程设计、合理的教材选择、科学的讲授方式是外在的硬性环境；专业文化建设则是内在的软性环境，能够促使学生更好地学习专业知识，使学生能走出校园进入行业，并快速成长。从在校学生到行业从业人员的转变，需要学生从学校专业文化过渡到企业文化或者行业文化，顺利实现这种转变的途径是校园专业文化和旅游企业文化以及行业文化的对接与融合。学生在旅游管理专业的学习中不仅吸纳专业文化，同时也要接受企业文化和行业文化的熏陶。学生在校园学习时，就要融合专业文化、企业文化和行业文化，树立正确的旅游观，提高软实力，为从事旅游专业奠定良好的基础。

参考文献：

[1] 狄保荣. 突破与重构：中国旅游职业教育体系创新[J]. 旅游学刊，2015，30(10)：10-11.

[2] 黄建伟. 旅游高等院校产学研合作教育模式的中外比较研究：以康奈尔大学酒店学院与北京联合大学旅游学院为例[J]. 旅游学刊，2009，24(2)：87-91.

[3] 潘冬南. 新建本科院校旅游管理专业产学研合作教育模式研究：以广西民族师范学院为例[J]. 大学教育，2012，1(11)：8-11.

[4] 王瑞，武秀珍. 我国构建现代职业教育的新取向：校企合作背景下文化对话的视角[J]. 教育理论与实践，2015，35(3)：18-20.

[5] 王兆明. 独立学院旅游管理专业教学改革创新途径的尝试：“学院＋行业”大旅游教育模式的研究与实践[J]. 旅游研究，2009，1(1)：100-103.

[6] 吴建冰,李作华.论旅游自觉意识在旅游社会教育中的作用及培养途径[J].学术交流,2013(10):110-113.

[7] 杨卫武.不断完善中国旅游职业教育体系[J].旅游学刊,2015,30(10):11-13.

[8] 赵庆梅.新视野下的旅游管理专业教学改革:评《旅游管理专业教育教学改革研究与实践》[J].中国教育学刊,2016(6):128.

房地产开发与管理专业营销实践能力培养探究

耿 波

摘 要：房地产开发与管理专业基于房地产开发建设管理与经营管理背景培养房地产开发建设管理与经营管理专业人才，注重培养有效解决房地产开发建设管理与经营管理实际问题的综合实践能力。文章首先论述了培养房地产开发与管理专业大学生营销实践能力的必要性，分析了房地产营销实践能力的构成，然后着重阐述了当前房地产开发与管理专业培养大学生营销实践能力方面存在的主要问题，并针对本专业学生房地产营销实践能力培养中存在的问题提出相应的改进策略。

关键词：房地产营销；营销实践能力；实践教学

一、培养房地产开发与管理专业大学生营销实践能力的必要性

房地产开发与管理是一门横跨工学与管理学，融合土木建筑类和经济管理类课程的新型交叉学科，是应用性较强的专业。房地产业所需专业人才从性质上划分，可分为三类：技术类、管理类和营销类。随着我国居民收入的不断增长，房地产业获得了飞速发展。人们对于房地产不再仅仅满足于居住的基本需要，而是在舒适性、私密性、个性化、品质化等多方面提出了更高的要求。房地产业人才需求结构也随之发生了变化。低技术含量的劳动密集型岗位需求下降，竞争激烈；而房地产业高端人才则供不应求。目前，我国房地产业最紧缺的专业人才主要有以下几类：有丰富专业知识的工程管理人才；有丰富经验的资本运作人才；高端建筑、规划和景观设计人才；高端营销管理人才。

从房地产开发与管理专业毕业的大学生就业去向上来看，其中很大一部分学生会去做房地产营销策划工作。为了将来更好地从事这方面工作，学生通过在校学习不仅应掌握经济学、管理学以及营销学等方面的基本理论知识，还应能进一步运用这些基本理论知识去解决房地产营销实际问题，具备较强的房地产营销实践能力。而近年来人才市场的需求状况显示，用人单位在房地产营销人员招聘中考虑的首要因素是应聘人员能否迅速适应工作，这就要求通过大学期间的学习，大学生不仅要掌握房地产营销的基本理论知识，更重要的是要具备能应对市场的房地产营销实践能力。因此，如何培养学生的房地产营销实践能力是房地产开发与管理专业教学中应该引起足够重视的问题。

作者简介：耿波(1977—)，男，硕士，徐州工程学院管理学院副教授，研究方向：服务营销。

二、房地产营销实践能力的构成

所谓实践能力，是指保证个体能够运用已有知识、技能去解决实际问题所必须具备的那些生理和心理特征，简言之即学以致用的解决问题的能力。房地产营销实践能力可以界定为房地产营销人员进行营销实践时所应具备的组织、谋划、实施能力，是对房地产营销人员运用已有知识、技能去解决问题的进程及方式直接起稳定的调控作用的个体生理和心理特征的总和。根据所解决问题的层次，房地产营销实践能力可以分为基础实践能力和专业实践能力。基础实践能力内涵较广泛，包括理解认知能力、沟通交往能力、语言表达能力、团队协作能力、组织管理能力、应变适应能力、动手操作能力、分析决策能力等，是解决各种综合性问题不可或缺的基础；专业实践能力是从事某项特殊或专门的活动所必备的能力。对于房地产营销工作而言，专业实践能力是房地产营销专业知识的运用能力，即自觉地以房地产营销理论知识、方法指导实践，解决房地产营销实际工作中存在问题的能力。

具体来看，房地产营销实践能力由专业能力、社会能力和方法能力构成。专业能力包括房地产市场调研能力、房地产市场环境分析能力、房地产营销战略规划能力、房地产购买行为分析能力、房地产市场细分能力、市场营销计划与实施能力等；社会能力包括表达能力、交往能力、谈判能力、应对竞争能力、管理能力等；方法能力包括学习能力、分析与综合能力、决策能力、逻辑思维能力等。明确房地产营销实践能力的含义与构成是对抽象营销实践能力概念的具体化，在实际教学中我们可以据此利用适当的方式培养学生的各项具体的房地产营销实践能力。

三、房地产开发与管理专业大学生营销实践能力培养存在的主要问题

（一）专业教师缺乏营销实践经验

房地产营销的相关课程大多操作性较强，这就要求任课教师不仅要有扎实的理论知识功底，还需要有实践操作的经验，这样才能把问题讲深讲透，才能更好地培养学生的动手能力。目前，从事房地产营销相关教学工作的教师多是从高校毕业后直接进入学校承担教学任务的，他们具备扎实的理论基础，但没有在企业从事房地产营销工作的实际经验，对于一些房地产营销实际问题的分析和对策性研究很难提供指导性意见，使房地产开发与管理专业教学中安排的相关营销实践环节难以得到有效执行。

（二）教学方式比较陈旧，不利于实践能力培养

良好的课堂教学方法可以调动学生的积极性，激发学生的学习兴趣，提高学生的课堂参与度，从而得到较好的课堂教学效果。当前大学的课堂教学方式虽然在不断改革，但是从总体上来说，依然还是在采用传统的灌输方式。站在教师的角度来说，这无疑是一种简单高效的方法，教师用投影仪放出 ppt，站在讲台上侃侃而谈，教师掌握着整个课堂的主动权，主导和控制学生，向学生传递教学信息，这个过程容易操作，并且适用范围广泛。但是从学生的角度来说，这种方法比较枯燥无趣，学生上课主要以听课为主，课堂活跃度较低，学生被动接收信息，复制教师所传达的内容，学生和教师之间缺乏有效的互动。时间一长，

学生很容易在教师的讲课过程中产生疲惫感，所以出现了走神甚至低头看手机的现象。

（三）用人单位参与培养的责任意识与积极性不高

到用人单位实地考察调研是弥补课堂实践教学和校内实践教学不足的重要实践教学方式，它对于学生了解房地产营销实际运作过程，培养学生综合能力发挥着重要作用。一直以来，人才培养都是学校教育的重要任务和职责，用人单位的角色更偏向于享受教育成果的直接受益者。正是在这样的背景下，用人单位固有的“教育成果受益方”的角色意识和优越感愈加强烈，一方面要求大学毕业生要具备一定的实践经历和能力，但另一方面为在校学生提供实习机会及培训指导，为学校实践教育提供人力、技术、资金支持等方面却没有表现出较高的积极性。这主要是由于企业间以追逐利润最大化为目标的市场竞争日趋激烈，许多企业把接受学生实习视为负担，不让学生接触其核心部门和有关的管理事务。由于学生缺乏经验，对于较专业的岗位，实习期间需要企业安排专人予以指导，这无疑会增加企业的投入，而且短期内会降低企业的工作效率。

（四）大学生锻炼实践能力的积极性与自主规划性不高

不少大学生本身对于学校组织的社会实践活动或安排的实习存在诸多意见与不满，抱怨学校组织的社会实践活动实际上很多都是下基层、下乡的调研，也锻炼不到什么，认为假期参加社会实践有点耽误自己的时间。虽然这些抱怨的产生在某种意义上是与校方的组织不力有关，但也确实从一个侧面反映出当前大学生对参与实践活动、锻炼自身实践能力的自觉性和积极性不高。大学生尤其是低年级的学生对自身发展目标并不是十分清晰和明确，而对于如何自主选择适合自身的活动来有效锻炼自己的实践能力也没有相应的规划，这必然也会对大学生房地产营销实践能力的形成与发展造成不利影响。

（五）缺乏实践教学的评价、激励机制

我国高校及主管部门对教师在职称晋升、评奖评优、特聘岗位、年度考核等方面的评价依据主要是发表论文、科研项目、获奖的数量、级别以及课时量等，主要以科研实力为主，导致实践教学成果与教师的切身利益关联度很低。在过于比拼科研实力的同时，许多应用性专业必需的实践教学被冷落，而且，对实践教学的质量和效果缺乏有效的评估机制和手段，这些因素都导致了相关教师缺乏提升房地产营销实践教学水平的动力和压力，参与实践教学的积极性不高。

四、房地产开发与管理专业大学生营销实践能力培养的改进策略

（一）鼓励相关专业教师走出去与聘请营销实践者进高校相结合

房地产开发与管理专业大学生营销实践能力的提高要求有一支实战经验丰富的骨干教师队伍，所以在目前的情况下鼓励部分教师走出去是非常重要的。高校应该为房地产营销相关课程的专业教师创造条件走出去，鼓励他们创办企业，为企业做顾问提供咨询，积累实践经验。另外，还要充分重视间接的实践知识和经验的获取途径，即请进来，经常聘请校外专家、成功企业家和企业管理者到学校来开设讲座，让学生们直接感受企业决策者的经

营思路和实际经验。这种讲座中的许多内容是专业课教师无法演绎出来的。讲座、讨论与专业课交替进行，相得益彰。

（二）改革教学方法与手段，推行房地产项目驱动式教学模式

教学的最终目的是要提高教学质量，教师是教学的核心，学生是教学的主体，这就需要强调教师和学生之间的互动。教师要针对学生的特点，以个性化的方式来提高学生学习的质量，通过作业和课程的设置来促进学生学习的积极性，从而提高学习的质量。在实践教学中，可以根据房地产营销的工程性特点，灵活运用"基于项目的教学方法"，推行"项目驱动，案例教学，一体化课堂"教学模式，教师围绕一个实际的房地产项目开发任务作为引导，进行示范性教学，让学生在实践中模仿提高，然后再回到具体的课程实践中，即进行"示范—模仿—实践"的波浪式前进方式，让学生参与房地产具体项目的营销策划，给学生创造感知项目、动手实践、分析思考的机会，激发学生学习兴趣，培养学生基本的工程素质和能力，从而提高教师的教学效率及教学水平。

（三）与用人单位之间建立经常性合作机制

校外实习是高校与用人单位合作培养大学生实践能力的重要形式，但更偏向于一种时间上相对集中在某一阶段的合作形式。除此之外，还应加强高校与用人单位的经常性联系，为学生提供更为及时的实践能力锻炼机会。如英国胡弗汉顿大学"学习合同"模式是一种依托特定的项目或任务，由承担项目的学生与高校、用人单位三方共同设计、组织保证此项项目或任务顺利完成的工作计划，并签订"学习合同"，以学生为项目或任务实施主体，学校与用人单位在项目实施过程中为学生提供相应的课程教学、经验指导与咨询、项目实施经费等。整个"学习合同"的实施过程，均以学生为中心，以"合同"目标为导向，学生、校方、用人单位三方团结协作，共同完成"合同"任务。经此训练，学生的实践能力，尤其是人际沟通与表达能力、团队协作能力等均得到有效训练和协调发展。校方有效实现了人才培养目标，用人单位也在完成项目任务和选择毕业生方面双重受益，真正实现了三方共赢。

（四）强化大学生实践能力培养的自主规划意识

大学生是实践能力发展的主体，任何外部的培养都必须通过大学生自身的努力实现"内化"，高校在培养大学生实践能力的过程中首先要特别关注大学生发展的"内生性"，强化大学生的自我发展与规划意识，充分发挥大学生锻炼和发展实践能力的自主性和能动性，变以往被动地参与实践活动为自发、主动地要求锻炼和提高自身实践能力。应明确房地产营销相关工作岗位对大学生的能力发展要求，激发学生自主制定能力的发展目标与规划。事实上，国外很多高水平的大学都在人才培养目标中进一步明确了具体的可操作的能力培养目标，这对大学生明确自身能力发展目标、自主制订发展规划起到了非常重要的引导和促进作用。还应加强对学生自我发展规划的指导。事实上，很多学生刚进入大学都会经历一段自我发展与追求的"空窗期"，即对未来四年的自由生活以及自身的发展目标感到迷茫，因此必须在整个房地产营销的教育教学过程中加强对学生自我发展规划意识与能力的培养和指导。除了在专业学习中提供发展规划的指导和咨询外，还应大力加强专门性的大学生职业发展规划教育，针对大学生未来生涯发展过程中的能力需求，通过开设专门的

职业生涯发展指导课程、组织开展专题性讲座等多种形式，激发和培养学生强烈的自我规划意识，以进一步提高大学生对自我发展的主动性和积极性。

（五）提升教师对实践教学环节的重视程度

实践教学是培养学生实践能力的重要手段。联合国教科文组织在一系列的高等教育报告中已经明确表明，当前的学习是建立在学会认知、学会做事、学会共同生活、学会生存这“四大支柱”的基础上的，而这“四大支柱”的核心思想就是强调人的能力培养。正规学校教育以往较多针对的是“学会学习”，而较少关注“学会做事”。首先，教师应摒弃传统的“满堂灌”的教学方式，在房地产营销相关课程的课堂教学中实现师生互动，使学生变被动学习为主动性、创造性地学习，激发学生的思维与创新；其次，加强案例教学的力度，培养学生的发散思维、批判思维和解决问题的能力，这对提高学生的方法能力效果颇佳；再次，把理论考核与实践考核结合起来，这样的考核与评定既涵盖了知识点，又考核了学生的综合运用能力，调动了学生的积极性，对学生理论方面实践能力的提高帮助很大；最后，在各门专业课教学的过程中，以理论内容为依托开展单项实践能力的提高，比如在房地产营销、商务沟通、房地产经纪等课程的教学过程中，教师可以安排课外实践作业让学生单独或分组完成，以此来提高学生的房地产营销实践能力。

参考文献：

[1] 陈秋琨.基于行动导向的《房地产营销》课程实践教学研究[J].开封教育学院学报，2016，36(4)：160-161.

[2] 黎荷芳.高校实践教学及大学生实践能力培养之再认识[J].创新与创业教育，2012，3(1)：29-31.

[3] 李硕豪，富阳丽.大学课堂教学评价研究十年回眸[J].现代教育管理，2017(6)：96-100.

[4] 杨春梅.市场营销专业学生实践能力的研究[J].经济研究导刊，2010(18)：254.

[5] 张宝昌，刘海峰.创新实践教学体系加强大学生实践能力培养[J].长春工业大学学报(高教研究版)，2010，31(4)：63-64.

从生态学视角论跨学科专业发展

张程程，赵　然

摘　要：跨学科专业的教学和科研工作，往往需要不同的学科资源进行支撑。本文应用生态学的理念，提出跨学科专业的发展不仅具有群落特性，还需要环境机制的支持，最终形成了一个专业发展的生态系统。

关键词：专业群落；环境机制；生态系统

一、跨学科专业的含义

跨学科的定义为整合两个及更多学科或专业知识体系的信息、数据、技术、根据、视角、概念和理论，以促进基础理解或解决单一学科或领域难以解决的问题。我国高等学校本科教育把专业设置为“学科门类”“学科大类（一级学科）”“专业（二级学科）”三个层次。2011年颁布的《学位授予和人才培养学科目录》将学科分为哲学、经济学、法学、教育学、文学、历史学、理学、工学、农学、医学、军事学、管理学和艺术学13个学科门类，每个学科门类下有若干一级学科，每个一级学科下又有若干二级学科。

跨学科专业可以分为两类：一是由学科的生长点造成的，体现了学科发展的内在逻辑，如生物化学、心理健康教育等，它们可归为基础研究领域的跨学科；二是解决自然科学、社会科学等的着力点问题，横跨了多个学科领域，如建筑环境、生物医学等，它们可归为应用研究领域内的跨学科。

二、我国跨学科教学与研究的现状

我国跨学科教学与研究在组织管理和运作方式上一般有三种形式：第一种是隶属或挂靠二级学院，由所属学院或几个学院共同组织管理，这种类型的跨学科教研组织有国家省部重点实验室、工程中心等；第二种是不挂靠任何学院或系，由学校直接组织和管理，独立设置的交叉研究中心或科学研究院就属于这种形式，一般配有少量专职科研人员和管理人员；第三种是短期的创新团队和跨学科课题组，它们根据某一课题或任务的需要建立临时的组织，在课题组负责人或团队学科带头人的带领下，优化和整合人力、物力资源，安排工作进度，实现组织目标。

基金项目：生态学视角下产业集群发展研究（XKY2017207），2017徐州工程学院科研项目。

作者简介：张程程（1987—），男，硕士，徐州工程学院管理学院工程师，研究方向：高等教研及房地产方向研究。
赵然（1987—），女，硕士，徐州工程学院管理学院讲师，研究方向：高等教研及土地管理方向研究。

总体看来,组织机构和项目课题组是当前跨学科教研的主流。很多项目方兴未艾,但跨学科教研却并没有受到高校的真正重视,我们可以发现很多跨学科的教研组织名称响亮却并无实际内容,它们往往流于形式,缺乏长期性、系统性的发展规划,也无法真正促进内部学科间的实质性交叉合作。虽然像清华大学、中国科学技术大学这些学科综合优势比较明显、资源相对比较多的高校在推进跨学科教研上取得一定的成效,但跨学科教研的组织建设仍然明显滞后。

三、跨学科专业发展的虚拟生态系统

(一)跨学科专业虚拟生态系统的含义

一般专业只涉及一个学科及行政管理部门,其教学、科研、实验实训等教研活动都在"学院学科内"完成,教师拥有特定学科的专业知识,能够较为全面地教授所需知识和进行人才培养。

而跨学科专业常常涉及多个二级学院的学科专业,其教学、科研、实验实训等教研活动无法由一个学科部门独立完成。如房地产开发与管理专业,不仅需要土木工程类学院教授房屋建筑学、工程识图、工程造价等课程,也需要经济管理类学院教授管理学、经济学、财务管理等课程。故多个二级学院教学和科研等资源的集聚,就会围绕跨学科专业形成特定的虚拟生态系统,支持本专业的运行及发展。

跨学科专业的虚拟生态系统,不仅有教师人力集聚、知识融合、实验实训设施等资源输入,也有学生发展、课程教材开发、科学研究等成果输出,这个循环和社会、学校支持交叉学科的大环境政策,共同形成了非学院实体的虚拟运行平台,可以称之为虚拟生态系统。

(二)跨学科专业的群落特性

资源的集聚会自然地形成其载体种群和群落,群落是生态系统中具有直接或间接关系的多种生物种群有规律的组合群体,其内部关系呈现为寄生、竞争、捕食和共生。跨学科专业的组织形式,有着相似的特征。跨学科专业是由教师、学生、学院管理者、教务管理者等众多教学主体有机组合而成的大型集群,各方之间存在着复杂的关系。

这个跨学科群落虽然因为学院的行政分割会造成教师主体的不同、科研平台和成果输出的不同、学院管理甚至教务管理的不同等,但因为教研工作具有各个学科的综合性和统一性,其教研活动会形成天然的"圈"或者界限,而这个界限类似于生态学中的群落概念,虽然它的实体性并不强。

以房地产开发与管理专业为例,房地产开发与管理专业具有土木工程和管理学两个学科的复合特性,在教学方面,它不仅需要土木工程类学院教授房屋建筑学、工程识图、工程造价等课程,也需要经济管理类学院教授管理学、经济学、财务管理等课程,各门课程的教师可能来源于不同学院,受不同的二级学院管理,甚至具有不同的教务考核;在科研方面,房地产开发与管理专业的实践实习也需要共用土木工程类实验室、信息管理类 ERP 平台等。图 1 为房地产开发与管理专业跨学科专业群落示意图。

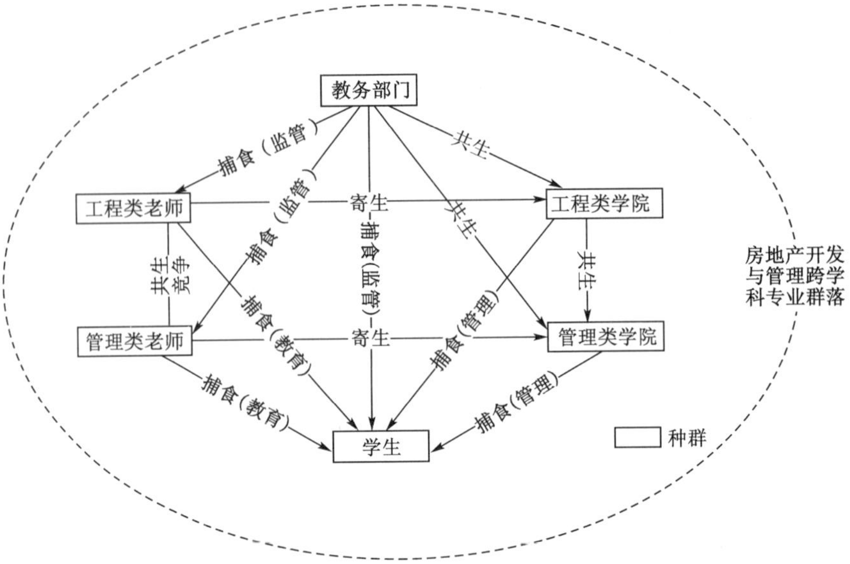

图 1　房地产开发与管理专业跨学科专业群落

（三）跨学科专业群落生长的环境机制

自然界的环境指的是光照、氧气、水、土壤养分、温度等所有会影响群落生存的因素，光照会给生物个体带来光合作用，氧气可以提供其生存必需的基础资源，水是构成生物个体的不可或缺的成分，土壤可以提供平台并供给营养，温度可以提供舒适的生长环境等。每一个环境因子都对群落中的个体成长起着一定的作用。跨学科专业的群落，也具有支持其生长的环境机制，这个环境机制对专业群落中的各个专业要素发挥影响、提供支持，就像个体生长的营养输入，支撑着其生存和发展。跨学科专业的环境要素，既有物质的实验、实训平台和科研部门机构，也有虚拟的教学考核机制、教师交流机制，这些环境机制同时作用于跨学科专业群落，相辅相成，互动互补，共同为跨学科专业群落的生长提供政策和机制帮助。

（四）跨学科专业的虚拟生态系统

跨学科专业群落与支持其生长的环境机制，共同形成一个以单个专业为载体的虚拟生态系统，这个虚拟生态系统相似或部分重叠于其他专业生长的实体生存系统，但又具有很强的特殊性。专业群落与其支持环境是互相依附的关系：一方面，专业群落依靠特有的环境机制才能生存；另一方面，环境机制又受专业群落的特性影响，不断完善以为专业群落的生长提供营养。

以房地产开发与管理专业为例，工程类或管理类的教师在整个教研活动中处于初级生产者的地位，相应学科学院和教务部门为监督者和管理者，承担着次级生产者的任务，专业学生作为最终的知识受众无疑是消费者的角色，这几者共同形成了房地产开发与管理专业的群落。这个专业群落与支持其生长的环境机制如科研协同机制、土木类实验室共享、教师互动等共同形成了跨土木类、管理类学科的虚拟生态系统，见图 2。

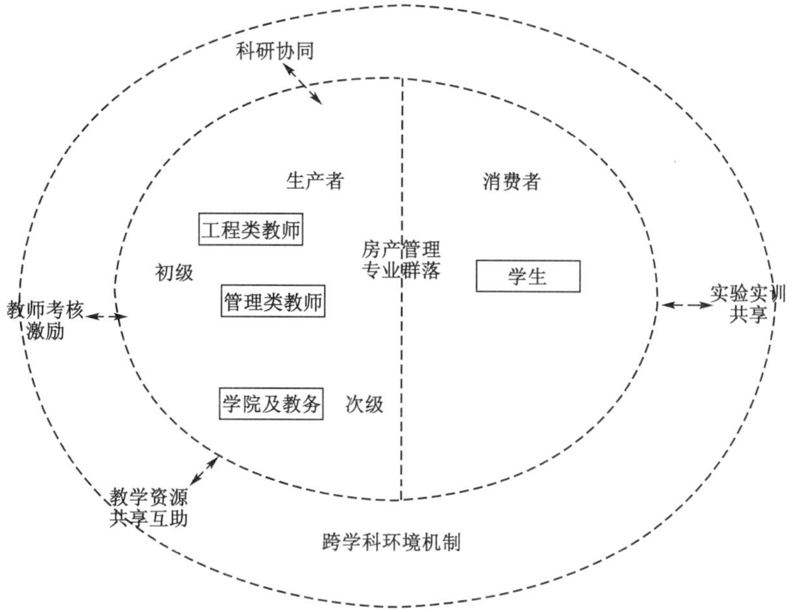

图 2　房地产开发与管理专业跨学科专业的虚拟生态系统

四、跨学科专业发展的对策建议

（一）以系统的观点筹谋跨学科专业发展

跨学科专业的生存需要不同学科的参与和支持，现实情况下往往因为行政部门的割裂使跨学科专业的发展需要“左右逢源”，而没有支撑主体，这会导致跨学科专业的师生没有依靠感，专业管理者也因为本部门难以独立支撑而不能完全自主地施展政策，跨学科专业分学科、分块的教研现象较为普遍。这就需要为跨学科专业专门设计一个发展系统，让其与其他单项学科专业一样，在理论建设、政策指导、资源供给、师生认同等方面拥有自己成长的明确路径，形成成文的专业的系统性规范。

（二）丰富跨学科专业的环境要素支持

跨学科专业的发展离不开教师交流、教学互助、科研协同创新、实验实训条件共建共享等外部机制，但现实中对于跨学科专业来说，这些机制往往并不健全或者难以有效利用。没有特定的专业实验室，没有特定的教研机构，成为跨学科专业的资源短板。其他专业的资源本专业应用起来又不能够特别顺畅，往往就导致跨学科专业的发展遇到资源瓶颈。这就需要不断丰富跨学科专业的环境资源要素，提升支持力度，使外专业的资源名正言顺地被本专业拥有和使用，实现真正的共建共享。

（三）尊重发展规律，循序渐进地推进跨学科专业发展

跨学科专业的生存和发展，往往借用大量外专业的现有资源和成果，这是跨学科专业初期发展阶段的必然方式，但是随着专业发展进入成长期，再单单依靠外部资源已经不能

够适应发展的需要，这就需要本专业寻找自身的教研方法和方向，这就是本专业内功形成的过程，也是专业能否真正立足的关键。所以，任何专业的发展都需要尊重规律，循序渐进地推进，急于求成的发展模式很可能会导致专业拼凑感太强，难以形成自身的专业特色。

参考文献：

[1] 张炜，颜盼盼. 美国华盛顿大学跨学科教研融合模式及经验启示[J]. 科技管理研究，2016，36(23)：121-125.

[2] 张晓报. 跨学科人才培养模式的划分框架及启示[J]. 江苏高教，2014(3)：34-36.

[3] 朱科蓉，王彤. 跨学科多专业协同实践教学的探索[J]. 现代教育管理，2014(1)：86-89.

高校文明运行机制规范化研究

戴金来

摘　要：近几年来，以习近平同志为核心的党中央反复强调，要把培育社会主义核心价值观作为凝魂聚气、强基固本的基础工程，而社会主义核心价值观要求我们，把高校作为社会主义文明建设的主要精神阵地。高校文明建设要以学风学科建设为本，把文明礼仪教育渗透到学校人才培养全过程中去，不断更新高校精神文明建设的理念。

关键词：高校文明；机制；必要性

自党的十八大以来，我国各大高校始终坚持正确的政治方向，积极培育和践行社会主义核心价值观，牢牢抓好马克思基础理论教育，坚持“育人为本，德育为先”的主导思想，通过教育引导、思想熏陶、身体力行等有效方式，帮助各大高校学生树立正确的世界观、人生观、价值观，提高自身素质，更新学习理念，确立成才目标，进一步提高思想道德素质和法律素质，选择正确的价值追求。

一、建立文明运行机制的必要性

文明是一个社会进步发展的优质体现，高校文明是社会文明的基本组成部分，是提高社会整体文明的必然要求。高校文明建设的高低好坏直接影响社会文明的进步与发展。

首先，高校建立文明运行机制，是推动高校各项工作深化与落实的需要。文明机制建设与运行首推高校精神文明建设，而精神文明建设的重点在于思想道德建设。高校作为科学文化素养较高的人群的聚集地，由于意识形态软化，容易对这一工作认识上不够充分，工作上落实不力，形成“讲起来重要，干起来次要，忙起来不要”等现象，人们往往疲于学术研究，忙于应付各类考核。因此，只有建立高校文明运行机制，做到思想认识到位，才能使高校文明建设目标明晰，克服一阵风、走过场、图形式、做样子等现象，进而推动高校文明建设各项工作有序开展。

其次，建立各项文明运行机制也是当前高等院校可持续发展的需要。

第一，建立文明运行机制，首先要做的是对工作职责的明确与落实。社会文明是社会发展的重要特征，也是我国现代化强国建设的重要目标与重要保证。高等院校应当把文明

基金项目：2017 年度江苏省教育系统党建研究会课题“落实‘两个责任’的科学路径探索”(2017JYDJ-YB0081)成果。
作者简介：戴金来(1987—)，男，硕士，徐州工程学院管理学院讲师，研究方向：大学生思想政治教育。

建设放到整个院校发展长远目标与规划当中来认识，文明建设应当具有长期性与可持续性。其次，文明建设也是社会发展的必然要求。高等教育文明建设的立足点和归宿，是培养和造就具有社会主义觉悟、有理想、有文化、有道德、有纪律的高素质人才，是为大学生创造一个良好的成才条件和环境。高等院校肩负着培养人才、科学研究和服务社会三大功能。随着知识经济的到来，高校从社会的边缘逐步走向社会的中心，对社会发展的影响越来越大，其地位也越来越向高层次发展。因此，高等院校文明建设的意义也越来越突出。高等院校文明建设是社会文明建设的重要组成部分，由于它比社会文明的一般要求要高，所以成为社会文明的辐射区和示范区，对社会文明尤其是社会主义精神文明建设起着表率作用和巨大的推动作用。从这个意义上讲，加强高校文明建设，使高校成为社会主义精神文明建设的人才高地、思想高地和文化高地，对高等院校功能的有效发挥无疑是有利的。不断发展和变革着的社会对高等院校的要求也将越来越高。21世纪是人才的世纪，只有全方位发展，适应时代要求和社会变革要求的大学生才能更好地适应社会发展。

第二，长期以来，高等院校文明建设缺乏整体部署、系统安排与长远规划，在操作上谁都可以管，谁都可以不管，各自为战、零打碎敲、时抓时停、时紧时松现象比较突出，形不成整体效应。因此，建立高等院校文明运行机制，明确院校各部门、人员的职能与责任，形成统一部署、分工负责的体系，能够最大限度地调动各方面的积极性、主动性与创造性，形成整体合力，优化环境与氛围，进一步增强全体师生员工的主动性。

二、高校文明运行机制建设目标导向

高等院校文明运行机制，就是依据高等院校建设的特点以及时代赋予社会文明的特点和文明自身发展规律及综合一切对制约文明建设因素的分析，将文明建设的诸多要素、环节有机组织并且使之规范化、系统化，成为一种高效运行、持续实施、推进有力的制度。

（一）确定目标机制

首先，要把高校文明建设作为院校建设的重要战略目标提高到相对高度，做到人人参与、量化、细化、具体化，由虚变实，虚功实做。要建立文明建设的规划，包括近期目标、长远规划、总体设计、阶段目标和分类实施的具体部署，明确发展方向和奋斗目标，把文明建设纳入院校整体发展规划中，使得目标看得见、摸得着、抓得住，重点明确，思路清晰。其次，在制定目标时，要坚持实事求是的原则，从学校实际出发，对师生的素质、政工队伍的状况、文明建设以往取得的成效经验进行全面调查分析，对达到预定目标的可能性进行有效论证。目标机制确定后，督促检查必须贯彻始终，必须确保目标的实施有严格的计划性，并制定出具体措施、方法，尤其要善于抓住主要矛盾，抓住重点问题，抓住薄弱环节，并根据情况及时调整，确保目标运行方向正确，进展顺利。

（二）建立高效的领导机制，提高文明的决策力、执行力

高等院校文明建设是一项庞大的系统工程。随着我国社会的不断进步和发展，一些新理念和新目标不断形成，高等院校文明建设也面临着诸多新任务和新问题。不少院校还把文明建设摆在了错误的位置上，在领导的力量上，该到位的没有全部到位，名义上党政齐抓

共管，实际上经常出现不抓不管或不负责任的现象，缺乏领导和管理上的刚性和硬度。要保持长久的活力和高效，必须将高校文明建设纳入到制度化的常规工作模式中去，深入文明建设的内在机制中去，使文明建设制度化、经常化、规范化。文明建设的关键在领导的力量，关键在能否建立和健全高效的领导机制。文明建设是全校上下、各教学单位、各机关处室、各职能部门和全校师生员工的共同职责和共同任务，渗透于高校教学、学习和生活的方方面面，是一项系统工程；从上到下要统一思想、统一意志、统一步调、齐心协力，需要建立一个自上而下的立体化的高效运行的领导机制，进行统一的组织指导、协调行动和管理建设。建立健全有效的领导机制，就是要建立院校党委统一领导，党政主要领导亲自抓，分管领导重点抓，班级成员共同抓，各职能部门和工会、团委、学生会共同参与、齐抓共管，各教学单位、各机关处室各负其责的工作格局，构筑上下通畅、左右协调、高效运行的良性工作机制，形成强大的活力。

三、高校文明运行机制建设的对策及建议

当前高等院校文明建设还存在信息沟通不足、过程控制乏力、考核测评缺失等问题，要改善和解决这些问题，就要从以下几个方面展开工作。

（一）要以完善的文明教育课程体系作为外在驱动力

教育管理部门要从国家发展战略需要出发，引导和安排高等院校围绕社会文明建设等主要议题出台相应的教学实施方案（包括寒暑假大学生社会实践活动方案）。结合人才培养、科学研究和社会服务的需要，不断建立健全完整的课程体系与教学体系，提升文明建设在高等院校思想政治理论课与专业课程中的重要地位，形成外在驱动力，从而促进高校文明建设向前推进。

（二）增强过程控制力

当前高等院校的文明建设往往存在控制主体不力问题。高校文明建设为了达到社会要求必须进行过程控制，如确立工作绩效标准，开展工作考核，出台措施制止偏差和不足等。重点在于使学生具备一定的个人文明素养，掌握道德与法制相关知识，初步掌握基本技能，参与社会实践，根据评估结果来采取措施纠正偏差和不足，从而达到过程控制的最终目的。

（三）健全效率考核制度

高等院校文明建设是一项复杂的系统工程，它牵涉的面比学校任何一项工作都要大，既有思想政治教育工作，又有行政管理工作；既有教学工作，又有后勤工作；既有教职工参与，又有大学生参与。这就要求广泛动员、全员参与、多方配合，综合治理、严密组织、科学管理，否则就会造成上下脱节、指挥不灵，部门之间互相扯皮、互相推诿，从而形成效率低下的局面。建设高校文明运行机制，要实行校园规范化管理，建立健全各项规章制度和各种考核制度。规章制度不仅是办事的依据，更是师生行为的规范。管理也是教育，规范管理的过程，既是对师生进行政策法规、规章制度、组织纪律教育的过程，也是提高师生文明素养的过程。规章制度一经建立，就要严格执行并加以考核，制定相应的奖罚措施，使学校走

上制度化的轨道。

（四）搭建全方位平台，提高信息交流效率

一是要发挥学校网络阵地作用，推进工作顺利开展，充分利用学校网络优势，为文明运行机制建设提供载体，及时发布重要信息、重大活动情况，让学校师生及时了解文明建设工作情况，尽可能吸引全员参与（可以通过"道德建设""身边故事""文明标兵"等板块真实反映大学生活，达到教育人、启迪人的目的）。二是尽可能多地举办各种活动，充分利用学校党团支部、工会、学生会优势，开展舆论引导，把大量的好人好事、优秀文化传统展现出来，为文明建设注入生机与活力。

四、当代大学生自身建设

（一）坚持正确的成长方向

使学生养成正确的世界观、人生观、价值观、道德观是校园文明建设的根本目的所在，离开了这一点，校园文明建设便会流于形式，偏离正确的方向。校园文明建设的目的与高等院校道德要求是一致的，是直接关系到大学生能否成才及成才方向的大问题，所以说，校园文明建设对大学生成为有理想、有道德、有文化、有纪律的高级人才具有重要的导向作用。在当前改革开放进一步深入和社会主义市场经济体制加快完善的背景下，校园文明建设的重要性显得更加突出。市场经济对培养学生的创新意识、效率意识、自主意识、竞争意识创造了有利条件，但同时也对学生有一定负面影响，享乐主义、拜金主义、个人主义极易滋长。因此，建设高校文明运行机制，更需要大学生坚持正确的成长方向。

（二）坚持文明行为的养成

大学生文明行为是高等院校文明运行机制建设的具体体现。可以说，没有大学生的文明行为，就没有校园文明，学校文明运行机制建设也只能是一纸空文。因此，提高大学生文明素质，培养良好的文明习惯，坚持文明行为的养成，就成了高校文明建设的重要目标。文明行为的养成在于每个个体的自觉性，在于平时的细化，也在于点滴的积累。每一个人应当从自身做起，从点滴做起，树立积极向上的进取精神，陶冶高尚的情操，塑造健全的人格，抑制、纠正各种陋习，形成良好的文明举止。

（三）坚持大学生人文素质的提高

人文素质是大学生综合素质的一部分，主要包括大学生应具有的哲学、历史、文学、艺术等素质。人文素质有利于对人才的思维能力、创新能力的培养。当代大学生人文素质普遍不高，这是我国长期实行"应试教育"和旧的教育模式造成的必然结果。人文素质的提高是高等院校文明建设的重要内容之一。而人文素质的提高，除了学生自身不断学习积累外，校园文化熏陶已成为培养和提高学生人文素质的最有效的手段。校园文化包括智能型文化（如学术讲座、辩论会等）、观念型文化（如青年志愿者活动、评先评优等）、素质型文化（如社团活动、文学社、诗社、琴棋书画等社团活动）。因此，人文素质的提高，对高校文明建设起着极大的推动作用。

（四）坚持大学生创新意识的培养

创新是一个民族不断向前发展的重要手段。在全面推进素质教育、全面深化改革的今天，为适应知识经济时代的需要，我们比以往任何时候都更需要创新意识的培养。大学生良好创新意识的培养，需要良好的校风。校风建设是高等院校文明建设的重要体现，是一种无形的精神力量，也是评价一所学校文明程度的重要标准。通过校风建设，可以进一步增强学生独立思考和创新的能力，提高处理问题的能力、获取新知识的能力、解决问题的能力和语言文字表达的能力。要培养学生善学、会学，掌握科学的思维方法，活学活用，在实践中不断创新。

五、结语

21世纪的教育发展已经达到了一定高度，高校文明建设，是当代中国经济建设、政治建设、文化建设、社会建设、生态文明建设五位一体的总体布局的一个缩影，更深层次地体现了国家层面的价值要求，也是新时期党的方针政策和总路线的要求。

参考文献：

[1] 刘洁."孔颜之乐"对我国现代精神文明建设启示的研究[D].长沙：湖南大学，2010.

[2] 史华楠，胡敏.论校园文化研究的几个基本问题[J].扬州大学学报（高教研究版），2000，4(3)：15-18.

[3] 王乾三.论高校党的建设[D].北京：中共中央党校，2003.

[4] 王文华.论走向社会的高校校园文化[D].南京：南京师范大学，2006.

[5] 周翱.高校社会主义政治文明建设研究[D].重庆：西南大学，2005.

大学生学业预警机制实践研究

马　磊，王　静

摘　要：建立一套科学的学业预警指标体系是学业预警的前提，这不仅决定了预警对象的准确性和预警程度的精确性，更直接影响着后续帮扶与激励的效果。要建立预警指标体系，则需对大学生学业预警要素进行选取。大学生学业问题的表现形式多样，本文分别从报到注册、家庭情况、选课、考勤、考试等几个方面对大学生的学业问题进行深刻的研究。

关键词：学风建设；学业预警体系；层次分析法

高校采取学业预警机制这一重要措施来加强学风建设和教育教学质量监控，将大学生在读期间的学习成绩、选课修课、日常考勤、综合评测和学籍管理等与学业相关的活动通过计算机网络技术等手段监控起来，以加强对学生学习情况的引导和监控，增强学生对自我"劣势"认知的敏感度，通过学校管理、家长参与、学生自律等多方协作与沟通，帮助大学生正确认识学习危机、明确学习目标并顺利完成学业。

通过学分制教育管理，学生可以自主选择专业方向，在一定范围内自主选课，并自行制订学习计划、安排学习进度，这无形中也提高了对学生的自我管理能力和自学能力的要求。同时，高等教育的逐步大众化，高校不断扩大的教育规模，使学生的学习基础和主动性却越来越差，自我控制能力也在减弱。因此，高等教育过程的管理越来越被重视，大学生学业预警也成为当今学分制教育管理下高校必备的教育管理环节。

一、构建学业预警指标体系

整个学业预警系统中最基础、最重要的环节就是学业预警指标体系的构建。指标的选取，不仅要考虑指标体系的完备性，也要考虑各指标的独立性，不能相互有交叉。本文选取三大一级指标、九大二级指标，能够更加健全地建立学业预警指标体系，见表 1。

建立一个性能良好的学业预警系统，需要充分考虑各种因素，表 1 将目标层划分为报到注册、平时学习表现和学习成绩 3 个一级指标，继而再细分为 9 个二级指标。

作者简介：马磊(1989—)，男，硕士，徐州工程学院管理学院讲师，研究方向：大学生思想政治教育。

王静(1998—)，女，学士，徐州工程学院管理学院学生，研究方向：大学生思想政治教育。

表 1　学业预警指标体系结构表

总指标	一级指标	二级指标
学业预警指标	报到注册	报到注册
		家庭所在地区
		家庭经济情况
		家庭结构
	平时学习表现	考勤
		选课
		实践教学成绩
	学习成绩	水平测试成绩
		期中、期末考试成绩

（一）报到注册

(1) 学生日常学习的开端就是报到注册，学生应在学校规定的时间内到校办理报到注册手续，因故不能正常到校报到的学生，应办理请假手续，若学生未办理请假手续且超过一定时间的，就应按照具体规定进行预警。此外，学校要加强对学生的学籍管理工作，有关部门要及时更新信息，并对学生进行学籍管理预警。

(2) 未按时报到注册的学生中，由家庭原因导致的占了大部分。良好的家庭氛围对于学生的健康成长十分重要，学业不佳的大学生相当一部分来自问题家庭。除此之外，学生的家庭结构、家庭培养方式、生源地教育水平等因素也对大学生学业问题产生了影响。综上，要对学生进行家庭情况预警。

（二）平时学习表现

1. 考勤

出勤是学生成绩良好的最基本的保证，上课时认真听讲、课后高效完成作业是学生顺利完成学业的保障，因此课堂出勤率一直是高校管理的重点。

2. 选课

高校普遍实行的是网上选课，如果学生在规定时间内未完成选课工作，那么他在下学期将不具备相关课程的学习资格，也就无法完成这些课程的学习。因此，需要对学生进行选课预警。对于没有按照学校规定时间选修课程和没有选够学分的学生，应及时使其明确学校规定完成的学分要求与其所选学分之间的差距，并提醒其及时补足学分。

3. 实践教学成绩

大学生在实践中了解社会、在实践中巩固知识的一种重要手段就是实习，这对提升学生的综合素质有着重要的作用。所以，高校应将实践教学成绩预警也加入到学业预警体系中。此外，理工科专业应更加注重动手实践，若学生在实践教学环节未完成实验报告、实验设计作品或实践未达到标准的要求，则不具备理论课程的考试资格。

（三）学习成绩

1. 水平测试成绩

不可否认，目前英语四六级考试成绩、计算机等级考试成绩等水平测试成绩占有重要的地位。虽然教育部曾经明确表示，不鼓励大学把四六级证书与毕业证和学位证挂钩，但部分高校仍然实行大学英语四六级证书和毕业证、学位证挂钩的措施。因此，也应将与毕业相关的水平测试成绩纳入学业预警指标体系。

2. 期中、期末考试成绩

期中、期末考试成绩能够有效反映学生在这一学期内的学习情况。部分学生认为考上大学就可以不用再像高中那样成天紧张、忙碌地学习，以至于自我约束力直线下降，大部分时间沉迷于交友、上网聊天、网游。逃课变成了习以为常的事情，即使不逃课，在课堂上也是小声交流、手机聊天，甚至有些学生通宵上网聊天，课堂上身心疲惫，只能课上睡觉缓解，其结果就是频繁挂科，留级甚至是退学。

二、利用层次分析法确定学业预警指标的权重

层次分析法（Analytic Hierarchy Process，AHP）在 20 世纪 70 年代初被首次提出，它是一种多指标多方案的综合比较方法，原理是将复杂的问题按照一定原则分解为不同的组成因素，按照因素之间的相互关系，分成不同的层次组合，从而构成了一个多层次的系统结构分析模型；并将系统分析最终归结为最底层相对于最高层的相对重要性的确定或相对优劣次序的排序问题。

（一）建立 AHP 模型

层次分析法中最重要的一步是 AHP 模型的建立，需要对系统进行详细深入的分析（选用表 1 的指标体系）。

（二）构造判断矩阵

判断矩阵是根据上层次某因素而言，本层次与之密切相关的各因素之间的相对重要性矩阵。AHP 制定了一套评判标度（分值）来获得判断矩阵中两两元素相互比较的数量结果，一般采用 1—9 及其倒数的评判标度来描述各指标的相对重要性，见表 2。

表 2　相对比较评判标度（分值）表

标度	指标重要性
1	i 元素与 j 元素同样重要
3	i 元素比 j 元素稍重要
5	i 元素比 j 元素明显重要
7	i 元素比 j 元素强烈重要
9	i 元素比 j 元素极端重要
2,4,6,8	上述两相邻判断的中间值

因为标度的确定没有固定的计量方法，所以本文采用德尔菲法，集合了多位专家的意见，从各位专家给出的分数中取平均数，最后给出总分值，从而构成了多个判断矩阵。

（三）层次单排序和一致性检验

首先，在求解判断矩阵的过程中有多种方法，例如特征向量法、最小平方法、乘积方根法等，但从大量的实践来看，科学性最好的是特征向量法，因此计算判断矩阵的排序向量求矩阵 **A** 的最大特征根 λ_{max} 普遍采用了特征向量法。

其次，理想的判断矩阵应很好地满足一致性条件，因此采用一致性指标（Consistency Index，CI）来衡量判断矩阵的一致性。

$$CI=\frac{\lambda_{max}-1}{n-1}$$

其中，n 是判断矩阵的阶数。

接着，在 AHP 中，还提出了另外一个指标——随机性指标（Random Index，RI），这是为了减少计算过程中的主观性。RI 是一个事先给定的常数（见表 3）。

表 3　*RI* 值对照表

	1	2	3	4	5	6	7	8	9
R. I	0	0	0.58	0.90	1.12	1.24	1.32	1.41	1.45

最后，综合 CI 值和 RI 值，就可以判断矩阵的一致性是否在合理的范围内，用 $C.R.$ 来表示：

$$CR=CI/RI$$

若 $CR<0.10$，便认为判断矩阵的一致性可以满足要求，权重就是所求；若 $CR>0.10$，便认为判断矩阵的一致性不能满足要求，因此必须重新建立判断矩阵。

要实现对学业不佳学生的有效帮扶，就要充分发挥出学业预警评价指标体系的作用，高校需要建立学业预警领导机制，根据学业预警评价指标体系做好学业预警信息的收集与学业预警等级的准确判断。学校更应该建立完善好帮扶人员的激励机制，充分调动帮扶人员的积极性，以便给予学生更有针对性的帮扶。

三、学业预警领导机制

高校应该建立健全由学业预警组织机构、学业预警规章管理制度和学业预警管理信息系统构成的学业预警领导机制。学业预警学生的帮扶需要家长、学生处、教务处和学院等多方的密切配合，因此，构建一个领导有力、执行有效的组织系统是必需的。各高校应根据学校自身的实际具体情况，建立学业预警帮扶领导机构，这是一个由学生处、教务处和各个学院分管教学的领导组织，由学生干部、任课教师、学生辅导员、教学秘书组成，由分管教学的副校长负责，家长参与的执行机构。学校要出台相应的规章制度，以便充分发挥预警组织机构的作用，实现对相关人员的有效监督，具体包括例如明确的年度工作目标、各个岗位的目标与责任、学业预警帮扶人员资格的认证和权限以及帮扶人员的考核办法等。

四、学业预警学生的帮扶

辅导员要定期与预警关注对象范围内的学生谈话，了解他们的思想动态，及时发现问题，帮助其查找原因，促使他们端正学习态度，树立学习信心。对期末考试成绩徘徊在及格线的学生，帮扶人员要帮助他们明确自身的学习薄弱点以及所要面临的危机，协助他们制订好学习规划，采取各种方法，例如与成绩优异的学生结对的形式来帮助他们提高学业成绩。除此之外，学校要通过举办相关学习讲座来帮助来自贫困偏远、教育落后地区的学生改进他们的学习方法，并积极鼓励他们加入社团以及参加学校组织的各式各样的诸如公益类的活动，加强锻炼，提升自身综合素质。而对于家庭经济条件相对较差的学生，学校不仅要健全贫困生资助体系，更要尽可能地为他们提供勤工俭学的岗位，以减轻他们家庭的经济重负，同时对他们进行心理健康教育也是十分重要的，要使其树立正确的金钱观。尤其对于家庭结构有缺陷的学业不佳的学生，学校更要注重对他们心理健康方面的辅导。同时学校要主动联系家长，及时将学生在校学习和生活情况与家长进行沟通，使家庭和学校一起形成共同管理、共同帮扶的合力，促进学生的健康成长。

五、帮扶人员激励机制

完善现有的激励制度，调动相关人员的积极性是实现对学业不佳学生的有效帮扶的重要方式，不仅要将对学业不佳学生的帮扶纳入到教师的绩效考核中，更要将其考核结果与职称/职务晋升、进修机会的获得等挂钩。高校要动态遴选帮扶队伍，严格选拔进入帮扶队伍的教师和学生。并且学校要选派帮扶人员参加相关的学习班来加强对他们的培养，不断提高他们的理论水平和工作能力，还要举办帮扶经验交流会、帮扶讲座等活动来加强帮扶学生的交流学习，促进帮扶学生与学业不佳的学生共同进步。此外，高校还需根据帮扶记录的内容，对学业不佳学生的帮扶态度、帮扶方式和帮扶效果等进行一系列的综合考核，并根据帮扶奖惩制度的规定，对考核结果优秀的帮扶人员给予物质和精神上的奖励；对考核结果不佳的帮扶人员，也要采取相应的处罚乃至采取调离帮扶队伍的措施。

参考文献：

[1] 刘小芳，唐永林. 基于层次分析法的企业预警指标及其权重的确定[J]. 科技情报开发与经济，2009，19(36)：80-82.

[2] 万星火，郑俊玲，金永超. 基于 KPCA 的高校学业预警模型及其应用[J]. 数学理论与应用，2013，33(4)：99-104.

[3] 袁安府，张娜，沈海霞. 大学生学业预警评价指标体系的构建与应用研究[J]. 黑龙江高教研究，2014，32(3)：79-83.

高校导入本科生导师制问题与对策研究

魏洁云，朱从辉，刘桐彤

摘　要：本文旨在分析国内学分制与辅导员辅导制的弊端，解析国内实行本科生导师制的合理性，反思国内本科生导师制的运行效果，建立健全任用机制、评价监督机制和激励机制，强调将“以大学生为中心”作为导师制的核心。本文为高校导入本科生导师制建设提供一些意见，希望能促进我国本科生导师制的发展。

关键词：本科生导师制；以生为本；机制建设

一、本科生导师制的渊源及其核心理念

本科生导师制起源于14世纪的牛津大学，经后世不断发展完善，逐步闻名于世界，并且广泛运用于欧美各国。在牛津大学，导师会为大学生举办小型学术会议，对部分个性明显的大学生进行针对性指导。

自由教育对高等教育而言极为重要，而牛津大学的导师制正是实行自由教育的具体体现。自由教育还可以锻炼大学生的思维方式，提高大学生的独立思考能力。牛津大学在保留传统课堂授课的基础之上，设置了定期的本科生导师课。导师对大学生进行小规模甚至一对一的指导，而这也是牛津大学的经典教学模式。采用这种模式，大学生可以与导师顺畅沟通交流，获得个性化指导，提升独立思考的能力。大学生会针对导师在课上为大学生布置的任务，做出相应的准备，如收集各类资料、撰写文章，以备老师提问或向老师提问。大学生与导师、大学生与大学生之间可以针对形形色色的思想观点进行充分辩论。这样，大学生分析问题、评判事件、推理逻辑、总结经验以及辩论能力都得到了很大提升。从牛津大学本科生导师制中，可以看到自由教育的身影。

二、国内学分制与辅导员辅导制的弊端分析

（一）缺乏对大一新生的及时引导

现今，我国高校大一新生除了设有辅导员辅导和个别班助外，仅有刚入学时院级领导的简单引导。首先，我国高校的辅导员机制亟待完善。辅导员与大学生比例失衡，部分辅

基金项目：徐州工程学院高等教育教学研究课题“基于产教融合的旅游管理人才培养模式研究”（YGJ1833）成果。

作者简介：魏洁云（1975—），男，管理学博士，徐州工程学院管理学院副教授，研究方向：创新管理。
朱从辉（1997—），男，学士，徐州工程学院管理学院学生，研究方向：创新管理。
刘桐彤（1998—），女，学士，徐州工程学院管理学院学生，研究方向：创新管理。

导员甚至同时辅导两个专业的大学生。细分下来，辅导员所花在每个大学生身上的时间不能有效满足需要。而辅导员不仅要处理大学生的日常事务，还要完成学院下达的各种指令。一个辅导员要处理多项繁重任务，时间上远远不够用。一般在大学生没有违纪行为的情况下，辅导员不会花太多时间在某一个同学身上。其次，班助本身也是大学生，专业知识还有不足之处，除了能在一些小问题上为学弟学妹提供解答帮助外，在其他方面的辅助效果甚微，很难起到引导作用。再者，对于刚开学的集体引导，院方除了简单介绍学校生活及学校的相关制度外，并没有进行明确有效的引导，大学生在课堂上玩手机、聊天等情况也没有得到有效遏制。大学生上完整门课程后，还缺乏专业认识，就会陷入更深的迷惘之中。可见，我国一些高校对于大一新生的指导工作并没有行之有效的方案。新生由于没有接受过有效的指导，只会颓废度过整个大一，白白将大学阶段四分之一的时间浪费在迷惘中。

（二）缺乏针对性指导

现今国内高校普遍推行学分制，但是学分制依然具有局限性。在学分制下，大学生有较多的自由空间，这有利于大学生的个性化发展和挖掘大学生的潜能，但这需要大学生有较强的自控力。对于大多数大学生而言，难以达到要求。大多数大学生由于其自身认识水平不足，尤其是低年级的大学生，想要自行设计符合自身发展的学习方案过于艰难。在当前的学分制下，一个老师辅导多位大学生，精力处于极大分散状态，无法针对每位大学生提供个性化的具体的培养方案。而校方也缺乏相应的制度保障，大学生几乎无法得到准确的个性化指导。

我国高校设置的专职辅导员，本应是与大学生沟通较多、对大学生了解较多的岗位，但在师生比例失调的情况下，专职辅导员就没有足够的时间与大学生沟通交流，缺乏对大学生的深入了解。如果辅导员与大学生的所学专业不对口，那么辅导员对大学生的专业指导作用就更小了。而在当前教学形势下，一些专业并未对大一新生开设专业课。大一新生对本专业没有相对准确的认识，容易陷入迷惘之中难以找到出路。即使大学生想要与专业老师交流，但由于自身腹中并无“墨水”，与老师无从聊起，久而久之，大学生越来越与老师脱节，这进一步导致老师不能及时了解大学生的个性及能力。现行专职辅导员制度难以为大学生提供有效的帮助指导，且在一定程度上影响了高校应用型人才的培养，影响了大学生个性化的培养。

（三）缺乏真正能检验与提升大学生能力的机制

多数高校设置的每学期一次的期末考试，试题大多局限于书本上的一些理论知识和概念，并未达到深层次的测试水平。大学生大多靠死记硬背书本知识通过考试，而在深层次的思想探索上并未涉足，造成了很多大学生只知皮毛、不做深究的现象。而在老师正式教学的课堂上，一位老师直接面对几十乃至上百位大学生，老师在完成相应的教学目标后，几乎没有时间对大学生进行进一步的指导和交流，导致老师无法甄别每位大学生在知识点上的掌握程度。所以大学生在学习了较多的学时后，能力没有得到相应提升，在毕业前各种能力就达不到相应水平。

三、国内实行本科生导师制的合理性解析

(一) 本科生导师制在中国高校中的功能定位

在当前形势下,国内的本科生导师制还处于探索阶段。根据中国部分高校近年来本科生导师制的实行结果来看,其效果是显著的。它对于一般高校自由教育与专业教育的融合、知识型教育与品德型教育的交融具有很大的借鉴意义。

研究牛津大学及相关世界名牌大学的本科生导师制发现,它们之所以能够取得成功的一个关键因素就是拥有雄厚的师资力量。而我国近年来高校的大面积扩张,高校大学生越发增多,师资力量相对薄弱,现有的师资力量远远无法满足导师制的要求,因而无法直接采用国外导师制,只能借鉴相关经验,并结合国内实际,灵活变通实施。国内高校老师上课时间相对较少,所以自由安排时间较为充足,另外部分老师也在承接企业事业单位的横向课题,具有较强的社会接轨能力。因此聘用校内优秀老师担任导师是一个不错的选择,他们不仅能引导大学生正确地进行学习、促进大学生的个性化与创新式成长,又能带领大学生一起开展科学研究,并服务社会,使大学生学习效率得以提升,又能接触社会。在此过程中,导师对大学生因材施教,导师与大学生的比例控制在 1∶15 以下,对每位大学生进行详细的指导,特别是在学习方法、科研训练甚至职业规划等方面可以进行针对性指导。指导的形式,既可以是小组讨论又可以是一对一交流,还可以开设每周一次的导师辅导课。这些形式既能够全方位促进导师与大学生、大学生与大学生之间的思想交流和观念碰撞,又能够让大学生真正受到启迪,获得成长。导师在指导时,应尽可能在立足实际的基础上加以发挥,不落窠臼,打开大学生的“脑洞”,对大学生进行价值观的陶冶和思维方式的锻炼。导师应着重引导,让大学生主动求知,激发其求知欲,同时要培养大学生的探索能力,令其有疑问、知探索、会钻研。导师不应仅在大学生论文、就业方面进行指导,也不应仅停留在看得见摸得着的层次上,而应全方位地提高大学生钻研问题的能力,以此为大学生以后的职业生涯奠定基石。

作为补充,在现阶段国内师资力量极为有限的条件下,即使实行上述方案可能也无法满足学校对导师数量的需求。可聘请社会职业导师、硕士及以上学位的本专业研究生甚至企业业务骨干担任专业导师,作为现阶段向导师制过渡的补充。

(二) 本科生导师职任定位

导师应与大学生进行有效且融洽的沟通,与大学生构成亦师亦友关系,关注大学生个体差异,这样才能为大学生提供正确有效且具有针对性的指导。本科生导师职任定位具体如下:

(1) 引导新生尽快适应大学生活、快速由高中向大学过渡,在因材施教的基础上,帮助其掌握大学的学习方法和要求,进行针对性指导。

(2) 关注大学生的想法,及时与大学生沟通,让大学生正确认识自己,认识自己的优缺点,理解社会中存在的各种现象,树立良好的“三观”,即世界观、人生观、价值观,引导大学生思想道德水平的提升。

(3) 有计划地对大学生进行科学探索训练，提高大学生对科学探索的意识，引导大学生对学术方面的问题进行讨论，让大学生自己迸发出新的思想，即让大学生形成专业兴趣，又帮助其形成良好的学术态度和科学理想。

(4) 如果大学生提出疑问，导师应及时予以解答，不能拖延。导师要指导大学生处理好学习与生活的问题，帮助大学生树立健全人格，形成在困难面前不后退、知难而进的品质。

(5) 适时与大学生进行小型的聚会等娱乐性质的活动，融合进大学生的生活中，与大学生亦师亦友。

四、国内本科生导师制建设

国内部分高校导师制的实施为其他高校提供了许多的经验教训。笔者在分析了部分高校实施的经验后，结合自身观点，设计了一套相对合适的实施方案，希望能在一定程度上为推进中国导师制的建设做出一定贡献，从而全面促进国内本科生导师制的实施与发展。

（一）任用机制

导师制强调个体辅导和个性化培养，相对于传统群体式教学其不同的地方在于，师生间要形成相对稳定的对应关系，并实行双向选择，而不是仅仅由学院指派，不考虑大学生的个人意愿。在起点上，大学生对老师缺乏一种基本的认同感，单向指定导师存在一定的弊端。因此，在今后为大学生匹配导师时，应实行双向选择。首先，建立导师档案，向本专业的大学生公开并设置为可查询模式，让大学生了解导师的特长、历年学术成果、思想修养以及导师正在进行的科研项目等相关信息，真正做到全透明选择。而导师可对申请加入自己指导组的大学生提相应要求进行筛选，来提高匹配的适合程度。其次，导师与辅导员之间应进行密切的交流沟通，达成辅导员与导师对大学生的信息共享，使导师对大学生的学习状况、兴趣特长、英语水平和计算机能力有初步了解，师生间尽可能研究相同的目标。这样导师也能从中获得成长，真正取得教学相长的效果。最后，如果有大学生未能与导师合理匹配，学院应履行管理职能，及时予以协调安排。

（二）评价监督机制

根据国内各大高校本科生导师制的教学经验，在一部分高校中，本科生导师制得以成功运行，学院对导师的评价和监督机制功不可没。国内高校重科研、轻教学的现象普遍存在，优秀的教师将大部分时间放在科研项目上，忽略了对大学生的教学。如果不能建成高校对导师的评价和监督体系，就算实行了本科生导师制，导师还是将主要精力用于科研，不能真正对大学生起到引导作用，那样本科生导师制也只能流于形式。因此，笔者呼吁在实行本科生导师制时，同步建立健全高校对导师的评价及监督机制，从大学生的期末成绩上、导师对问题的讨论成效上，还有大学生平时的论文水平上对导师进行全面的评价。可以在大学生中设置大学生监督作为对学院监督的补充，真正使导师的引导教学工作落到实处，对于导师在职不尽责或者糊弄过关等现象进行监督，将评价结果纳入年终考核范围中。

（三）激励机制

导师不是机器，虽说导师有尽心尽力引导大学生成长的责任，但是导师除了指导大学生外，还有繁重的教学任务与科研工作，且只尽责无回报也称不上“以人为本”。要使导师真正满怀热情地投入工作，除了上述方案外，还应建立激励机制，激励导师工作，调动导师的积极性。首先，导师每年指导的人数和指导学时总数应纳入其总工作量中，为导师适当减轻在传统教学下的负担，释放导师的工作活力。其次，根据导师的考评结果发放津贴。通过考评，对取得良好成效的导师进行鼓励，并与职称评选直接挂钩，作为评优评先的依据。而对于考评较差的导师，应追究其责任，并责令整改。若整改无效，可直接取消其以后在该校的导师任选资格。导师津贴的发放还应拉开等级差距，并为获奖导师发放证书，最大限度增加每位导师的积极性。再者，学院应授予导师较大的权力，导师作为大学生强有力的引路人，与大学生沟通交流最为密切，因此导师每学期对大学生的评语应作为学院评价大学生的重要依据，在大学生各类评选评奖上，导师都应享有相应的话语权。这一系列措施的实施，可以使导师与大学生双方的积极性都能得到保障，大学生学习有动力，导师引导有活力，双向激励下，国内高校的导师制必然不会只流于形式，必定能推动中国教育事业的蓬勃发展。

五、导师制的核心——“以大学生为中心”

（一）“以大学生为中心”的历史渊源

“以大学生为中心”是学者卡尔·罗杰于1952年提出的教育理念，自1950年以来，欧美部分高等学府运用这一理念进行教育改革。2012年7月，中国高等教育学会院校研究分会和华中科技大学联合举办了“院校研究——以大学生为中心的教育变革”学术研讨会。美国杜肯大学的威廉·巴内罗教授认为，美国、欧盟和中国实现了高等教育平民化，大学招生人数快速增多，如何让众多大学生主动学习，让大学生对自己的学习负责，是全世界面临的共同问题。新世纪要用新方法应对挑战，而“以大学生为中心”就是我们应对这一难题的理论基础。

（二）高校如何“以大学生为中心”规划本科生导师制

1. 教学目标：注重大学生的发展

导师对大学生的指导应专注于大学生的发展进步，而不是致力于帮助大学生通过各式各样的考试，也不是帮助大学生为就业做好准备。20世纪末期，牛津大学导师卢卡斯认为，给予大学生的信息不能超过其接收能力，让大学生承受过于重的负担，要向大学生展示如何解决新的、不熟悉的问题。一个牛津大学生曾说：“导师课教会我如何就任何事情进行辩论，而不是单纯的通过考试。”导师应让大学生的大脑充满智慧的光芒，而不仅仅只会复制，应使大学生的头脑富有知识，让大学生变得睿智，让大学生懂得如何去进行思考，培养大学生的批判精神，增强大学生应对各式各样的新挑战的能力，“以大学生为中心”确立教学的核心目标。

2. 教学过程：关心大学生学习

牛津大学每周都会组织一次导师的辅导课，对大学生进行详细的指导。它或许令人紧张，又或许令人向往，但最重要的是，这种教学形式明显增强了大学生的学习效果，体现了牛津大学重在育人的办学传统。这对于我国本科生导师制的建设有重大的借鉴意义。

课前准备。导师在每次辅导课之前为大学生设置相关题目，要求大学生搜集相关文献，写出自己阅读文献后的感受，甚至写出论文。大学生在搜集文献时，需要翻阅相当多的资料，查阅网站，同时他们可以向老师请教，也可以与同学相互讨论，充分让大学生利用身边的一切资源，自主安排，独立解决问题，充分发挥自己的能力。

课堂讨论。在导师的辅导课上，大学生陈述自己的观点或投影自己的论文，导师就其观点与之展开辩论，其他同学也可以对该同学提出疑问，要求陈述者不断阐明自己的观点，竭力为自己的观点辩护。此过程定会让大学生所获良多，在激烈的辩论中学会沉着冷静，在自己观点被推翻后坦然接受并修改相关内容，越来越向真理靠近。这种循环，不仅使大学生的心智得到锻炼，而且能够使大学生对真理的追求更加坚定。在辅导课上，一篇好的论文不仅能获得老师的赞赏，还能收获同学们的尊敬，大学生所获得的成就感将鼓励他继续积极为下一次的辅导课做准备。而辅导课还有一个很关键的因素，就是它的开放性。大学生与老师辩论，大学生与大学生辩论，各种思想激烈碰撞，整个教学氛围都是积极的，这样，参与导师课的每个人，包括导师，都将有所收获，真正达到教学相长的目的。

在导师制教学中，导师与大学生需要始终保持对任何事物提出质疑的态度和探索新事物的精神，使大学生形成一种意识，即“任何信仰是都是可质疑的，任何论述都不是绝对经得起深究的，任何证据都不是完全无可辩驳的，也没有定论性的结论”。在这种模式下，培养出的是一个具有创造性，甚至具有颠覆性的大学生。

（三）平等协作的师生关系，学校为仆、大学生为主的校生关系

师生之间，导师在引导大学生学习的过程中，会充当各式各样的角色。导师是具有很多社会经验的长辈，对大学生生活上、情感上的问题能够提出好的建议，帮助大学生走出困境。导师因在某一领域有所成就或者在某一行业从业多年，对于大学生的疑问能够进行深入细致的讲解，既能对大学生的观点进行评论修正，又能消除大学生的疑惑。导师是大学生学习的协助者，在社会新观念诞生后，要将其通过自身的解析，再结合以往的经验，最后传达给大学生，有一个系统化的转化过程。导师在大学生的学习成长中，是同伴和向导，而不是严厉的鞭策者。在这样一种平等的关系，而不是上下级的关系中，师生之间的沟通交流就容易了很多。

校生之间，高校的教学网络还存在一些缺陷，教学管理结构还比较僵化。学校应组织人力对高校的教学网络进行升级或购买更为优质的教学网络使用权。在管理结构上，应做好调查工作，面向大学生，广泛征求大学生的意见。作为践行“以大学生为中心”理念的需要，也作为实行本科生导师制的需要，应该从以学校建设为中心向以大学生为中心转变，加快教学模式的转变，落实高校的本科生导师制。学校的宗旨应是教书育人，只有教育出了优秀的学子，一所学校才能真正发展变强，才会吸引更多的目光。

六、总结

本科生导师制作为传统教学模式的补充，在西方国家取得了可观的效果。在我国，许

多高校结合自身实际，在对本科生导师制进行初步完善运用方面，也取得了优异的成绩，为新一轮高校本科生导师制建设提供了很多经验。高校本科生导师制的建设对于大部分高校摆脱当前的教学困境具有极强的效果，它与辅导员辅导制、班级授课制相辅相成，必然能对中国教育事业产生深远的影响。

参考文献：

[1] 杜智萍."以学生为中心"：牛津大学本科生导师制的一个质量保障因素[J].河北大学学报(哲学社会科学版)，2014，39(1)：24-27.

[2] 韩军.本科生导师制的实施现状、问题成因及对策分析[J].教育评论，2015(10)：105-108.

[3] 姜国钧.高等教育何以为"高"：牛津导师制教学反思[J].教师，2012(35)：2.

[4] 王家寿.本科生导师制的合理定位与运行机制探索[J].中国成人教育，2015(17)：56-57.

[5] PALFREYMAN D. The oxford tutorial："thanks，you taught me how to think"[M]. Oxford：OxCHEPS，2008.

基于督学预警的学风建设优化路径与实践探索

——以徐州工程学院管理学院为例

冯　萌

摘　要:学风是高等学校办学思想、人才培养质量和管理水平的重要标志,也是学生思想品质、学习态度和综合素质的重要体现。高校的学风建设不仅是高校的灵魂,也是提高人才培养质量的有力保证。良好的学风对于提高教学水平和人才培养质量,促进学生的全面发展和健康成长有着十分重要的意义。学风建设的内容主要包括学生的学习态度、学习氛围、学习目标、考风考纪和校园文化环境等。学风建设的目标是培养学生具有勤奋好学的学习精神,有较强的专业意识,有明确的学习目标,使学生在学好基础课、专业基础课的前提下,掌握专业应用技能,促进德、智、体、美全面发展。

关键词:督学预警;学风建设;优化路径

一、督学预警机制理论的提出

优化学风建设路径已经成为各高校不断追求高效精细化学生管理的重要思路。督学预警机制理论的提出,为提高高校学风建设水平、教育教学质量、学业管理水平,减少学生因学业问题带来的困难,督促和帮助每一位学生顺利完成学业,提供了切实有效的保障机制。

督学预警机制是一种防范反馈机制,它是通过学校、学生、家长之间的沟通与协作,形成合力对学生在校学习过程中出现的或潜在的、即将发生的问题和困难进行及时有效的提示,警示学生在学习过程将要走向的不良状态和可能产生的不良后果,同时采取相应的措施,预防学生偏离正常的学业轨道,并督促学生端正学习动机,加强修养,努力学习,顺利完成学业的一种措施。

二、学风建设现存问题和原因分析

(一)学习目标缺乏,学习动力不足

通过对徐州工程学院2018级新生进行前期学情调研得出的初步结果发现,近半数学生在进入大学后表现出学习目标模糊,迷茫、困惑成为多数学生日常生活的主要状态。部分

作者简介:冯萌(1987—),女,硕士,徐州工程学院管理学院讲师,研究方向:大学生思想政治教育。

学生缺乏独立自主意识，家长在高考学校和专业抉择中占据主导地位，而学生自己对所学的专业毫无兴趣；部分学生存在从众心理和畏难情绪，对自己放松要求，长期在手机和网络游戏中自我麻痹，仅追求考试不挂则万事大吉；有些学生对自己所学的专业认识不够，缺乏长远规划意识，学习动力欠缺；部分新生刚入校易被各种社团活动、兼职工作所吸引，不能正确处理学习、工作、娱乐之间的关系，甚至出现重副业、轻学业的本末倒置的情况。

（二）学习方法不当，学习效率低下

学情调研结果还反映出，部分新生刚刚结束紧张的高中生活，进入一个全新环境时，无法及时适应大学生活和授课方式，从高中的被动接受知识到大学主动探索获取知识之间还存在学习方法和习惯方面的差异，从而导致学习兴趣缺乏、学习效率低下等问题。在当今信息多元化时代，新时代大学生经受着各种外界诱惑的考验，一些缺乏自制力的学生易受各种外界因素的影响，无法长期坚持良好的学习习惯和方法。

（三）学习态度不端，不良学习现象普遍

学习态度不端也是调研结果中表现的普遍问题，学习态度不端会直接引发多种不良学习现象。调查显示：作业抄袭、迟到、旷课、早退甚至考试作弊等不良学习现象在四个年级的学生中都或多或少存在。迟到、早退和旷课这三种现象大多出现在高年级学生中。对于“平时不学好，考前抱佛脚”这样临阵磨枪的学习态度，近四分之一的学生表示有类似想法，甚至有极少部分学生表示会为了通过考试，铤而走险，通过考试作弊来应付课程考试。

（四）学风建设发展不平衡，年级、专业和群体对学风存在差异性影响

学风建设发展不平衡主要表现在：年级与年级之间，专业和专业之间，地区与地区之间。四个年级学生中，二、三年级的学生学习状态较差，学业预警情况和课程考核挂科情况较严重。以学院七个专业分析，不同专业类别的学生，学习状态有明显差别。品牌专业的学生无论是对学风总体评价和学生整体的精神状态评价，还是对专业的喜爱程度及对专业前景的乐观程度，抑或是学业受老师的影响程度等方面都远远超过其他专业。不同生源地的学生学风差异同样明显，学院学生人口基数大，来自偏远地区学生较多，主要集中于云、贵、川、宁夏、甘肃等地，部分地区经济发展状况、学生的各项素质高低不平，偏远省份学生学业预警情况明显高于省内学生。

总体来说，当前的学风主流较好，大部分学生经过十二年寒窗苦读，怀抱目标、理想进入高校，很多学生在刚进入高校的时候往往能够自我管理，自主学习，但时间一长就会受到各式各样的诱惑，在这个时候，及时有效的学风建设非常必要。

三、基于督学预警的学风建设具体优化路径

（一）分层次全面建立督学预警学生信息档案

学院分年级分层次建立在校生督学预警档案，以期对不同年级学生分层次分情况进行督学跟踪，同时，将督学预警工作贯穿于教育教学全过程全时段。从每学期开学之初，各辅导员需将所带班级学生上一学期成绩汇总梳理，综合评判，具体分析，掌握各班甚至各个同

学成绩整体情况和具体变化趋势，并分型分类进行建档和督学工作。

针对不同年级、不同专业、不同学习问题，逐一建立不同类型的督学预警档案，针对毕业班学生进行特别督学，确保他们能够达到毕业审核条件顺利毕业。对于需要督学预警的学生，学院统一部署，集中按要求填写管理学院督学预警基本信息表，并建立督学预警学生档案；在不同时间段定期对预警学生实施跟踪反馈，通过与学生本人一对一面谈、与学生家长联系、建立督学帮扶小组、帮助学生共同制订学习计划等方式多渠道，全过程、全方位帮扶，使被督学预警学生从思想上端正学习态度，认识到自身问题，从而促进学生内省，及时调整学习和生活状态，掌握科学的学习方法，明确短期和长期学习目标。

（二）多渠道开展工作促进督学预警

督学预警工作在学风建设的过程中占据着举足轻重的地位，但学风建设工作不单包括督学预警，其他相关工作例如大学生涯规划教育工作、评优评先示范工作、考风考纪教育工作等都会对督学预警工作的开展起着非常重要的促进和推动作用。督学预警的工作重点，应聚焦于学业困难的学生，而学业困难对于不同学生来说则是由多方面不同因素导致的，例如自身学习基础不扎实、家庭经济困难导致的学习困难，以及心理困惑等问题造成的学业问题。因此针对不同学生需要对症下药，将督学预警工作和心理健康教育、思想政治教育、日常行为规范教育、学业生涯及职业生涯教育结合起来，多渠道全方位开展工作。

在实际督学预警工作中，督学要放在预警之前做好提前的基础铺垫工作，因此学院特别重视新生的入学教育工作，意在让学生从进校开始就养成良好的学习习惯，通过狠抓低年级学生早晚自习、辅导员定期重点抽查上课出勤情况，并形成检查通报等一系列常规工作规范学生日常行为。通过定期报告反馈分析学风较差的班级、学生具体原因，对症下药，及时改善和转变不良学风，对于学风较差的班级进行班级整体督学预警。在日常工作中，重视除教学区外的另一个教育主战场——学生公寓，通过加强公寓区安全文明教育、专业文化教育等从生活和精神层面涵养学生底蕴，从而促进整体学风建设工作的开展。

（三）加强制度建设推进督学预警工作

为进一步督促学生养成良好的学习习惯，学院采取各种措施，加强制度建设，扎实推进督学预警工作的开展。在具体的措施上，主要有以下几点

（1）成立专门的学风督察小组，学院分管学生工作的副书记、学生科长、辅导员带头，深入学生早晚自习教室，切实督促低年级同学提高早、晚自习的出勤率。辅导员通过与相关同学的个别交流，了解学生缺勤的原因，并对下一步的要求提出更严厉的要求。

（2）切实发挥好班级主要班干部的管理作用。学生上课结束后，班长要认真填写《班级教学日志》，对本次课的授课效果进行简单的回顾和评价。对于无故缺勤正课的同学，班长都要如实地记录在案，任课老师会对经常缺勤的同学给予相应的处分和批评，以使广大同学养成良好的学习习惯。

（3）学院建立由辅导员和主要学生干部组成的学风督察队，会不定期地到班级中抽查该班学生的到课情况。学院管理者深入课堂，进一步做好与任课老师的沟通与交流，以找出在日常管理工作中的重点监控对象，对他们进行重点教育，确保这些同学能够合理规划

时间，将精力更多地用在学习上。

(4) 积极配合宿管办、宿舍楼楼长进行公寓区的核查与整顿。良好的宿舍环境是大学生进行生活和学习的基础。学院通过不定期的检查，切实杜绝在宿舍区内违反宿舍纪律，休息时间上网、打牌、玩游戏等违纪行为。对那些屡次违反公寓区管理规章、上网成瘾而又难以正常完成学业的同学，要做好重点观察、重点监督，做好这部分同学的思想工作，使他们能够正常完成学业。

(四) 细分督学预警类型巩固分型分类培养目标

学院创新预警模式，将预警类型再细分为偏远地区预警、贫困建档学生预警、心理帮扶学生预警，进一步全方位了解特殊群体学生的学业进展情况。同时，对于这部分学生进行纵向和横向比较，建立学业档案，不仅实时跟踪这些学生四年在校学业情况，也重视这些学生与同班级同专业同学的横向比较，督促并鼓励这部分同学向优秀同学看齐，以榜样力量带动他们共同进步。

参考文献：

[1] 王涛. 基于“三全育人”理念的高校学风建设研究[J]. 学校党建与思想教育，2018(15)：76-78.

[2] 周鼎. 建立健全督学预警机制全面提升高校学生学业管理水平[J]. 哈尔滨职业技术学院学报，2011(2)：73-74.

课程建设

嵌入建构主义的"基础会计"混合式教学改革实践研究

戴理达

摘　要:"混合式"教学模式将在线教学和传统教学的优势结合起来,有效提升了学生的学习深度与效率。"基础会计"传统教学模式过于依赖教师的课堂讲授,不利于学生自主学习能力的培育。基于此,有必要利用网络平台创设"情境"以引导学生进行基于"建构主义"的意义构建行为,加深对"基础会计"理论知识的理解与运用;借助于信息技术引导学生实现会计知识的动态迁移;并设计有助于教学效果评价的框架体系。

关键词:建构主义;情境创设;能力迁移;信息素养

一、"基础会计"混合式教学改革的基本理念与导向

(一)借助于网络媒介引导学生进行基于"建构主义"的意义构建行为

"建构主义"理论强调把当前学习内容所反映的事物尽量和自己已经知道的事物联系起来,并对这种联系加以认真的思考。"联系"与"思考"是意义建构的关键。如果能把联系与思考的过程与协作学习中的协商过程(即交流、讨论的过程)结合起来,则学生建构意义的效率会更高。学习者并不是空着脑袋进入学习情境中的。在日常学习中,即使是有些问题他们从来没有接触过,没有现成的经验可以借鉴,但是当问题呈现在他们面前时,他们还是会基于以往的经验,依靠他们的认知能力,形成对问题的解释,提出他们的假设。

"基础会计"混合式教学不能无视学习者的已有的"管理学原理""经济学原理"等知识经验,简单强硬地从外部对学习者实施知识的"填灌",而是应当把学习者原有的知识经验作为新知识的生长点,引导学习者从原有的知识经验中,生长出新的知识经验。教学不是知识的传递,而是知识的处理和转换。教师与学生、学生与学生之间需要共同针对某些问题借助于网络平台进行探索,并在探索的过程中相互交流和质疑,了解彼此的想法。建构主义虽然非常重视个体的自我发展,但是也不否认外部力量的作用。这种外部力量既包括教师的影响作用,也包括来网络教学平台的支撑。

基金项目:江苏省现代教育技术研究立项课题"全球竞争时代大学生信息素养对接职业胜任力的实现路径"(2018-R-60671)成果;江苏省高教学会高等教育科学研究"十三五"规划项目"公共理性视域下校友资源与高校学术资源的共生机制研究"(16YB188)成果。

作者简介:戴理达(1977—),女,硕士,徐州工程学院管理学院副教授,研究方向:智力资本投融资。

（二）充分利用各种信息资源来支持“学”而非支持“教”

与建构主义学习理论以及建构主义学习环境相适应的教学模式为“以学生为中心，在整个教学过程中由教师起组织者、指导者、帮助者和促进者的作用，利用情境、协作、会话、学习环境等要素，充分发挥学生的主动性、积极性和首创精神，最终达到使学生有效地实现对当前所学知识的意义建构的目的”。在这种模式中，学生是知识意义的主动建构者；教师是教学过程的组织者、指导者，意义建构的帮助者、促进者；教材所提供的知识不再是教师传授的内容，而是学生主动建构意义的对象；媒体也不再是帮助教师传授知识的手段、方法，而是用来创设情境、进行协作学习和会话交流，即作为学生主动学习、协作式探索的认知工具。显然，在这种场合，教师、学生、教材和媒体等四要素与传统教学相比，各自有完全不同的作用，彼此之间有完全不同的关系。但是这些作用与关系也是非常清楚、非常明确的，因而成为教学活动进程的另外一种稳定结构形式，即建构主义学习环境下的教学模式。

（三）利用网络平台创设“情境”以加深对知识的理解与运用

建构主义认为，学习总是与一定的社会文化背景即“情境”相联系的，在实际情境下进行学习，可以使学习者利用自己原有认知结构中的有关经验去同化和索引当前学习到的新知识，从而赋予新知识以某种意义；如果原有经验如高等数学、经济学、管理学等不能同化新知识（会计学），则要引起“顺应”过程，即对原有认知结构进行改造与重组。总之，要通过“同化”与“顺应”才能达到对新知识意义的建构。在传统的课堂讲授中，由于不能提供实际情境所具有的生动性、丰富性，因而将使学习者对知识的意义建构发生困难。

学习环境是学习者可以在其中进行自由探索和自主学习的场所。在此环境中学生可以利用各种工具和信息资源（如文字材料、音像资料以及 Internet 上的各种信息等）来达到自己的学习目标。在这一过程中学生不仅能得到教师的帮助与支持，而且学生之间也可以相互协作和支持。

（四）借助于信息技术引导学生实现知识的动态迁移

可迁移信息素养是在全球化背景下劳动者随环境的变迁所体现的一种更快、更强的适应能力，它延伸了单一课堂教学的时、空有限性，凸显了基于信息技能的综合能力的动态性。全球竞争背景下的劳动者只掌握单一的技能难以满足职业发展的要求，信息素养有助于劳动者借助信息搜寻技术与甄别能力迅速而敏锐地捕捉各种信息，对环境的动态变迁做出及时的响应；借助于网络使信息作为跨越时空“零距离”交往与协作的媒介，使之成为延伸个体能力、进而获取卓越业绩而区别于普通员工的手段；从共生的角度通过同外界建立多维和谐的协作网络关系，以提高社会交互行为的效率。通过“基础会计”混合式教学模式，学生可借助于网络平台将基础性的会计确认、会计计量与核算、会计报告等知识与中级财务会计、成本会计以、财务管理以及贸易、金融、结算等课程实现有效迁移，拓展预期职业发展空间。

二、基于线上线下深度融合的“基础会计”实践教学设计

由于高校与真实的职业场景毕竟存在一定距离，如何引导学生将“碎片化”的网络信息

嵌入到虚拟仿真的职业情境下并将其转化为“系统性”的知识，需要重新审视理论教学与实践教学的关系。目前，诸多高校实施“先理论、后实践”两段式的教学安排，但从知识“系统化”的角度来看，二者均需深度思维活动，并非“理论需动脑、实践需动手”。具体而言，在实践教学中，可适度打破框架式的实习实训计划而引入弹性机制，即实践导师事先并不预设与理论教学部分完全同步的实习实训项目，而只是布置学生搜集与此相关的网络资源，通过“准文本分析”提炼出这些信息可能蕴含的问题，即实践的任务；然后，引导学生结合当前理论教学的重点与难点进行任务的提纯，剔除无效信息进而形成有价值的、系统化的“问题”；再次，带领学生根据该实训项目的总体目标进行子任务的分解，并自主组建任务团队。此时，实践导师的主要职责是明晰这些团队的边界，使每个团队、每名成员都对自身的任务有个明确的认知。那么，为了完成特定任务，学生必然要深入思考如何通过激活既有的信息储备来实现与合作者知识的对接，即通过“任务探寻—角色定位—信息激活—知识协同”来完成仿真环境下的职业胜任力的训练。

总体上，为了有效配合混合式教学改革的实施，有必要将课内实训与校外实习基地的现场实习相结合，从仿真模拟实训到岗位实训逐步深入，以进一步使学生加深对岗位需求的理解与感悟；将专业文化建设渗透到实践教学环节，引导学生建立理性的实践观、职业观；将“诚信为本、操守为重”的职业精神贯穿于实践教学的全过程；将手工（纸质）模拟实习与网络（计算机）会计实训结合起来，使学生不仅具备电算化环境下的会计核算能力，而且还具备基础性的财务软件维护与开发能力，能胜任财务共享环境下的财会相关工作，为培养复合型、应用型的中高级财会人才奠定基础。

三、“基础会计”混合式教学改革的特色化路径

（一）通过多维度理论讲述凸现本课程的“基础”特色，以实现夯实基础之目的

传统的理论讲述多为“一维”模式，即教师单方面传授课本知识、学生单方面接受。本教学团队倡导“维度讲述”，即不仅传递课本内的专业理论，同时将交叉学科尤其是学科基础平台的相关内容有机穿插进来；将欧美国家与中国在会计准则方面相异之处穿插进来；将特定会计处理的理论渊源与拓展性能力融合进来。通过这种模式，学生不仅能掌握教材中的基础理论与概念，而且能够全方位地获取与书本基础理论相关的边缘信息，以加深理解、夯实基础、拓宽视野。

（二）通过线上线下立体式专业问题探讨，激发学生的主体性，以实现生本教育之目的

网络教学平台不仅是师生交流的媒介，更是一种激发学生自主学习的动态驱动机制。教学团队成员积极关注财经领域的重大改革、前沿动态、准则及法律法规的出台等资讯，将其与课堂讲述的书本理论知识相结合；设计探讨性问题，鼓励学生通过网络平台发表见解，并适时予以奖励，从而激发自主学习的热情。

（三）通过角色定位分析凸显课程的“开放性”与“交融性”，践行“大应用观”的教育理念

针对行业需求及岗位胜任力之要求，在课程教学及实训教学中将学生分组并将其设定为不同财经岗位的角色，通过角色的职责界定来完成特定的教学任务项目。分组角色定位

分析加深了学生在专业领域的沟通与交流，使其管理沟通能力得以锻炼，同时，实践动手能力也得到了提升。

（四）通过现代教育技术的深度运用提升学生的信息素养

首先，重新审视网络平台教学中“过程探究”与“结论展示”的关系，适度淡化那些“非黑即白”的定性知识的展示，鼓励学生积极参与多元视角下的探究过程。单纯“非黑即白”的学术结论灌输在一定程度上降低了学生对网络学习的认同感与归属感，削弱了学生对“知道为什么要学”的探索动机。因此，在网络教学资源的布局上应尽量避免孤立地展示定性知识，以免给学生造成一种思维定式——网络学习无非是在网上搜寻零散的知识点甚至是“解题的答案”；相反，有必要构建有助于自主探究的“学科知识生态”，即在网络资源布局上教师可根据总体教学进度，有层次地导入“前导性”基础理论的回顾与后续“拓展性”问题的探究，环环相扣，前后承接，使学生“沉浸”于整个学科知识链中，能够清晰地了解目前自身对知识的掌握程度并主动回答在下一阶段“为何而学”。

其次，在“互联网＋”背景下引入移动微学习平台，并以该问题申报了江苏省教育技术课题，目前正在研究之中。支持引导学生做好课前需求调研、知识预习、课中学习、课后测评等一系列任务，既能充分满足学生“碎片化”的学习需求，又能兼顾任课教师掌控每位学生整体学习情况，帮助该课程实现真正的“指尖上的学习”。

再次，通过“翻转课堂”将学习的决定权从教师转移给学生。在这种教学模式下，接受“基础会计”课程的学生能够更加主动地专注于基于项目的学习，他们可以看视频讲座、听播客、阅读功能增强的电子书，还能在网络上与别的同学讨论；任课教师也能有更多的时间与每个人交流。课后，学生自主规划学习内容、学习节奏、学习风格和呈现知识的方式，教师则采用讲授法和协作法来满足学生的需要，促成他们的个性化学习，其目标是让学生通过互联网获得更真实的学习。

四、“基础会计”混合式教学改革效果评价体系的构建

“基础会计”混合式教学改革效果的评价借鉴“档案袋评价”模式展开。档案袋的主要功能是“存储”“反思”与“交流”。网络环境下的混合式教学，体现学生的发展和进步的信息都非常容易地被记录下来，在档案袋中归类存储，成为教师了解学生的窗口，也是学生自我反思的对象。档案袋的数据来源主要是课堂教学和课后基于网络的在线教学两个环节中产生的一些过程性数据，包括学生浏览课程内容和课程资源的情况、学生讨论交流中的发言次数和发言内容、小组协作中贡献的资料、小组协作中组员的评价、提问的问题和次数、解答其他学生或教师的提问的次数和答案内容、作业和自测的成绩、阶段性考试的成绩、学习笔记本中的内容，等等。这些数据是对学生的学习进行过程性评价和形成性评价的依据。

“基础会计”混合式教学改革效果评价指标体系见表1。

表 1 "基础会计"混合式教学改革效果评价指标体系

评价的维度	具体的考核内容(每项满分为 100 分)	权重
信息情感与信息意识	能迅速而敏锐地捕捉财经领域的各种信息,并乐于把信息技术作为基本的学习手段;同时了解信息技术的局限性及负面效应,从而正确对待各种信息;认同与遵守信息交往中的各种道德规范和约定	10%
信息收集能力	能独立运用网络收集有关会计法律法规改革、会计领域各类职业资格证书的认定、近期国内外财经领域典型案例等信息资源,并能基本甄别信息源的质量与时效性	5%
信息整理能力	侧重所搜集资料的相关性与更新的及时性,即是否能将所搜集的资料与"基础会计"相关知识点形成相互支撑性的关系,以进一步补充、完善课堂教学的"知识空白地带"	5%
财务软件延伸性操作能力	在熟练掌握课堂教学所使用的特定财务软件的基础上,能通过信息技术将其延伸至其他的软件,以掌握不同工作环境下不同软件的性能、操作规则与基本的维护技能	5%
基本实验操作能力	对于"基础会计"中的凭证、账簿与报表等实训内容,不仅能完成课堂内纸质会计资料的模拟训练,同时还能通过网络教学平台的仿真模块完成在线操作	5%
知识的动态迁移能力	在建立理性的职业规划基础上,运用已有的会计知识储备有意识地借助于网络将其与投融资、贸易结算、薪酬管理、预算管理、业绩评价等相关领域建立有机联系	10%
信息加工与再创造能力	在多种收集信息的交互作用的基础上,产生新信息的生长点,从而创造新信息以达到收集信息的终极目的	10%
基于网际协同的创新能力	能通过网际协同完成与"基础会计"理论讲述部分相关的 ppt 演示与汇报、课程论文及实践实训报告等任务,体现一定的学术创新意识与能力	15%
自主学习与反思能力	充分利用碎片化的教学资源和课余闲暇时光,自主进行新知预习、旧识回顾、知识延展,并留存网络自主学习过程性资料,构建完整的"课内—课外"交叉式学习链,并能及时对自身的学习效果做出客观的评价,以扬长补短	20%
意义建构能力	混合式教学模式下,学习不是被动接收信息刺激,而是主动地建构意义,即学生能主动利用各种网络教学资源,运用自己原有认知结构中的有关经验(如:高等数学、管理学、经济学等)去同化和索引当前学习到的会计知识,从而赋予新知识以某种意义	15%

参考文献:

[1] ARTHUR M B, CLAMAN P H, DEFILLIPPI R J. Intelligent enterprise, intelligent careers[J]. Academy of Management Perspectives, 1995, 9(4): 7-20.

[2] FRANCIS-SMYTHE J, HAASE S, THOMAS E, et al. Development and validation of the career competencies indicator(CCI)[J]. Journal of Career Assessment, 2013, 21(2): 227-248.

[3] MIRATA M, EMTAIRAH T. Industrial symbiosis networks and the contribution to environmental innovation: the case of the landskrona industrial symbiosis programme[J]. Journal of Cleaner Production, 2005, 13(10/11): 993-1002.

[4] 褚宏启. 核心素养的国际视野与中国立场:21 世纪中国的国民素质提升与教育目标转型[J]. 教育研究, 2106, 37(11): 8-18.

[5] 顾建民, 罗志敏. 校友文化及其培育的阐释框架[J]. 高等教育研究, 2013, 34(8): 15-22.

[6] 李海萍, 上官剑. 自由教育、职业教育与通识教育:西方高等教育思潮谱系溯源[J]. 教育研究, 2017, 38(9): 132-139.

[7] 苏忠钊. 新常态视域下福建省高校师生网络素养教育探析[J]. 教育评论, 2017(5): 128-132.

[8] 韦立立.全媒体时代学生媒介素养培养研究[J].教育理论与实践,2018,38(23):20-22.
[9] 张帆,程旺.国内网络素养领域的研究现状:基于CNKI数据库的文献计量分析[J].上海理工大学学报(社会科学版),2017,39(4):376-382.

“引路者”实训方法在“信息检索”教学中的应用及效果评价

师忠凯

摘 要：本文介绍了“引路者”实训方法的内涵，从应用过程和方法革新两个方面探讨了该方法在“信息管理与信息系统”专业“信息检索”课程教学实训环节中的具体应用；并通过对受训学生及其毕业论文指导教师的问卷调查，对该方法的应用效果进行了主观评价。

关键词：引路者；信息检索；pathfinder；教学效果

一、引言

“引路者”一词公众并不陌生，人们在营销、探险、影视及汽车等领域经常见到这个词。而在信息检索领域，“引路者”却有其不同的词源及专业的内涵。它译自英文“pathfinder”，该词是美国为首的一些国外大学的信息科学学院、图书情报学院等教学单位的教师在讲授“Information Retrieval”类课程时设计的一种创新性的综合练习的名称。该练习在整个教学过程中相当于实训环节，基本对应于国内“信息检索”课程教学中的“上机实验”。“引路者”的目的是为读者获取某一特定专题的研究资料指明途径，也就是以专业检索人员的身份为其他专业的信息用户发挥一种引路、带路的作用。国内公开发表的该方法相关研究成果不多，仅在南京大学、西南交通大学、济南大学等高校得到了不同年限、不同程度地应用，但基本局限在面向多学科多专业的公共选修课或通识课的范围内，专业性不够；并且在实际应用中也存在其他一些不尽如人意的地方。笔者根据近几年在“信息管理与信息系统”专业课程“信息检索”中对“引路者”实训方法的教学探索实践，总结出其应用方法，并对其实际教学效果进行了主观评价，期望能够成为该方法在理论与实践方面的有益补充和拓展。

二、应用过程

“引路者”实训方法的一般过程大致如下：在课程教学过程之初，由学生选择自己感兴趣的专题；并在以后的教学过程中，要求学生根据教学进度围绕所选专题，步步深入地检索各类信息资源；在课程结束后，整理成书面的或电子文档式的检索报告；教师依据学生提交的专题检索报告，对学生的实训效果进行综合评价。

作者简介：师忠凯（1975—），男，硕士，徐州工程学院管理学院讲师，研究方向：信息管理。

笔者承担的“信息检索”课程是信息管理与信息系统专业的一门专业教育平台课程。该课程强调培养学生实际动手进行信息检索、信息分析及拓展信息利用价值的能力。在近几年的教学实践中，笔者按照上述基本的应用过程逐年分别对2013级（2016年春开课）、2014级（2017年春开课）和2015级（2018年春开课）本科学生开展了该方法的应用，将其作为实践教学的重要一环。这是对该教学方法的进一步拓展和延伸，同时也将使得这一概念的内涵更加丰富。

三、方法革新

在教学实践中，笔者不拘泥于既有的一般应用方法，而是在各个细小的环节中深入挖掘，寻求突破和创新，在实践中从以下几个方面对该方法进行了一定程度的革新。

（一）选题为毕业论文铺路

当前很多高校的“信息检索”课局限在面向多学科多专业的公共选修课或通识课的范围内，专业性不够，所以导致选题的时候随意性大，教师的知识结构无法胜任对所有学生的选题指导。而对于“信息管理与信息系统”专业的学生来说，“信息检索”课程中的选题可以体现出很强的专业性，并且集中于本专业范围内，教师借此可以向学生强调选题与未来的毕业论文结合起来，为毕业论文的选题及资料收集打下坚实的基础。

（二）采用团队合作的方式

考虑到真正做好一项“引路者”任务所花费的时间、承担的工作量以及本课程分配的教学学时，学生单打独斗完成任务将面临较大的困难，所以笔者采取了团队合作的方式组织教学。基本做法是：将全班学生随机分为6人一组，各组自选或由教师提供一批与课程内容相关的题目供每组学生选择，每个组的题目不同，要求学生在课程的实训学时内完成所选课题的信息检索任务，并最终形成“引路者”检索报告。每组6个学生的算术平均成绩作为该组每个学生的实践成绩，按照课程教学大纲规定的权重计入本门课程的总成绩。这种方式注重培养学生相互之间“同舟共济、携手共进”的学习意识，把学生的“单打独斗”转变为“合作共赢”的学习，发挥了学生的主体作用，改变传统教学模式中仅把学生当作接受方、教师一味灌输知识的局面。

（三）对信息资源的利用提出要求

通常学生在完成“引路者”任务时，往往由于“最省力法则”作祟，贪图省时省力，在检索过程中仅使用利用率较高的几种中文数据库资源，导致检索报告的可信度、价值性大打折扣，当然也无法取得预期的学习效果。为此，笔者在发布任务时提出明确、量化的要求，不仅从中文数据库资源的数量，而且从文献类型甚至语种上提出要求。为此，笔者向学生特别传授了访问国外免费信息资源的方法。

（四）其他探索中的新方法

包括学生互评检索报告、同一课题多人（组）竞争时借用“招投标”机制等。由于笔者还在探索中，成果尚不显著，在此与同行仅作一初步交流。

四、效果评价

对于“引路者”实训方法在“信息检索”教学中的效果进行评价，主要考虑是否实现了以下几方面的教学初衷：① 学生的信息检索技能有了明显提高；② 信息意识及信息能力有所增强，遇到问题立即想到采取何种途径解决并能够较容易地达到目的；③ 发挥了学生在学习中的主观能动性，用活课堂知识，面对各种检索工具和检索系统能够举一反三、综合利用；④ 锻炼了自学的能力和团队合作能力；⑤ 已经学到的知识容易巩固和强化。

对课程的教学效果进行评价，通常采用的方法有两种，即主观评价法和客观评价法。主观评价法主要是在课程结束后由学生完成由教师组织的问卷调查来进行主观评价；客观评价法主要是采用考卷对学生掌握的理论知识进行客观评价。对于笔者承担的“信息检索”课程，经所在教研室相关教师集体讨论，决定选择主观评价法，并且结合本门课程的特点，拓展了该评价法的调查对象，对学生及承担学生毕业论文指导任务的教师均进行问卷调查，以达到较全面地评价和检验教学效果的目的。

（一）调查对象、时间等概况

如前所述，本调查非一次性完成，需要结合学生选修本课的学期、学生毕业论文指导教师的意见，并且对不同年级的学生逐年开展，数据也是逐年积累形成的。截至论文完稿已于 2017、2018 两年分别对 2013 级（95 人）、2014 级（111 人）共 206 名毕业生进行了问卷调查。由于 2015 级学生虽已接受过该方法的训练，但尚未完成毕业论文撰写，故暂未对其进行调查。调查学生的同时，为指导教师另设问卷，参与答卷的指导教师累计为 18 人。

（二）评价量表及结果

采用的调查问卷以布鲁姆的教育目标分类学理论和英国邓迪大学开发的世界医学教育环境量表（DREEM）为基础，通过查阅文献资料，并根据我校“信息检索”课程教学的实际情况自行设计。两次调查中，面向学生的问卷累计发放 206 份，回收有效问卷 195 份，有效回收率 94.7%；面向指导教师的问卷累计发放 18 份，回收效问卷 18 份，有效回收率 100%。表 1 为面向学生的调查问卷统计结果。

表 1　“引路者”在“信息检索”教学中的效果调查问卷（面向学生）统计结果

题　目	A*	B	C	D
1. 在完成“引路者”实训过程之后，您对学校图书馆资源及因特网学术资源的了解程度有何变化？	37 (19.0%)	110 (56.4%)	48 (24.6%)	0 (0)
2. 实训之后，您如何评价自己综合运用检索工具、检索系统的能力？	41 (21.0%)	102 (52.3%)	49 (25.1%)	3 (1.6%)
3. 实训之后，您感觉自己的自主学习能力有何种程度的提高？	21 (10.8%)	93 (47.7%)	56 (28.7%)	25 (12.8%)
4. 您感觉自己探究本专业未知领域，开展学术研究的能力有何提高？	13 (6.7%)	51 (26.1%)	94 (48.2%)	37 (19.0%)

表 1（续）

题目	A*	B	C	D
5. 您有没有为同学、朋友进行检索辅导、查找资料的经验或自信？	6 (3.1%)	53 (27.2%)	134 (68.7%)	2 (1.0%)
6. “引路者”一人一题，或一组一题的方式，是否能引起您的兴趣？能否杜绝或减少互抄作业的现象？	10 (5.1%)	104 (53.3%)	76 (39.0%)	5 (2.6%)
7. 实训之后，您感觉自己的创新能力有何种程度的提高？	0 (0)	31 (15.9%)	108 (55.4%)	56 (28.7%)
8. 在毕业论文(设计)选题、开题阶段，“引路者”实训经历对您的帮助如何？	151 (77.4%)	32 (16.4%)	12 (6.1%)	0 (0)
9. 请对“引路者”实训方法的效果进行简要评价：(主观问题)	效果良好(普遍性回答)			
10. 请您对“引路者”实训方法提出优化意见或建议：(主观问题)	增加学时、外文数据库较难、分组中有同学偷懒(比较集中的回答)			

*因表格宽度所限，在此用 ABCD 代替各具体选项，8 道选择题中给定选项有规律地按程度降序排列，经归纳、去重后简要列举如下：

A. 变得非常熟悉/提高非常大/有经验，培养了自信心/很有兴趣，没有互抄作业的现象/有很大帮助

B. 变得比较熟悉/有比较大的提高/有少量经验，自信心不足/有一定兴趣，但仍会借鉴模仿其他同学/有比较大的帮助

C. 变化不大/有点提高/无经验但有信心/无兴趣，但不抄作业/有些提高

D. 没有什么改变/没有什么提高/无经验，也没有什么信心/无兴趣，图省事会抄袭或模仿/没有什么帮助

面向指导教师的调查问卷相对简单，题目较少，统计结果也相当一致，普遍认为“引路者”实训方法的应用，使得学生在完成毕业论文的整个过程中较以往的毕业生表现有明显改观。表 2 仅列出主要的调查问卷题目。

表 2 “引路者”在“信息检索”教学中的效果调查问卷(面向指导教师)主要题目

主要题目
1. 您指导的本届毕业生在毕业论文选题过程中与往届未接受过“引路者”教学训练的毕业生相比，表现如何？
2. 您指导的本届毕业生在开题报告的填写质量方面，与往届未受训的毕业生相比，有无明显提高？
3. 从毕业论文中期检查的结果看，您指导的本届毕业生与往届未受训的毕业生相比，表现如何？
4. 从毕业论文初稿的质量，特别是“参考文献”部分来看，您指导的本届毕业生与往届未受训的毕业生相比，表现如何？
5. 综合毕业论文任务全程的表现，您认为指导的本届毕业生与往届未受训的毕业生相比，表现如何？

从以上调查结果数据及调查结果直观印象可以明确看出，采用“引路者”实训方法能够使得接受这种训练的学生在检索、写作等各方面的主观感受及外在表现达到该方法预期的教学效果。

五、结语

“引路者”实训方法从本质上说是一种任务驱动教学法，但这种方法与“信息检索”课程

的结合，使其超出了任务驱动教学法的一般意义，升华出了其“工具性”的特殊功用。“引路者”是一项相对独立而又比较艰苦的文献调研实践，常常代替卷面考试。学生在选题、查找和成文三个环节都会遇到困难，实际上它几乎包括了一项小型科研活动的全过程。而对于教师来说，这种教学方法的具体应用、实践和创新，还有广阔的空间需要不断去探索。

参考文献：

[1] 戴艳杰.基于“引路者”的高校文献检索课程教学改革[J].河南图书馆学刊，2013，33(1)：67-69.

[2] 谭亮，陈燕，楚存坤.基于研究性学习的信息检索课教学效果实证研究[J].大学图书馆学报，2014，32(2)：72-75.

[3] 谢丽英，张蕴芳，胡晓梅.基于德国职业教育专业教学论的学习性工作任务的开发策略[J].职教论坛，2018(9)：63-66.

基于税务筹划的高校教师个人所得税研究
——以 XZ 大学为例

张阿曼

摘　要：文章根据《中华人民共和国个人所得税法》，采用案例分析和比较分析方法，结合高校实际情况，尤其是高校绩效工资改革后具体情况，分析高校教师收入构成、税收筹划现状以及实施过程中存在的主要问题，提出对其基本工资、绩效工资和其他收入进行税务筹划的优化路径，进而提高教师的个人可支配收入及高校教师工作的积极性。

关键词：纳税筹划；高校教师；个人所得税

一、引言

随着科教兴国战略的实施，高校教师收入来源日益多样化，收入也日益增长，但是其税收负担越来越重，进行科学、合理的个人所得税税收筹划势在必行；此外，在个人所得税征管日益严格的环境下，高校教学部门及相关职能部门应结合各个方面因素，为高校教师做好税务筹划，以维护高校教师的切身利益，减轻高校教师的税收负担，提高教职工实际可支配收入。

二、高校教师个税征收模式及工资薪金所得计算

《中华人民共和国个人所得税法》指出，"在中国境内有住所，或者无住所而一个纳税年度内在中国境内居住累计满一百八十三天的个人，为居民个人。居民个人从中国境内和境外取得的所得，依照本法规定缴纳个人所得税。在中国境内无住所又不居住，或者无住所而一个纳税年度内在中国境内居住累计不满一百八十三天的个人，为非居民个人。非居民个人从中国境内取得的所得，依照本法规定缴纳个人所得税"。目前，个人所得税的征收模式如图 1 所示。

图 1　个税征收模式

在我国，个人所得税采用的是分类征收制，即将个人取得的各种所得划分为 9 类，不同

基金项目：徐州工程学院课题"高校个人所得税纳税筹划分析及优化系统构建"(XKY2016127)成果。

作者简介：张阿曼(1975—)，女，徐州工程学院管理学院副教授，研究方向：财务管理。

类别分别适用不同费用减除标准税率和计税方法。个人所得包含的项目：① 工资、薪金所得；② 劳务报酬所得；③ 稿酬所得；④ 特许权使用费所得；⑤ 经营所得；⑥ 利息、股息、红利所得；⑦ 财产租赁所得；⑧ 财产转让所得；⑨ 偶然所得。

XZ 大学是一所本科院校，收入主要来源于国家财政拨款和学费。高校实施绩效工资后，全校教职工工资薪金主要分为三个部分：基本工资、绩效工资以及其他收入。① 基本工资，由岗位工资、薪级工资构成，按照国家统一标准进行核定，要考虑教职工职称等级、行政级别、工龄等因素。② 绩效工资，包括基本绩效薪酬和奖励绩效薪酬，基本绩效薪酬变动幅度一般不大，但是奖励绩效薪酬包含岗位津贴、科研奖励、课时费、超工作量酬金等项目，存在不确定性，波动也较大。③ 其他收入，一般包括教师监考费、评审费、讲座费、咨询费等临时性的收入。

2019 年 1 月 1 日起，新修改的《中华人民共和国个人所得税法》全面施行，个税起征点由 3 500 元提升到 5 000 元，居民个人综合所得，以每一纳税年度(12 个月)的收入额减除 60 000 元以及专项扣除、专项附加扣除和依法确定的其他扣除后的余额，为应纳税所得额，并适用新的综合所得税率。新个人所得税法中的个税起征点提高、六大专项附加扣除等规则的落地，减轻了纳税人的负担。高校教师应纳税所得额计算公式如下：

高校教师应纳税所得额＝应发工资－医疗保险(含生育保险)－失业保险－养老保险－工伤保险－公积金－费用扣除额(每月 5 000 元)－其他可扣除费用(子女教育、继续教育、大病医疗、住房贷款利息、住房租金、赡养老人等)

三、高校教师个税税务筹划现状

在 XZ 大学，教师的工资、薪金所得，适用七级超额累进税率，按月应纳税所得额计算征税。该税率按教师月工资、薪金应税所得额划分等级：最高一级为 45%，最低一级为 3%，共七级。

表 1 新个人所得税税率表　　单位：元

级次	月应纳税所得额	免征额	税率	速算扣除数
1	1—3 000	5 000	3%	0
2	3 001—12 000	5 000	10%	210
3	12 001—25 000	5 000	20%	1 410
4	25 001—35 000	5 000	25%	2 660
5	35 001—55 000	5 000	30%	4 410
6	55 001—80 000	5 000	35%	7 160
7	80 001—	5 000	45%	15 160

例如：XZ 大学张老师 2018 年 12 月取得 21 000 元工资收入，不考虑其他所得及专项附加扣除项目的情况之下，假设五险一金为 4 000 元，然后再减去个税费用扣除标准 5 000 元，其实际应纳税所得额＝21 000 元－4 000 元－5 000 元＝12 000 元，我们再用 12 000 元去找

对应的级数，因为 12 000 元在 3 001 元和 12 000 元区间，所以我们应选择第 2 级，即适用 10％的税率以及 210 元的速算扣除数，计算：应纳所得税额＝12 000 元×10％－210 元＝990 元，因此，张老师在 2018 年 12 月应缴纳个人所得税 990 元。

税务筹划必须是在不违反国家现行的税收法律法规的前提下，对涉税业务进行筹划，并制作纳税操作方案，以达到节税目的。XZ 大学取得收入的流程为：首先根据收入内容不同，由相关经费管理部门经过核算、签批，然后由学校财务处发放。其中基本工资等由人事处进行核算，科研经费及奖励由科研处核算，课时费由教务处以及二级学院核算。随着信息化的发展，XZ 大学个人所得税计税已由人工核算转变为由软件来完成。具体流程为：经办部门在网上申报系统录入发放金额，财务处人员制单时提取数据进入个人收入管理系统，系统将每次提取到的数据与此前已发放的收入合并，作为本月总收入计算个人所得税，然后减去之前已代扣个人所得税，两者差额即是本次应缴纳个人所得税，确保月收入正确计扣应缴个人所得税。

四、高校个税税务筹划存在问题

（一）年终一次性奖金纳税无效区间未规避

纳税无效区间是指在这些区间内，增加工资及年终奖反而会导致税后收入降低。该区间内增加 1 元的工资及年终奖金，税前收入会相应增加，但是其税后收入不升反降或者保持不变，此外，各区间的起点都是税率变化的临界点。

表 2　年终奖个人所得税税率表　　单位：元

级次	年终奖	税率	速算扣除数
1	36 000	3％	0
2	36 001—144 000	10％	210
3	144 001—300 000	20％	1 410
4	300 001—420 000	25％	2 660
5	420 001—660 000	30％	4 410
6	660 001—960 000	35％	7 160
7	96 0001—	45％	15 160

计算年终奖个税步骤如下：首先，用全年一次性年终奖金金额除以 12 得出商数；其次，根据上一步商数，确定适用税率以及速算扣除数，最后用年终奖金金额乘以适用税率再减去速算扣除数得出应纳个税所得额。例如：年终奖为 36 000 元，则应纳所得税额＝36 000×3％－0＝1 080 元（36 000÷12＝3 000 元，根据新月度税率表适用 3％的税率）；若年终奖为 36 001 元，计算：应纳所得税额＝36 001×10％－210＝3 390.1 元，即多发 1 元年终奖，多交个税 2 310.1 元（3 390.1－1 080）。

从上面的举例可以看出，所得额换档时，税率也随之换挡，导致多交个税，实际收入反而减少。在跳档点，多发 1 元的年终奖，个税幅度跳得很高，之后，随年终奖增加，个税增加幅度开始慢慢回落，税后收入开始增加，逐渐增加到未跳档前的税后收入。

计算从年终奖 36 000 元跳档到年终奖(36 000—144 000)元档，设跳档后员工的税后收入与跳档前的税收收入一致时所对应的年终奖为 a，我们可以用以下公式计算：

a=[前一档上限×(1—前一档税率)+前一档速算扣除数—本档速算扣除数]÷(1—本档税率)

36 000×(1－3%)－0＝a－(a×10%－210)

a＝[36 000×(1－3%)＋0－210]/(1－10%)＝38 566.67

由上，得出第一个“无效区间”：36 001—38 566.67。

通过上述公式推导，我们进而可以求出以下无效区间，见表 3。

表 3 个人所得税税率表无效区间

单位：元

级次	年终奖	税率	速算扣除数	无效区间
1	36 001—144 000	10%	210	36 001～38 566.67
2	144 001--300 000	20%	1 410	144 001～160 500.00
3	300 001—420 000	25%	2 660	301 000～318 333.33
4	420 001—660 000	30%	4 410	420 001～447 500.00
5	660 001—960 000	35%	7 160	660 001～706 538.46
6	960 001—	45%	15 160	960 001～1 120 000.00

（二）缺少个税税务筹划岗位及人员

目前，XZ 大学财务人员编制有限，财务处人员不仅要负责学校教职工日常财务报销工作，还需要分工负责学费收缴、科研费发放、薪资发放、政府会计报表填制等业务，无暇顾及教师个人所得税税务筹划工作；此外，个人所得税的税务筹划只关系到高校教职工的个人利益，似乎与学校整体利益无关，所以学校财务处基本不会设置单独的个人所得税税务筹划岗位，财务处人员很难有时间和精力进行个人所得税税务筹划工作。目前，由于代扣代缴工作量巨大，同时，财务个税计算软件设计仍不完善，信息化程度还不高，信息有时不能同步，无形之中进一步增加了学校财务处人员代扣代缴工作量。

（三）税收筹划工作责任主体不明确

XZ 大学里，很多教师认为个人所得税税务筹划应由学校财务处承担，对个人所得税税务筹划工作有误解。这样理解不全面也不完整。因为学校的工资、奖金等由人事处制定，相关职能部门及二级学院配合完成，财务处实际上只是按照既定标准完成各项收入的发放任务，所以，财务处不能单独完成教师个人所得税税务筹划工作，不能确定收入分配总量及收入分配标准，无法顺利开展每位教师的个税税务筹划工作。

五、高校教师个税税务筹划优化设计路径

（一）提升政策驾驭能力，合理规避无效区间

建议 XZ 大学设立高校税务筹划领导小组。小组有关成员必须熟悉现行会计知识、相

关税法知识以及财务管理知识，密切关注现行税务方面的法律法规与其他财经规定的变更、国家税务总局发布的相关规章等。领导小组相关成员要对税收政策进行正确解读，整理出与高校教职工相关的税收政策，不断更新知识结构，进而用足国家关于个人所得税的各种优惠政策。要尽量均衡高校教师月收入，实现教师月收入维持在一个平均水平，对于表3计算得出的各档中的无效区间，尽可能做到规避。可以将每位教职员工的全年一次性收入进行测算，找出每位教师最佳年终奖金额，在目标定位时，把握个人所得税优惠政策盲区的临界点，在临界点上，做到宁可少发一元，也不可多发一元，以免出现收入负效应，才能使教师获取最大税后收入。

（二）设置个税筹划岗位，升级现有财务软件

XZ大学财务处考虑设置个税税务筹划岗位，因为目前与个人所得税相关的文件除《中华人民共和国个人所得税法》和《中华人民共和国个人所得税法实施条例》外，还有相关的公告、通知、批复、地方政府依规制定的政策等，需要有专门人员对税收政策进行详细解读，同时，还需要加强与税务局的联系，避免在实务操作中越界。个税税务筹划岗位财务人员计税时需要注意：① 在一个纳税年度内，对每一个高校教师，该计税办法只允许采用一次；② 取得除全年一次性奖金外其他各种奖金，一律与当月工资薪金收入合并，按税法规定扣缴个人所得税。此外，迫切需要提升XZ大学信息化程度，建设二级学院、人事处、教务处、科研处等其他职能管理部门共享、教师能够参与的具有税务筹划功能的财务管理系统。该系统可以将上述教学、职能管理部门以及教师纳入个税税务筹划工作中，减小税务筹划的压力，也可以给教师更大的税务筹划选择权，提供年终奖提取方案、一次性奖金发放方案、分阶段提取税务筹划等多种方案供教师选择；系统对每种方案都能自动测算出应纳税额，教师可以根据自己的实际情况选择最优的纳税筹划方案，同时也可提高财务人员工作效率，达到多方共赢的效果。

（三）明确工作责任主体，形成长效运行机制

XZ大学财务处应对教师进行税务知识培训，使他们了解关系个人切身利益的税务筹划工作的重要作用。学校二级学院、人事处、教务处、科研处等相关职能部门应共同设计优化方案，同时，教师也要给予理解和支持，不要认为减少现金收入，个人的工资待遇就会降低，其中可能是教师的隐性福利提高了。全体教师要树立个税税务筹划意识，只有教师全员参与，才能确保方案的实施，明确税务筹划责任主体是全体教职工，制定科学、具体的岗位责任书，细化并量化所有部门的责任，对完成税务筹划工作较好的部门和个人予以表彰，对税务筹划工作推进慢、办事效率低、教师意见大的部门和个人严肃处理，取消评优资格。只有形成一套长效运行机制，才能推进学校个人所得税税务筹划工作的全面深入开展。

六、结语

XZ大学个人所得税与学校每位教师息息相关，高校教师作为纳税人，应该与二级学院、人事处、教务处、科研处等相关职能部门一起参与税务筹划工作，维护自身利益。此外，学校是个人所得税的代扣代缴义务人，财务处是代扣代缴具体执行者，在做好代扣代缴工

作的同时，应充分考虑每位教师的利益，科学合理地进行个人所得税税务筹划，避免教师因陷入税收无效区间而增加不必要的税收负担。

参考文献：

[1] 曹兴虎.基于工资年终奖的个税筹划思路与应用[J].财务与会计，2017(8)：54-55.

[2] 陈博.税务筹划研究述评[J].科技进步与对策，2010，27(5)：158-160.

[3] 林萍萍，蔡佳红.高校个人所得税纳税筹划探析：以F大学为例[J].商业会计，2018(16)：107-109.

[4] 王颖娟.高校专职教师个人所得税税收筹划探析[J].会计之友，2018(10)：151-153.

[5] 郑鲁振.高校个人所得税计算要点及实例[J].中国科技投资，2018(13)：193-194.

[6] 朱富强.当前个税体系的调整方向：基于收入再分配正义的思维[J].学术研究，2011(10)：74-79.

应用型本科院校“中国饮食文化”课程教学与考核改革

李媛媛

摘　要：针对传统的“中国饮食文化”课程教学与考核方式存在的问题，基于当前应用型本科院校及旅游管理专业的人才培养目标要求，本文提出了“中国饮食文化”课程改革的思路和具体的考核方式。“中国饮食文化”的课程教学要突出实践实训，考核方式应注重全面性、过程性与多样性，只有这样才有利于发挥学生学习的主观能动性，有效地提高教学质量，培养适应产业发展需要的应用型专业人才。

关键词：应用型本科院校；中国饮食文化；课程教学；考核；改革

21 世纪初，国家提出大力发展应用型本科，对其给出了较为明确的定位。教育部明确要求应用型本科要加强实践教学，加强与产业的融合，服务地方产业转型升级发展，为课程教学与考核改革指明了较为确定的维度。“中国饮食文化”作为应用型本科院校徐州工程学院旅游管理专业的一门重要专业课程，正面临课程教学与考核改革的重要问题。基于此，本文从以下几个方面对教学设计与考核方式的改革进行了探讨。

一、课程内容与教学基本要求

饮食文化是中华民族文化的重要组成部分，也是民族传统文化的重要特征之一，与民众和社会饮食生活密切相关，富于实践性，是旅游管理专业重要的学科结构内容。“中国饮食文化”课程是旅游管理专业的一门重要的专业选修课，主要为学生讲授中国饮食文化的基础理论、区域性饮食特征、层次性饮食特征、中国茶文化、中国酒文化、中国的饮食民俗、中国人的饮食思想以及中国饮食文化在国内、国际间交流的作用等内容。通过对该课程的学习，学生可以提高对中国饮食思想、现象与问题的理解与分析能力，掌握一定的饮食审美理论与社交礼仪规范，并将专业知识与技能运用到相关产业中，促进旅游文化等产业的转型升级。

二、传统教学与考核面临的主要困境

（一）教学手段与教学方式有待改进

该课程的学分少、学时相对较短（大多为 32 学时），且全部为理论学时，导致仅用 ppt 辅

作者简介：李媛媛（1985—），女，博士，徐州工程学院管理学院讲师，研究方向：生态旅游、旅游规划与开发。

助教学难以展示全部的教学内容,还需要师生在课上和课下进行互动交流。目前这门课程网上教学资源较少,未能将翻转课堂等教学新方式运用到课堂教学中。因此,我们亟须改进教学手段与方式,从传统的灌输式教学方式转换为协助学生主动获取知识的方式。

(二)教学团队学科背景单一、缺少专业实践指导人员

“中国饮食文化”课是一门交叉性学科,涉及多个学科的理论知识,需要具备多种学科的研究方法。目前从事该课程教学的教师为旅游管理专业背景的教师,未形成多学科(历史学、烹饪学等)背景的教学团队。这些教师无论从学科背景还是专业能力方面来讲都无法单独胜任该课程的教学。虽然主讲教师有着较为扎实的专业理论基础,但缺乏丰富的实践经验。由于缺乏饮食产业相关专业人士的讲授与实践指导,教学团队无法满足学生对提升问题的分析综合能力和不同专业知识交叉运用的能力的需求,影响教学效果。

(三)教学考核方式需要灵活多样

目前旅游管理专业课程的考核主要是课程成绩考核,包括期末和平时考核两部分,其中,期末成绩占70%、平时成绩占30%。期末成绩考核采用开卷考试的形式;平时成绩主要根据出勤率(20%)、课堂表现(40%)、作业(40%)三部分综合评定。这种考核方式存在以下不足:① 由于开卷考试,学生没有考试压力,存在平时上课不认真听讲、不深入思考、考前根本不复习、考后全忘光的现象。② 由于大纲和试卷容量要求以及考试时间的限制,考试不能全面考查学生的学习效果,教师就无法从考试结果中得到更多有益于教学改革的反馈信息。③ 教学大纲规定本课程共32学时(其中理论教学32学时,实践环节0学时),考核方式也只有理论方面的考查方式,缺乏对实践能力的考查与评价,不符合应用型本科人才培养的要求。④ 这些考核基本上都是结果性或一次性考核,不能真实反映学生的课程学习情况和学习效果。

三、“中国饮食文化”课程设计思路

(一)教学理念

应用型本科教学突出实践实训教学,加强与产业的融合,服务地方产业转型升级。因此,“中国饮食文化”课程应该积极贯彻“文旅融合”战略,培养的专业人才应能够促进徐州工程学院所在地江苏省徐州市的文化旅游产业、饮食产业的转型升级,推动徐州旅游业高质量发展。回归到教学上来,应努力变知识讲授为饮食产业文化塑造,变试卷考核为过程性实践考核,提升学生的旅游文化产业创新思维与素养,提高学生的实践开拓能力。

(二)教学目标

根据旅游管理、酒店管理及相关专业学生特点和社会对人才培养的要求,“中国饮食文化”课程的整体教学目标为:学生通过完成课程设置的项目和任务,能够运用饮食文化的相关知识,熟练地向客人介绍中国的节日习俗、民族习俗等,并能够根据客人的饮食喜好与禁忌推荐适合的菜品,设计富有中国饮食文化内涵的宴席。

根据课程的整体目标,本文对课程的知识目标、能力目标、素质目标进行了分解。

知识目标：① 了解饮食文化发展史；② 了解中国饮食思想，熟悉著名饮食人物的饮食思想与成就；③ 熟悉中国菜系的分类，掌握每个菜系的特点，掌握每个菜系中1—2个代表名菜的由来；④ 熟悉中国酒文化发展史，了解中国名酒的分类，了解经典酒文化诗词及1—2个品牌名酒的历史典故；⑤ 熟悉中国茶文化的发展历程、茶道的精髓；⑥ 了解各民族及宗教的饮食特征，掌握各民族的饮食喜好；⑦ 掌握不同地区少数民族的饮食禁忌，掌握宗教饮食禁忌；⑧ 掌握中国宴请礼仪、饮食民俗；⑨ 了解中国饮食文化圈的分类与各饮食文化圈的形成原因、特点。

能力目标：① 能够根据客人的喜好，进行信息处理；② 能够根据不同宴席客人的特点，进行自我学习和自我管理；③ 能够根据给定宴席的情景，与小组进行更好的交流和合作。

素质目标：① 养成学生高效、细心、全面考虑问题的职业素质；② 培养学生具有良好的职业道德，具有以顾客为中心、服务者与被服务者人格平等的理念；③ 培养学生尊重各民族及宗教饮食习惯的职业道德，避免各民族在饮食文化上的冲突。

（三）教学内容设计

教学内容分为三个部分：课堂讲授内容、课堂实践内容和课下学习与实践的内容（见表1、表2）。根据教学目标、人才培养方向与专业特点，结合饮食文化产业发展需求与产业发展趋势，选取饮食文化优秀成果中符合产业发展需求的部分进行教学。可以将教学主题贯穿于课堂知识讲授与课堂实践两个环节中；并通过课下知识学习与课下实践两环节进行知识能力的巩固强化。

表1 “中国饮食文化”教学内容设计

教学模块	课堂讲授	课堂实践	课下学习	课下实践
中国饮食思想	“五味调和”“天人合一”等思想；孔孟、老庄等著名人物的饮食思想和富含的中国文化及哲学理念	分组设计不同著名人物饮食思想的发展过程及对中国饮食礼仪的影响	著名人物饮食思想如何体现、体现形式有哪些；在礼仪方面如何体现的	最欣赏的一位名人，践行他的饮食思想一周，并说出体会与感受
中国饮食文化的区域性	12个饮食文化圈；八大菜系	分组讨论八大菜系的特点以及文化内涵，每种菜系中选择一种最具代表性的菜品进行讲解	结合自己所在家乡属于的饮食文化圈，体会该饮食文化圈的饮食特点与习俗	根据条件品尝并比较不同菜系的代表菜，分析不同特色
中国茶文化	茶的分类、茶的发展历程、茶器、茶道、茶礼仪以及精神内涵	品读陆羽《茶经》并讨论“精行俭德”的茶道精神	了解中国茶道与日本茶道的区别	参加一次茶艺表演
中国酒文化	中国名酒的制法、品法、作用及发展历史；理解品酒的独特精神内涵与文化	了解饮酒礼仪，讨论对于劝酒、酗酒等行为的态度与酒文化	了解中国各地的酒令与饮酒风俗	分组践行一次餐桌酒礼仪，并以雅令行酒
中国宴请礼仪	宴请时规制、餐桌的摆放、座次、点菜、布菜、进餐、离席等礼仪	分组模拟宴请礼仪	学习中国古代礼仪、宴会礼仪	分组组织一次宴请，向来宾讲解餐桌礼仪

表 1（续）

教学模块	课堂讲授	课堂实践	课下学习	课下实践
各民族饮食礼仪、禁忌	汉族、维吾尔族及其他民族的饮食禁忌	讨论饮食禁忌的起源；理解各民族的饮食禁忌与礼仪	理解各民族文化信仰与饮食禁忌的关系	拜访学校少数民族的同学，了解他们的饮食礼仪

表 2 "中国饮食文化"课程实训项目设计

实训项目	子项目	工作任务
为某酒店设计筹划一届"饮食文化节"	制作饮食文化历史展板	任务一：学生搜集、整理中国饮食文化
		任务二：制作展板形式供全班同学欣赏
	制作中华美食体验周卡片	任务一：搜集整理地方菜品资料
		任务二：搜集整理官府菜品资料
		任务三：搜集整理少数民族民俗资料
		任务四：制作中华美食体验周卡片
	民族茶艺表演练习	任务：茶艺表演练习
	酒文化知识竞赛筹备	任务一：搜集整理中国名酒知识
		任务二：制作中国名酒问题卡

四、"大应用观"指导下的课程教学与考核改革

（一）以"大应用观"指导课程改革

徐州工程学院以"大应用观"指导课程改革，贯彻"坚持培养目标与产业需求相统一、教学标准与行业标准相统一、课程体系与岗位能力相统一、理论教学与实践教学相统一、实训过程与生产过程相统一，精准定位应用型人才培养目标，加大实践教学学分比重和实训比例，促进学生专业应用能力与职业需求有机结合"的思想理念。"中国饮食文化"课程的教学改革，立足于应用型人才培养中的专业文化素养的形成与专业应用能力的形成两个方面，通过理论知识教学进行专业文化素养养成教育，通过实践教学进行专业应用能力培养教学。这样做就是为了培养在专业文化支撑下的高素养应用型人才，培养一批服务于饮食文化、旅游文化产业发展的专业应用型人才。

（二）以"任务驱动法"为主要教学方法

本课程将改变传统的重理论讲授、轻实践应用的教学方式，理论知识教学采用任务驱动学习，围绕任务设定情境，提出问题，教师提供理论知识支撑，学生利用学习资源，运用理论知识分析问题，分组讨论和探索解决问题的办法。

"任务驱动教学法"是指在教学过程中围绕一个学习任务，让学生在强烈的动机驱动下、在教师的指导下积极主动地进行探索和协作学习的教学方法。比如在课程第二章"区域饮食文化"教学中，教师利用《舌尖上的中国》纪录片中的澳门陈皮鸭片段设置情境，提出探索为何产生澳门陈皮鸭这道名菜的学习任务。教师提供区域名菜形成的理论知识。学

生运用理论知识分小组进行探索，分析陈皮鸭的成因，涉及饮食物产中的陈皮、鸭、调味料、烹饪方法、饮食传统、技艺传承，澳门的地域特色，粤菜的性质，澳门饮食的中外融会，澳门陈皮鸭与其他地域陈皮鸭的区别，陈皮鸭所蕴含的文化，文化在这道菜推广中的作用，人们食用陈皮鸭过程中的文化体验等多重因素。学生经过学习深刻了解了区域名菜的外延和内涵，认识到了区域名菜是区域文化资源的重要组成部分。

（三）建设“互联网＋”辅助教学模式

“互联网＋”为现代教学提供了新的环境和手段。对于“中国饮食文化”课程来说，可以将慕课这种在线课程模式引入到教学中，构建并开展“学思结合，知行统一，因材施教”为目标的微课教学、翻转课堂教学等，通过构建线上线下课程及学习任务，有效激发学生的学习兴趣和动机，通过形成性评价和终结性评价，检验学生的学习能力和学习成果等，通过网络监督、签到、提问等方式可督促学生完成课外学习和实践学习。

（四）构建多学科互补的教学团队

课程改革的实施者是教师，关键也在任课教师，教学团队的建设是课程改革的重点。因此，课程改革需要建设一支由多名教师组成的学科互补的教学团队。除了具有旅游管理专业背景的老师外，教学团队中应该加入具有人文学科或烹饪学等背景的教师，针对不同教学模块和内容，分配不同的教师指导学生的学习与实践。此外，教学团队中除了专职老师外，还要吸纳一部分来自饮食产业一线的从业人员和旅游文化行业的研究人员作为兼职教师。这样能够形成专业和产业的互补，课程中的理论知识既具有专业特色，又密切联系行业发展的需要，把饮食产业经验和行业经验引入课程学习，更有利于培养学生的应用能力。

（五）改革考核方式

“中国饮食文化”课程考核具有全面性、阶段性和专业性的特点，要重视过程性考核，将考核形式由单一的试卷形式改为多种形式，将评价方式由单一的成绩评价改革为多元评价。

首先，考核内容要全面。比如，专业课程可分为理论课和实训实操课两种类型，理论课考核可采用考试和考查的方式。考试一般是闭卷考试。考查是以小论文的形式进行考核，根据论文规范和质量进行打分。实训实操课都采用考查的方式，一般是随堂考查，在学生综合性的实训实操中根据评分标准进行达标考核。

其次，考核形式要多样。如根据出勤率打分；根据课堂学习态度和质量打分，包括个人和小组计分；行业指导老师打分；试卷考试成绩，论文撰写成绩，论文发表奖励性成绩，研究报告成绩，革新技术和专业奖励性成绩等。可根据考核内容合理选择不同的考核形式，根据教学团队和学生的意见进行确定。

最后，考核评价要多元。根据考核性质采用相应的评价方法，这就形成了多元评价。“中国饮食文化”课程考核评价应将定性评价和定量评价结合。这是由课程的性质和专业的性质决定的。

五、结语

应用型本科教育是围绕培养学生的应用能力展开的，课程改革要以其为导向。应用型本科旅游管理专业的“中国饮食文化”课程改革要变知识讲授为饮食产业文化塑造，变试卷考核为过程性实践考核，培养产业需要的、服务地方发展的应用型专业人才。课程改革不仅要服务于本课程建设的需要，还可以为应用型本科院校中其他课程的改革提供借鉴。

参考文献：

[1] 邓兰，蒋敬，王苏.《饮食文化》课教学质量调查问卷分析报告[J]. 旅游纵览(下半月)，2016(2)：276.

[2] 范俊峰，张艳艳. “中国饮食文化”课程设计和教学改革[J]. 教育教学论坛，2018，8(32)：149-150.

[3] 胡纯秋，李李，胡传来，等. 以激发学生学习兴趣为目标导向的公共选修课教学改革：以《中国饮食文化》课程教学实践为视角[J]. 教育教学论坛，2015(36)：120-121.

[4] 李明晨. 应用型本科课程教学与考核改革维度探析：以“饮食文化”课程为例[J]. 科教导刊(下旬)，2017(27)：113-115.

[5] 李兴霞. “任务驱动”教学法在高校教学中的研究[J]. 中小企业管理与科技(下旬刊)，2012(4)：239-240.

[6] 梁进. “互联网＋”背景下农业高校“中外饮食文化”课程教学改革探讨[J]. 农产品加工，2018(23)：107-109.

[7] 刘燕燕，陈佩.《世界饮食文化》课程教学模式改革探索[J]. 教育现代化，2016，3(27)：50-52.

“旅游规划与开发”混合式教学方法探讨

王中华

摘　要：由于具有内容涉及面广、实践应用性强的特点，“旅游规划与开发”课程不能仅采用传统的教学方法。作者总结了近6年承担该课程教学实践中尝试的一些新的教学方法，将该课程分成3个阶段，依次进行理论教学、研讨式教学、案例实践和分析。其中第一阶段重点在教学内容模块化和区别化，第二阶段重点在有效地组织和管理课堂教学，第三阶段重点在选择合适的案例和实践实习基地。结果表明，综合利用这些教学方法，取得了良好的教学效果。

关键词：混合式；教学；旅游规划与开发

旅游具有典型的时代性特征，“旅游规划与开发”是一门学科前沿动态更新快、内容涉及面广、实践性较强的课程，要求学生具有相关专业基础且能够对相关课程知识综合应用，在掌握旅游规划的基本理论和发展趋势的基础上，对旅游规划的一些基本方法、技能能够较好地掌握和运用，主要包括旅游资源的分类与评价、市场的分析与营销、旅游功能分区、旅游项目的创意以及可行性分析、效益评估等，借鉴旅游规划与开发的成功案例，培养旅游规划和开发的理念和思维，能对具体项目的规划与开发提出可行性方案。

一、依据教学大纲进行混合式教学改革

（一）课程内容模块化

1. 理论模块

理论模块主要涉及旅游规划与开发的概念体系、理论基础与技术方法、中外旅游规划与开发的回顾与展望等内容，线上学习与课堂教学相结合。概念体系内涵以课堂教学为主、外延以线上学习为主；理论基础与技术方法的核心要点以讲解为主，案例以线上学习为主；中外旅游规划与开发的回顾与展望以线上查找资料学习为主。整个理论模块线上学习和课堂教学环节的学时比例大约为2∶1。

2. 核心模块

核心模块主要涉及旅游资源的分类与评价，旅游规划与开发的市场分析与营销策划、主题定位和功能分区、旅游产品与项目的创意设计、可行性分析，针对不同内容特点有针对

作者简介：王中华（1977—），男，徐州工程学院管理学院副教授，研究方向：旅游规划与开发。

性地开展线上学习和课堂教学。旅游资源的分类以线上学习为主,旅游资源的评价需要线上学习与课堂教学相结合;旅游规划与开发的市场分析与营销策划、主题定位和功能分区、旅游产品与项目的创意设计等课程内容的理论教学以课堂教学为主,案例教学以线上学习为主;旅游规划与开发的可行性分析以线上学习为主。整个核心模块线上学习和课堂教学环节的学时比例大约为 3∶1。

3. 支撑模块

支撑模块主要涉及旅游规划与开发的保障体系、旅游规划图件及其制作,内容上更侧重于实践。整个模块以线上学习为主,线上学习和课堂教学环节的学时比例大约为 4∶1。

4. 实践模块

实践模块主要涉及旅游资源调查与开发、旅游资源的定量评价、项目的可行性分析、开发设计与分析,主要是实践内容。实践模块以线上学习为主,线上学习和课堂教学环节的学时比例大约为 8∶1。

(二)课程内容区别化

1. 温故应用型

"旅游规划与开发"课程的内容涉及面广,如果相关内容已在其他课程中系统学习过,则以线上学习为主、课堂教学为辅,主要涉及旅游资源的分类、旅游规划与开发的市场分析与营销策划、旅游规划与开发的保障体系,以及旅游产品与项目的创意设计、可行性分析等内容。

2. 前沿更新型

"旅游规划与开发"课程主要涉及具有时代特征的相关概念、规划理念及热点的补充,例如最近国家在实施的全域旅游目的地创建、验收,每年的国际旅游主题、国内旅游主题等相关内容,需要学生收集相关资料,以课堂引导为辅,线上学习为主。

3. 传统体系型

"旅游规划与开发"课程具有稳定的理论体系和研究范式:对于专业理论知识体系的教学,以课堂教学为主、线上教学为辅;对于研究范式的教学,需要课堂教学与线上教学相结合,互为支撑。

二、混合式教学的组织形式

(一)确定组织原则

1. 以问题为导向,以学生为中心

在课程学习中,学生是学习的主体,要调动和培养学生的主动性、创造性、合作精神与创新思维能力,教师应设计好相关问题,扮演引导者和监督者的角色,做到因材施教。

2. 注重学生能力素质的培养

本课程具有实践性的特征,通过合理的情境设计,要引导学生灵活运用课堂教学中获得的知识以解决实践问题,通过线上教学培养学生的专业思维和操作能力。

3. 兴趣培养、主动学习,知识动态提升

在学习过程中教师和学生一方面要将理论知识创造性地运用到线上教学中去;另一方面,又要对线上教学中的新发现、新认识进行总结,提升认识高度。

4. 培养学生的职业习惯和职业道德

旅游规划与开发需要良好的职业习惯,即职业道德是事业成功的基石和关键,在课程教学中要有意识地引导学生养成良好的职业习惯和职业道德观。

(二) 课堂教学的组织

1. 创设情境,设置问题

问题的设置是混改式教学模式的起点,是混合式学习模式线上教学的核心,问题的代表性、准确性关系到混合式教学模式的成败。设置的问题既要关联相关的知识点,又要有助于学生解决实际问题能力的培养,引起学生的线上学习兴趣。

2. 学习团队的组建

"旅游规划与开发"因需要前期相关的旅游心理学、旅游市场营销学、旅游经济学等专业基础知识,故该课程放在大三下学期开设,目前学生一个班级多为30—40人。一方面,对于某一个问题,如果全班集体进行线上学习,会耗费大量时间,且学生的回答也会有大量重复,教学效率较低,效果较差;另一方面,线上教学提出的问题应具有复杂性、关联性等特点,一个问题如果由一个学生独立完成则难度较大,且不利于学生间的交流和相互启发,同样也会影响教学效果。因此,根据自愿原则把学生组织成一个个小组,加强学习者之间的分工合作。根据问题的复杂状况,各组可利用线上教学平台共同努力完成某一任务,或各小组独立完成某一任务后,再与其他小组共享信息。小组内各成员需要分工明确,以保证所有的学习者都有自主探索的机会。

3. 学习方式及过程

每个小组确定研究的问题后,通过线上学习平台在小组内部进行沟通、交流、讨论,利用互联网、图书馆、咨询相关教师及行业专家等方式获取和研究相关文献资料;小组成员通过沟通、交流,使问题在争论、探讨的过程中得到解决。小组成员通过讨论的方式对问题进行分析研究,在解决问题的过程中,学习所涉及的相关理论和方法,为解决问题奠定基础。

4. 教师点评,学生反思、总结

在学生查阅相关书籍及进行小组交流以后,撰写解决问题的方案。各小组可利用不同形式、工具和技能来报告自己的结论以及得出结论的过程,如现场报告、情景表演、数学分析、图表等,教师和其他学生通过提问和质疑的方式参加讨论。最后教师就学生争论的焦点和分歧最大的疑难问题进行点拨,使学生圆满获得每个问题的答案。教师要做出单元总结,完善学生的认知结构,使其掌握的知识具有一定的系统性。

三、健全、完善考核机制

对学生课程成绩的考核,要改变以往主要靠期末试卷定成绩的状况,根据学生平时的学习准备、学习过程、章节检测等各个方面进行平时成绩的认定。试卷内容主要来自平时的章节检测内容，根据学生平时线上学习的反馈适时调整试卷的题目形式；实践成绩主要来自线上学习的准备和实践效果。

（一）理论教学

该模块知识内容主要为课程相关概念和相关理论，特别是相关概念的界定、相关理论的内涵等侧重于从知识点识记到理解，然后上升到应用的层面，以教师讲解为主。这部分的考核以上课出勤、课堂提问、课后作业巩固为主，试卷内容要根据平时的测试、提问等情况进行适当调整。

（二）研讨式教学

该模块知识内容主要包括三个部分：一是对理论教学涉及的课程前沿、热点知识理论进行研讨，例如基于生态理论细化的"生态足迹理论的实践"，全域旅游理念下的"全域旅游目的地的创建、发展、验收"等的探讨；二是相关专题知识，设置了城市旅游、事件旅游、主题公园、精准扶贫旅游、假日旅游、文化古迹、特色小镇、自驾车旅游、志愿者旅游等；三是对前期开设过的课程进行梳理和相关综述，例如"旅游资源的分类""旅游资源的调查""旅游资源的评价"等是在旅游资源学的基础上进行梳理，"中外旅游规划与开发"的研究综述是对学生系统梳理能力的提炼。三个部分相互衔接、互为补充。三个部分的教学内容相互区别：第一部分的考核以教师点评打分为主；第二部分以小组互评、同期排序为主；第三部分以专题汇报互相打分、教师点评为主。

（三）案例实践和分析

该模块知识内容主要包括课程案例分析和野外实习两个部分。课程案例分析是以成功案例创设情境，让学生在情境中灵活运用所学的理论，通过对案例进行提炼、概括，掌握相关概念、理论；野外实习部分，通过对徐州区域范围内旅游规划与开发较为成功的景点景区、特色小镇、新型乡村等进行实地考察、调研，以实习报告的方式考核学生对问题的系统分析、提炼能力，计入平时成绩。

四、教学成果的体现

（一）提高学生解决实际问题的能力

"旅游规划与开发"的实践性很强，如果采用传统的以教师为中心的教学模式，学生缺乏实践经验和体验，很容易造成"学而不会用"或"学而不能用"的不正常现象。而混合式教学模式是直接从实际问题入手来组织教学，可以使学生在完成课程设置的任务的过程中，逐步提高解决实际问题的能力。

（二）发展学生综合分析的能力

"旅游规划与开发"的内容综合性较强，涉及旅游心理学、经济学、营销学、管理学、统计学等诸多课程知识，这就要求学生在解决问题时能够进行仔细考虑与全面分析。而混合式教学问题设计涉及多个知识点甚至是跨学科的，问题的解决需要学生融会贯通多方面知识、从整体出发分析问题，这样学生在解决问题的同时，发展了全面思考、综合分析问题的能力。

（三）加强学生沟通协作的能力

混合式教学模式鼓励学生互动互助，透过学生之间持续的讨论与交流，不断加强沟通能力与协调合作能力，使学生最终成为一个愿意合作也善于合作的人。这正好满足了旅游业的交叉性对从业人员在沟通能力、协调能力和合作能力方面的较高要求。

（四）培养学生创新的能力

旅游业是一个飞速发展的行业，旅游规划需要新的视角、理念和创新性的思维，需要从业人员具备较强的创新能力。混合式教学模式的实施，可以使学生在解决问题的过程中接触不同的资源和信息，经过小组的讨论，逐步培养批判性思维及创造性思维。

（五）培养学生自我学习的能力

在混合式教学模式里，学生依据所要解决的问题确定学习目标，自主决定学习的深度及广度。学生可根据学习的速度及吸收程度，调整学习的时间，获得较多的思考空间。学生拥有了学习自主性，易于将学习内化为自己的事情，而不再是将其看作教师强加给自己的“任务”。学生能认识到获取知识得靠自己的努力，对学习产生了相应的责任感，并在解决问题的过程中主动地建构新知识。

参考文献：

[1] 苏振.基于翻转课堂的旅游规划与开发课程混合式教学设计[J].大学教育，2019，8(2)：136-138.

[2] 吴超富，阳婉华.聚合物共混改性课程教学方法探讨[J].广州化工，2017，45(13)：165-167.

[3] 徐敏，王丽.旅游类课程“三段递进”混合式教学模式的实践研究[J].江苏教育研究，2018(27)：24-28.

刍议政府会计分录平行记账模式
——基于政府会计制度与事业单位会计制度的比较

赵海侠

摘　要：自 2019 年 1 月 1 日起施行的《政府会计制度》与原《事业单位会计制度》《行政单位会计制度》等存在着显著差异，其核算模式采用平行记账模式，本文就该记账模式进行探讨。

关键词：政府会计制度；事业单位会计制度；会计分录平行记账模式

为了适应权责发生制政府综合财务报告制度改革需要，规范行政事业单位会计核算，提高会计信息质量，根据《中华人民共和国会计法》《中华人民共和国预算法》《政府会计准则——基本准则》等法律法规，财政部制定了《政府会计制度——行政事业单位会计科目和报表》，自 2019 年 1 月 1 日起施行，并鼓励行政事业单位提前执行。

随着《财政部会计司有关负责人就印发〈政府会计制度——行政事业单位会计科目和报表〉答记者问》在财政部网站上的公开发表，"平行记账"的概念正式"浮出水面"。本文通过对新政府会计制度和原事业单位会计制度的比较，来诠释新政府会计制度下政府会计分录平行记账模式核算的特点。

一、政府会计制度中单位会计核算的特点

单位会计核算应当具备财务会计与预算会计双重功能，实现财务会计与预算会计适度分离并相互衔接，全面、清晰地反映单位财务信息和预算执行信息。

预算会计，指以收付实现制为基础对政府会计主体预算执行过程中发生的全部收入和全部支出进行会计核算，主要反映和监督预算收支执行情况的会计。政府预算会计包括预算收入、预算支出与预算结余。该核算基础下，凡在当期实际收到的现金收入和支出，均应作为当期的收入和支出；凡不属于当期的收入和支出，均不应当作为当期的收入和支出。

财务会计，指以权责发生制为基础对政府会计主体发生的各项经济业务或者事项进行会计核算，主要反映和监督政府会计主体财务状况、运行情况和现金流量等的会计。政府财务会计要素包括资产、负债、净资产、收入和费用。权责发生制是指以取得收取款项的权利或支付款项的义务为标志来确定本期收入和费用的会计核算基础。凡是当期已经实现的收入和已经发生的或应当负担的费用，不论款项是否收付，都应当作为当期的收入和费

作者简介：赵海侠（1977—），女，徐州工程学院教师，研究方向：会计与审计。

用；凡不属于当期的收入和费用，即使款项已在当期收付，也不应当作为当期的收入和费用。

单位会计核算实行权责发生制；单位预算会计核算实行收付实现制，国务院另有规定的，依照其规定。单位对于纳入部门预算管理的现金收支业务，在采用财务会计核算的同时应当进行预算会计核算；对于其他业务，仅需进行财务会计核算。新政府会计制度资产相关会计处理不同于原制度中的“双分录”模式，马永义(2018)认为平行记账包含的内容如下：“所有外来原始凭证均纳入财务会计账套，通过财务会计账套来实现政府会计主体账、证、表、实四大要素相对相符；预算会计账套的账务处理是在财务会计账套账务处理基础上‘平行’进行的；在统一理清会计账套和预算会计账套相关科目之间对应关系的基础上，通过开发出适用的系统处理软件，可以系统生成预算会计账套。”政府会计分录平行记账模式如图1所示。

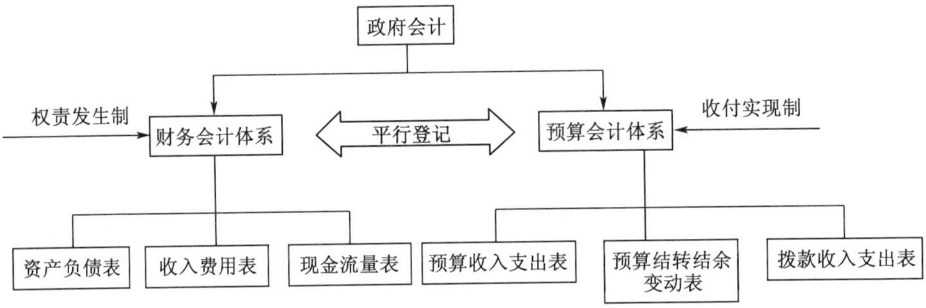

图1　政府会计分录平行记账模式

二、政府会计分录平行记账模式举例

【例1】 N事业单位收到代理银行转来的25 000元财政授权支付额度恢复到账通知书和上年度未下达零余额账户用款额度50 000元。两种不同制度下账务处理如下：

(1) 事业单位会计制度下账务处理。

借：零余额账户用款额度　　75 000

　贷：财政应返还款　　75 000

(2) 政府会计制度下账务处理。

① 财务会计。

借：零余额账户用款额度　　75 000

　贷：财政应返还款　　75 000

② 预算会计。

借：资金结存——零余额账户用款额度　　75 000

　贷：资金结存——财政应返还款　　75 000

“资金结存”核算单位纳入部门预算管理的资金的流入、流出、调整和滚存等情况。本科目应当设置明细科目“零余额账户用款额度”“货币资金”和“财政应返还额度”。

【例 2】 使用银行存款交付教室第二季度的房租费 3 000 元(每月 1 000 元)。

(1) 事业单位会计制度下账务处理。

借:事业支出　　3 000

　贷:银行存款　　3 000

(2) 政府会计制度下账务处理。

① 财务会计。

借:待摊费用　　3 000

　贷:银行存款　　3 000

② 预算会计。

借:事业支出　　3 000

　贷:资金结存——货币资金　　3 000

政府会计制度下,4 月、5 月、6 月,按照受益期限分期平均摊销时,每个月做会计分录如下:

① 财务会计。

借:业务活动费用——商品和服务费用　　1 000

　贷:待摊费用　　1 000

② 预算会计。

无分录。

【例 3】 苏畅科研机构收到财政授权支付额度 684 万元,2017 年 3 月 19 日,购入一批电子器件,价款 684 万元,已入库,3 月 28 日,化学科研室领用一台电子器件,价款 52 万元。根据上述业务,编制会计分录如下。

在政府会计制度下账务处理如下:

(1) 收到代理银行授权支付到账通知单时。

① 财务会计。

借:零余额账户用款额度　　6 840 000

　贷:财政拨款收入　　6 840 000

② 预算会计。

借:资金结存——零余额账户用款额度　　6 840 000

　贷:财政拨款预算收入　　6 840 000

(2) 购入存货时。

① 财务会计。

借:库存物品　　6 840 000

　贷:零余额账户用款额度　　6 840 000

② 预算会计。

借:事业支出——财政补助支出　　6 840 000

　贷:零余额账户用款额度　　6 840 000

(3) 发出存货时。

① 财务会计。

借:业务活动费用　　520 000

　贷:库存物品　　520 000

② 预算会计。

无分录。

上述例题在 2013 年 1 月 1 日起施行的事业单位会计制度下账务处理如下:

(1) 收到代理银行授权支付到账通知单时。

借:零余额账户用款额度　　6 840 000

　贷:财政补助收入　　6 840 000

(2) 购入存货时。

借:存货　　6 840 000

　贷:零余额账户用款额度　　6 840 000

(3) 发出存货时。

借:事业支出　　520 000

　贷:存货　　520 000

从政府会计制度和原事业单位会计制度比较视角下,该例题的会计处理存在着显著差异,可以看出政府会计制度下单位对于纳入部门预算管理的现金收支业务,在采用财务会计核算的同时应当进行预算会计核算;对于其他业务,仅需进行财务会计核算。

【例 4】 苏畅科研机构 2017 年 5 月 25 日通过政府采购购买 10 台扫描仪,价款合计 39460 元,验收合格,交付使用。

政府会计制度账务处理如下:

① 财务会计。

借:固定资产　　39 460

　贷:财政拨款收入　　39 460

② 预算会计。

借:事业支出　　39 460

　贷:财政拨款预算收入　　39 460

上述例题在 2013 年 1 月 1 日起施行的事业单位会计制度下账务处理如下:

借:事业支出　　39 460

　贷:财政补助收入　　39 460

同时,

借:固定资产　　39 460

　贷:非流动资产基金——固定资产　　39 460

在原事业单位会计制度下,本例题采用的是“双分录”核算模式,在反映该事业单位支出减少的同时反映资产的增加。

从比较中可以看出,政府会计制度涉及的平行登记核算模式与原事业单位会计制度下的“双分录”核算模式是不同的。

【例 5】 苏畅科研机构 2017 年 9 月 5 日订购研究用的材料，不含价款 130 000 元，双方约定预付定金 80 000 元，通过零余额账户用款额度转账支付。3 天后，收到大苏公司发来的材料及发票，增值税 22 100 元，并验收材料入库，通过零余额账户用款额度账户支付，补足货款 72 100 元。

(1) 预付货款时，政府会计制度账务处理如下：

① 财务会计。

借：预付账款　　　　80 000

　贷：零余额账户用款额度　　　　80 000

② 预算会计。

借：事业支出　　　　80 000

　贷：资金结存——零余额账户用款额度　　　　80 000

(2) 补付货款时，政府会计制度账务处理如下：

① 财务会计。

借：库存物品——材料　　　　107 900

　应交增值税——进项税额　　　　22 100

　贷：预付账款　　　　80 000

　　零余额账户用款额度　　　　50 000

② 预算会计。

借：事业支出　　　　50 000

　贷：资金结存——零余额账户用款额度　　　　50 000

从上述例题可以看出，政府会计制度规定的会计科目比原事业单位会计制度下的会计科目更细化，更接近于企业会计科目，比如政府会计制度中的“在途物品”“库存物品”“加工物品”，而在原事业单位会计制度下，这三个科目包含的内容都采用“存货”这个科目进行核算。另外，“应交增值税”这个科目在原事业单位会计制度下是没有的，其核算的内容是通过“应缴税费”核算的，但在政府会计制度中作为单独的会计科目存在，就没有“应缴税费”这个科目了，其他的税金是通过“其他应缴税费”核算的。像政府会计制度中的“预收账款”科目在原事业单位会计制度下根本就不存在，但在企业会计制度中是有该科目的。

【例 6】 M 事业单位从 A 银行借款 10 000 000 元，为期两年(其中 6 000 000 元用作 X 基建项目资金，4 000 000 元用作甲项目)，到期一次还本付息，归还长期借款利息为 1 080 000 元，X 基建项目尚未完工。

原事业单位会计制度下，账务处理如下：

(1) 借入款项时。

借：银行存款　　　　10 000 000

　贷：长期借款——X 基建项目——A 银行　　　　6 000 000

　　长期借款——A 银行　　　　4 000 000

(2) 到期归还长期借款本金、利息时。

X 基建项目利息＝1 080 000×(6 000 000÷10 000 000)＝648 000(元)。

甲项目利息＝1 080 000×(4 000 000÷10 000 000)＝432 000(元)。

借:长期借款——X基建项目——A银行　　6 000 000

　长期借款——A银行　　4 000 000

　其他支出——财政补助支出——项目支出——甲项目——债务利息及费用支出　　432 000

　其他支出——财政补助支出——项目支出——X基建项目——债务利息及费用支出　　64 800

　贷:银行存款　　11 080 000

同时,

借:在建工程——建筑工程——X基建项目　　648 000

　贷:非流动资产基金——在建工程　　648 000

新政府会计制度下:

(1) 借入款项时。

① 财务会计。

借:银行存款　　10 000 000

　贷:长期借款——X基建项目——A银行——本金　　6 000 000

　　长期借款——甲项目——A银行——本金　　4 000 000

② 预算会计。

借:资金结存——货币资金　　10 000 000

　贷:债务预算收入——A银行——X基建项目　　6 000 000

　　债务预算收入——A银行——甲项目　　4 000 000

(2) 计提借款利息。

① 财务会计。

借:在建工程——建筑安装工程投资——X基建项目　　648 000

　贷:长期借款——X基建项目——A银行——应计利息　　648 000

借:其他费用——利息费用　　432 000

　贷:长期借款——甲项目——A银行——应计利息　　432 000

② 预算会计。

无分录。

(3) 到期归还长期借款本金、利息时。

① 财务会计。

借:长期借款——X基建项目——A银行——本金　　6 000 000

　长期借款——甲项目——A银行——本金　　4 000 000

　长期借款——X基建项目——A银行——应计利息　　648 000

　长期借款——甲项目——A银行——应计利息　　432 000

　贷:银行存款　　11 080 000

② 预算会计。

借:债务还本支出——A银行——债务利息及费用支出　　10 000 000

　贷:资金结存——货币资金　　10 000 000

借:其他支出——财政补助支出——甲项目——债务利息及费用支出

432 000

　其他支出——财政补助支出——X基建项目——债务利息及费用支出

648 000

　贷:资金结存——货币资金　　1 080 000

【例7】 E事业单位从上级主管部门取得甲科研项目经费100 000元,单位按项目总经费10%提取间接费,其中4%用于补偿水电费支出,6%作为科研发展基金,主要用于科技成果转化,原事业单位会计制度下,该事业单位的账务处理如下:

(1)取得项目经费拨款时。

借:银行存款　　100 000

　贷:上级补助收入——非专项资金收入——甲科研项目——

　　[科学技术支出/其他科学技术支出/其他科学技术支出]　　100 000

(2)提取间接费用时。

借:事业支出——非财政专项资金支出——项目支出——甲科研项目

4 000

　事业支出——非财政专项资金支出——项目支出　　6 000

　贷:专用基金(科技基金)　　10 000

新政府会计制度下,账务处理如下:

(1)取得项目经费拨款时。

①财务会计。

借:银行存款　　100 000

　贷:上级补助收入——甲科研项目　　100 000

②预算会计。

借:资金结存——货币资金　　100 000

　贷:上级补助预算收入——甲科研项目　　100 000

(2)提取间接费用时。

①财务会计。

借:业务活动费用——商品和服务费用　　6 000

　贷:专用基金(科技基金)　　6 000

借:单位管理费用——商品和服务费用　　4 000

　贷:预提费用——项目间接费　　4 000

②预算会计。

借:非财政拨款结转——项目间接费　　4 000

　贷:非财政拨款结余——项目间接费　　4 000

通过上述例题我们可以看到新政府会计制度与原事业单位会计制度下账务处理的不

同，可以更清晰地了解和掌握政府会计分录平行记账模式。在“平行记账”过程中可能存在的关联科目归纳如表1所示。

表1　两种不同账套下具有关联关系的账户比较

<table>
<tr><th>财务会计账套</th><th>预算会计账套</th></tr>
<tr><td colspan="2">具有关联关系的收入类科目</td></tr>
<tr><td>财政拨款收入</td><td>财政拨款预算收入</td></tr>
<tr><td>事业收入</td><td>事业预算收入</td></tr>
<tr><td>上级补助收入</td><td>上级补助预算收入</td></tr>
<tr><td>附属单位上缴收入</td><td>附属单位上缴预算收入</td></tr>
<tr><td>经营收入</td><td>经营预算收入</td></tr>
<tr><td>非同级财政拨款收入</td><td>非同级财政拨款预算收入</td></tr>
<tr><td>投资收益</td><td>投资预算收益</td></tr>
<tr><td>捐赠收入</td><td rowspan="4">其他预算收入</td></tr>
<tr><td>利息收入</td></tr>
<tr><td>租金收入</td></tr>
<tr><td>其他收入</td></tr>
<tr><td>短期借款、长期借款</td><td>债务预算收入</td></tr>
<tr><td colspan="2">具有关联关系的费用和支出类科目</td></tr>
<tr><td>业务活动费用</td><td>行政支出</td></tr>
<tr><td>单位管理费用</td><td>事业支出</td></tr>
<tr><td>经营费用</td><td>经营支出</td></tr>
<tr><td>上缴上级费用</td><td>上缴上级支出</td></tr>
<tr><td>对附属补助费用</td><td>对附属补助支出</td></tr>
<tr><td>所得税费用</td><td>非财政拨款结余——累计盈余</td></tr>
<tr><td>其他费用</td><td>其他支出</td></tr>
<tr><td>短期投资、长期股权投资、长期债权投资</td><td>投资支出</td></tr>
<tr><td>短期借款、长期借款</td><td>债务还本支出</td></tr>
<tr><td colspan="2">具有关联关系的货币资金类科目</td></tr>
<tr><td>库存现金</td><td rowspan="3">资金结存——货币资金</td></tr>
<tr><td>银行存款</td></tr>
<tr><td>其他货币资金</td></tr>
<tr><td>零余额账户用款额度</td><td>资金结存——零余额账户用款额度</td></tr>
<tr><td>财政应返还额度</td><td>资金结存——财政应返还额度</td></tr>
</table>

如表1所示，财务会计账套和预算会计账套所含账户内容是不同的，但在核算中又存在着众多的联系，在涉及部门预算现金核算时既要在财务会计账套中做账，又要在预算会计

账套中做账。不涉及现金核算时，只在财务会计账套中做账即可，预算会计账套中无须做账。

参考文献：

[1] 马永义.政府会计制度中“平行记账”的原理与实务探析[J].会计之友，2018(3)：11-15.
[2] 邢俊英.预算会计[M].4版.大连：东北财经大学出版社，2016.
[3] 中华人民共和国财政部.政府会计制度：行政事业单位会计科目和报表[M].北京：中国财政经济出版社，2017.

移动互联网时代碎片化学习在应用型本科院校市场营销课程中的应用

叶梦洁

摘　要：在移动互联网时代，时间、空间、技术、知识、媒介、思维等领域的“碎片化”，逐渐成为时代发展的新特征。尤其在知识领域，信息“超载”严重，其完整性、相关性和系统性越来越欠缺，学习难度日益提高，学习深度和效果受到严重挑战。而正确运用碎片化学习，可以将碎片化信息和知识变得完整、有序、系统。文章从应用型本科教育的具体课程出发，重点讨论了碎片化学习应用于市场营销专业课程的可行性，并提出了具体策略。

关键词：碎片化学习；应用型本科；市场营销

一、引言

随着现代科学技术的发展，信息技术日新月异，互联网时代，特别是移动通信技术的突飞猛进，以前所未有的态势改变着人们的工作、学习和生活的方式。特别是微博、微信、QQ、短视频媒介等即时信息传播平台大行其道，一方面为大众提供了更多的信息交流渠道和信息选择方式，另一方面信息体量的激剧增和零散也给人们的知识领域带来了一定的冲击，“碎片化”特征愈发明显。

“碎片化”对高校教学也产生了一定的影响。在零散信息阅读的语境中，学生的注意力更加分散，很难深入系统地理解学科的专业知识。特别是对于应用型本科院校市场营销专业的学生，在学习相关课程时，我们更加注重理论在实际中的运用，而各种营销传播信息和微媒体学习资源在即时信息传播平台上的碎片化现象更为严重。学生在获得信息后可能会忽视将理论知识应用于实践案例的重要性。当然，信息技术的发展、移动终端设备在高校学生群体中的普及，也使得碎片化学习有了良好的载体，同时也为我们广大教师创新了教育教学的方式方法，为应用型本科教育提供了改革的路径。

二、碎片化学习的概念

“碎片化学习”古已有之。北宋欧阳修提倡学习要随时随地、千方百计，即使在马上、枕上、厕上，也一刻不得放松。在信息爆炸的今天，“碎片化学习”也是学习者不断充盈自身知

作者简介：叶梦洁(1989—)，女，硕士，徐州工程学院管理学院教师，研究方向：市场营销。

识储备的重要途径。学术界对于“碎片化学习”已有不少研究，但大都以对碎片化学习现象进行描述、分析其产生原因和表现形式为重点，给出明确定义的并不多见。有学者认为，“碎片化学习是指学习者在社会生活中随心、随时、随地，通过多种媒体对知识进行片段式的学习，通过一片一片、一点一滴的信息和知识的获取，以及学习思考积累，达到了解情况、增加知识、提高技能、走在时代前沿的目的”。也有学者认为，“碎片化学习是指学习者在自然情境中根据自我学习需求，利用多样化学习媒体、零散时间和分布式的空间，学习零碎知识内容的学习方式”。由不同的理解可以看出，碎片化学习是一种无时不有、无处不在的学习方式，这种学习方式是灵活的，富于生命力。碎片化学习的表现形式是零散的，与“系统性”学习方式，即与相对收敛的专业性、集中式、连续性学习，有着鲜明的区别。碎片化学习的特点主要有：灵活度更高，在分割学习内容后，每个碎片的学习时间变得更可控，提高了学习者掌握学习时间的灵活度；针对性更强：在分割学习内容后，学习者可重点学习对自己更有帮助或启发的那部分内容；吸收率更高：在分割学习内容后，由于单个碎片内容的学习时间较短，有利于学习者保持学习兴趣，对于知识的吸收率会有所提升。

三、移动互联网时代应用型本科院校市场营销课程学习的碎片化挑战

（一）移动互联网信息工具拓宽学生视野的同时使知识获取更加分散

移动互联网大数据公司 QuestMobile（北京贵士信息科技有限公司）的调查报告显示，截至 2018 年末，中国移动互联网月活跃用户规模已经达到 11.3 亿，2018 年全年净增4 600万；中国移动互联网用户人均单日使用时长暴增至 341.2 分钟。其中，Z 世代（即互联网世代）用户在全体网民中占比超过三成，当中包括了高等教育的主要受教育群体“95 后”——PC（个人电脑）互联网原住民，及潜在受教育群体“00 后”——移动互联网原住民。根据调查报告，截至 2018 年 10 月，Z 世代用户突破 3.69 亿。在 2018 年前 10 个月中，整体网民数增长 3 700 万，其中“95 后”为 1 500 万，占比远高于其他群体，“95 后”在互联网生态中的用户画像也自然成为关注的焦点。InMobi 与 AdMaster（精硕科技）合作对 1 517 个样本进行的调查研究也显示，国内移动互联网用户年龄在 21—30 岁的人数占比 56.1%，在校学生占比 16.4%。总体来说，Z 世代展现出了新的生活形态，扎根于互联网，满足自身社交、娱乐、学习等多方面的需求，体现了他们的生活方式和独特个性。他们喜欢玩乐，愿意分享，也更爱学习，从数据上看，Z 世代的兴趣偏好中“学习”的 TGI（目标群体指数）为 155.5，占比最高，超过“视频”“游戏”“社交”等。从他们常用的 App 可以看出，Z 世代习惯借助移动互联网工具学习语言，从问答平台获取知识点，学习类典型 App 中以“百词斩”“网易有道词典”“学习通”占比最高。由此可以看出，他们在信息爆炸的年代成长起来，依赖并得益于移动互联网技术，逐步形成了碎片化学习的新型学习方式。但从另一角度来看，过多的信息轰炸以及时间的碎片化，会使他们的思维变得狭隘，难以进行复杂的思考，虽然表面上获取了很多书本之外的知识，却不利于建立关于市场营销课程的完整知识体系。

（二）教材的权威性式微，教师的吸引力下降

传统教学中，由于获取信息的渠道很窄，书本和教材是权威的参照范本。“教师教学，

学生学习”是我们普遍采用的教学模式，教材的理论知识便成为学生获取知识的主要来源。但是在移动互联网背景下，我们的学生已经可以从多个渠道获取零散的知识，过去的“教—学”模式也不再足以满足学生汲取知识的渴望。学生通过移动互联网拓宽了自己的视野，也了解了书本之外的知识，对于时效性相对网络信息较差的教材，也就失去了兴趣甚至产生怀疑，这就极大地冲击了教材在教学过程中的权威地位。如果与此同时，教师照本宣科，或者所授内容已不符合时代的发展要求，学生对于课程本身及教师讲授的兴趣和专注度都会下降。诚然，学生的状态会影响教学效果，但是另外一方面，学生依赖移动互联网信息，习惯使用网络工具，开拓思维不拘泥于书本和课堂，能够积极探索和思考新知，也不失为一种好的现象。

（三）移动通信设备对教学环境的干扰

随着科技的进步、互联网的发展，高校的教学方式方法也在不断更新完善。比如在我们市场营销专业课程的教学中，不断推进案例教学法，也将角色扮演、体验游戏融入教学之中。结果通常是：短时间内吸引了学生的学习兴趣，可是一旦结束互动、回归理论教学，学生的学习兴奋度会很快下降。我们发现，随着智能手机的普及和移动互联网的繁盛，目前而言，无论如何改进教育教学方法，学生上课的热情都在逐渐下降，出席率也在下降。沿波讨源，其原因是学生对纯粹的理论学习缺乏兴趣，更容易被移动互联网中短、频、快且图文并茂的碎片化信息所吸引，也就不可避免地出现高校课堂上教师在讲台上讲课，学生在讲台下低头玩手机的现象。传统的教学内容和移动互联网的各种信息在争夺着学生的眼球。

当前的环境下，我们每一个人都处于一个信息超载的状态。对于青年学生来讲，新颖、简单、零散的信息更符合年轻人希望探索世界、满足好奇心的心理，而传统的理论知识与之相较，难免显得枯燥乏味，学生学习的兴趣自然降低。这其实是降低了学生的认知成本，因为这些已经将复杂问题简单化的“新知”不断刺激大脑，一方面让学生误以为“获得了课本之外的新东西”，另一方面不费力气地“刷”信息也让学生日渐产生惰性。与此同时也，真正投入系统学习的时间与精力相对减少，对理论学习的热情愈发降低。不仅是在课堂之上，课外自习、阅读以及任何需要集中注意力的过程都会被电脑、手机不断发送的信息干扰，学习时间被频繁打断，极大地影响了学生对理论知识的深度学习，最终导致学习效率不高，学习兴致降低。

四、碎片化学习在市场营销课程中的应用策略

（一）知识信息层面——教学内容多样化，课程资源碎片化

高等教育阶段学生的主要任务依然是学习，应用型本科教育的任务是培养适应现代生产、建设、管理、服务第一线需要的具备相应知识和技能的应用型人才；应用型本科院校以培养技术应用能力为主线设计学生的知识、能力、素质结构和培养方案，以“应用”为主旨和特征构建课程和教学内容体系，重视对学生应用能力的培养。公共基础课、专业课、人生哲学课等都是教学的主体内容。公共基础课为学生掌握专业知识、学习科学技术、发展相关能力打下坚实的基础，涉及时间管理、人际管理、沟通谈判等；专业课是学习的专业方向，使

学生掌握必要的专业基本理论、专业知识和专业技能，了解本专业的前沿科学技术和发展趋势，培养分析解决本专业范围内一般实际问题的能力；人生哲学课是对人的认知广度和深度的探寻和沉淀，包括生理、心理等方面，是对价值目标的追求与完善。用四年时间学习所有知识并进行外延实践是不现实的，因此应用型本科教学应筛选并重点解读有用的知识信息。

碎片化学习在教学过程中可分两步进行：一是通过把原有的系统化知识进行碎片化重组，同时利用混合式教学、微课、项目式教学等教学方式，使这些碎片化知识适宜在移动终端设备中传播。比如可以将市场营销专业每门课程的每个章节的知识点进行碎片化分割，使学生在课前可以通过相应的学习平台对本章节知识的重难点以及个人的疑问点一目了然，分割后的课程资源应该是小组块模式、连接松散的。当然这有可能会使原有知识点与知识点之间的联系被打乱，但一定不能偏离课程教学目标和课程大纲。二是通过翻转课堂、混合式教学等教学方式，帮助学生在课程进行过程中对碎片化了的知识点进行重构，就如建造房屋一般，将每个“碎片化”的知识“砖瓦”放入自己知识体系的相应位置。学生带着疑问搜寻答案，更容易将注意力集中并保持更久，最终便可形成对每个学生更实用、更个人化的知识结构和课程体系，形成系统化解读，做到“零存整取”。

（二）头脑思维层面——教学主体学生化，教学平台移动化

知识信息的处理过程就是不断解读的过程。当学生解读到与过去相似的旧知识时（比如不同课程有相关联的知识点），会难以提起兴致，陷入似是而非的“熟练的无能”中。知识经过接收和加工，学习的过程也仅仅进行了一半，网络信息的“快餐式学习”把“已知解释”当作“唯一解释”：貌似合理的解释，符合自己的心理预期，便欣然接受甚至深信不疑，难以通过批判性思维输出信息。而当学生接触与过去所学不一致的新观点时，又可能触发其“习惯性防卫”。久而久之，学生就会产生一种知识接受惰性，陷入了思维陷阱。学生应该把有效的时间花在重要的基础理论、有启发的论点和自己存疑的问题上。

前面我们说到，教材的权威性式微，教师的吸引力下降。在当前时代和科技发展的背景下，教师的角色必须及时转变。教师在教学过程中要认识到碎片化学习需要学生使用移动终端设备作为支撑，也需要学生具备使用移动网络的技能。教师要以开放的心态和学生共同学习，改变传统的填鸭式教学，善于对教学方式进行变革和创新，不断调整以适应网络环境下的课堂和以学生为主体的新型教学关系。要通过混合式教学模式改革，让基于知识传授的课堂教学方式转变为基于问题发现和解决的课堂教学方式。

对于应用型本科院校的市场营销课程的学习，可以将基础知识点通过“微课”的形式在相关学习平台上发布，学生利用课余“碎片化”时间观看视频进行自主学习。学生可以根据自己对基本理论的掌握情况调整学习进度，以实现自主学习和个性化学习。课堂教学中对于基础理论不再作为讲授重点，而是以提出问题为导向，帮助学生利用已掌握的理论知识去分析实践案例或者解决实际问题，通过这个过程完成基础理论的内化和提升。对于市场营销专业课程，实践案例是辅助教学的重要资源。在网络信息极度发达的今天，教师获取专业信息的渠道也同样增加了，这给教师提供便捷的同时也提出了更高要求：在教学中把

握时代热点，紧密联系社会实际，将最具时代气息、紧跟营销热点的新鲜案例带到课堂之上。利用移动教学平台，比如“学习通”“蓝墨云班课”，教师成为学习的引导者，激发学生学习的兴趣，设置“抢答”环节唤醒注意力分散的学生；利用“主题讨论”教会学生解决问题的方法和思路；通过“测验”“分组任务”培养学生分析问题和解决问题的能力；借助“头脑风暴”鼓励学生开阔思维、勇于创新。课后，推荐学生观看“慕课”拓展课程或者有趣的视频，阅读电子书籍，教授学生如何获取更多有价值的“碎片化”信息，进行专业知识补充和课程深度挖掘，在“线上”与教师实时交流，最大限度地促使学生自主学习。

（三）认知行为层面——考核评价多元化、全程化

知识信息最终需要参与应用，才能内化为自己的知识。批判性的思维会更新自己的旧知识，产生新知识。“碎片化”知识的汇总会产生观点，参与认知的构建和提升，指导学生不断调整和改变思维判断，在正确的认知下做出合理的决策和行动。考核评价是督促学生进行自我验证和反思的过程，以指导行为和改变认知。但是传统的“考试”方式显然无法适应碎片化学习评价的要求，因为一次性的“测验”结果，无法完整体现碎片化学习过程的多元化、全程化。

因此，需要改革应用型本科院校市场营销课程的学习效果评价体系。除了通常的出勤、课后作业、随堂测验、期末考试等线下考核方式，还可以运用自我评价、相互评定、小竞赛、应用写作、案例解析等线上考核方式。考核评价的范围拓展为全过程式，包括对“课前—课中—课后”整个教学过程中学生的学习态度、行为表现、能力展示等多角度的评价，把学习过程和学习成果都纳入考核范围。

具体来说，市场营销专业的学生需要更多地借助移动终端设备学习典型案例，教师可以课前要求学生自行设计与理论相关联的“学习任务单”，根据每一项“碎片化学习”知识点的完成程度自评、互评，教师根据参与案例互动讨论、分析总结的个人表现和分组任务完成情况进行加权评分。对于案例的学习，可以使用“学习通”“蓝墨云班课”等学习平台记录学生阅读的时长、数量；对于案例的互动讨论，可以根据发言记录让学生互相点赞，再根据分析中的要点及逻辑进行评价与计分；最终成果可以形成分组的小论文，小组互评与教师点评得出最终分数。也可以让学生在课前根据下一章节知识点，自主找寻热点案例，或者与理论知识相关的企业现象，于课堂上进行评析或者解决问题，课后进行补充完善，若形成完成的可用于教学的案例，教师给予加分奖励等。

总之，教师要改革创新教育教学方式，通过多元化、全程式的考核评价手段实现教与学、学与用的动态平衡，从而激发学生的学习积极性，系统提高市场营销专业课程的教学效果。

五、小结

在碎片化时代，虽然人们获取的信息和知识数量剧增，但是缺乏深刻的理解，“泛泛而谈”尽管迎合了大众获取信息的时间需求，却也造成信息倏忽而来、骤然而去，甚至产生理解的偏差和运用的随意。移动互联网给我们教育工作者提供了更多的教育教学思路和新

型手段，教学改革一直在进行。作为市场营销专业的教师，我们应努力借助移动互联网的东风，挖掘应用型本科院校学生的特点，积极探索网络时代碎片化学习新的方式方法，摸索出一条既符合学科专业特点，又能不断激发学生学习动力的教学之路，以培养具有创新能力的高素质营销人才，满足新时代国家发展、社会进步的需要！

参考文献：

[1] 潘宗玲. 应用型本科院校会计教学改革探讨[J]. 商业会计，2014(16)：118-119.

[2] 王承博，李小平，赵丰年，等. 大数据时代碎片化学习研究[J]. 电化教育研究，2015，36(10)：26-30.

[3] 王觅. 面向碎片化学习时代微视频课程的内容设计[D]. 上海：华东师范大学，2013.

[4] 王竹立. 网络教育资源为什么存在“数字废墟”：中国网络教育资源建设之难点剖析[J]. 现代远程教育研究，2015(1)：46-53.

[5] 于海燕. 碎片化学习背景下大学生移动学习习惯研究[J]. 高教学刊，2015(24)：1-2.

[6] 于海燕，吴磊. 碎片化学习背景下微模式教学研究[J]. 中国成人教育，2015(19)：134-136.

[7] 张克永. 碎片化学习中的认知障碍问题研究[D]. 长春：吉林大学，2014.

小组合作研究性学习在教学中的应用研究

吕　倩

摘　要：本文对大学生小组合作形式研究性学习做了调查研究，阐释了小组合作的本质和要素，并通过对143名通识课学生的调查，分析研究性学习中小组合作学习的现状和影响因素等；对比分析接受性学习和研究性学习在学习目的、内容和组织形式等多方面的不同之处；分别从学生的角度、教师的角度分析研究性学习小组遇到的问题；并提出合理对策，如定义角色和职责，传授学生必要的合作技能，鼓励学困生发表意见，完善评价机制，重视过程评价等。

关键词：研究性学习；小组合作；过程评价；深入社会

传统的程序化、系统化的课堂教学组织形式已不能适应新时期的教学要求。研究性学习需要更加灵活、开放和有效的教学组织。它需要在更宽广的时空范围内整合个体学习、集体学习。群体合作学习成为教学组织的最基本形式。研究性学习是对传统接受性学习的改革，是在教学领域培养创新精神和实践能力的新教育理念的体现。它具有学习活动不再局限于学校课堂和现有教科书的特点，以及具有高度的整合性、与社会生活紧密联系、学生自主性强等特点。它还允许学生进行社会调查，观察现象，广泛收集信息，发现问题，在课堂外和社会中找到解决方案和答案。小课题研究、专题任务、开放性问题解决等是研究性学习经常采用的方法。

一、小组合作的本质和要素

小组合作的本质并不是简单地把学生安排在一起编一份报告，那并不是真正意义上的合作学习，真正的合作学习必须具备一些关键要素。

什么是合作学习的本质要素呢？美国合作学习代表人物之一斯莱文提出了合作学习三要素：小组目标、分工责任、成功机会均等。三要素中，“小组目标”确保了小组的凝聚力，“分工责任”保证了每个小组成员都能够学会学习内容，而“成功机会均等”则可以激发学生的学习动机。也就是说，无论学生的能力或背景如何，他们的努力都会得到认可。因此，在研究性学习中，教师应引导学生合理分解任务，每个小组成员必须完成其中的一部分，并对小组做出应有的贡献，以便完成整个小组的任务。根据研究任务，可以确定组长、记录员、数据收集员和报告员等角色。组长负责组织管理、组织团队成员、分配任务、监督团队成员

作者简介：吕倩（1982—），女，硕士，徐州工程学院管理学院讲师，研究方向：生态旅游、餐饮管理。

完成任务等。记录员负责记录合作过程，数据收集员负责收集学习材料，报告员负责编写学习任务或报告。这不仅保证了团队合作学习中分工明确，而且使个人能够充分利用自身优势，相互协调。

人们普遍认为，真正的研究性合作学习必须包括两个要素：积极的互助和个人责任。也就是说，任何一个群体只有在其成员之间存在相互信任的积极心理倾向，并能实现每个成员的个人责任时，才能称之为合作小组。相反，没有这两个基本特征，任何群体学习都不能称为研究性合作小组学习。

二、研究性学习中小组合作学习的现状

研究性学习小组作为目前较灵活的探究性学习组织形式，在组织实施过程中并不令人满意，也没有发挥出最佳作用。本人在选修通识课“生态旅游学”的 143 名学生中，组建研究性学习小组并展开调查，其中发放调查问卷 143 份，有效回收 112 份，有效率 78.3%，发现开展小组合作研究性学习的主要影响因素如图 1 所示。

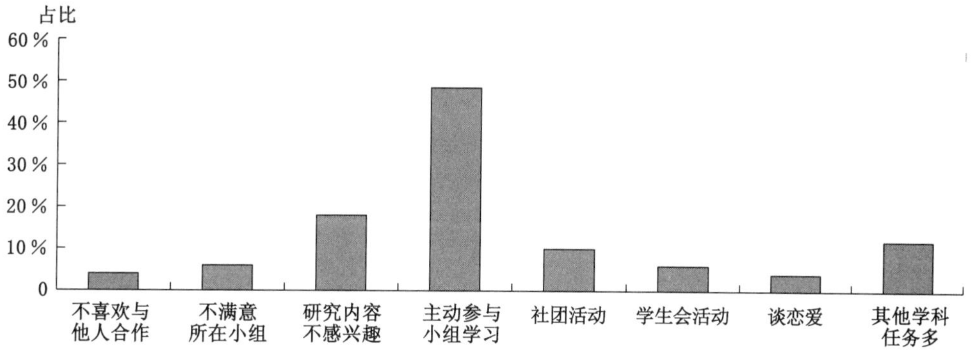

图 1　小组合作研究性学习影响因素

其中主动参与小组学习的同学占比为 46.4%，人数最多；对研究内容不感兴趣的占比为 16%，居第二位；其他学科任务多因而挤占研究时间的占比为 10%，居第三位；还有不满意所在小组、不喜欢与他人合作、谈恋爱、社团活动等因素影响研究性学习的进度。可见影响因素是多种多样的，其中主观和客观影响因素都有。

（一）从学生的角度

1. 小组建构只强调感性，而忽视理性

在研究性学习的小组建设中，一个小组的成员往往因为对某一主题感兴趣而聚集在一起，但他们在成员结构上缺乏性格、专长等方面的合理组合，对研究主题缺乏理性思考。这样很容易导致研究活动因小组成员性格、能力等原因而不能顺利进行。

2. 任务分工不合理，一味强调结果

在研究性学习中，虽然有些小组能够完成最后的学习任务，但由于分工不合理，群体成员在学习过程中的地位和作用并不平等。那些优秀的学生往往主导着规划、讨论和发言的过程，而那些比较内向、学习能力较弱的学生比较被动，甚至成为听众，这与研究性学习的

目标不符。

3. 在合作学习中，不注重交流

在研究性学习中，由于缺乏有效的合作技巧、良好的沟通技巧和合理解决冲突的能力，一些学生渴望获得成功，但他们只注重完成自己的手头工作，并没有及时与他人沟通交流，使任务完成缺乏整体连贯性，这与研究性学习的目标背道而驰。

（二）从教师的角度

1. 评价重点大都放在了研究结果上，轻视过程

在研究性学习指导过程中，教师倾向于引导研究性学习的思路和过程，重点放在课题的研究过程上。但在研究性学习的评价过程中，教师倾向于关注研究小组的结论报告，经常以研究报告或项目组的结果来评价小组的成绩，甚至用项目组的结果性评价来代替个人的发展评价，而不是关注研究性学习中对学生进行过程性评价，缺乏发展意识和过程性评价。

2. 关注优等生忽视学困生

从以上调查分析来看，教师关注优等生的时间和精力更多，认为优秀的研究成果主要是学优生的成绩和功劳，而忽视了学困生的研究学习过程。学困生不主动学习的影响因素很多，教师应了解学生真正不投入研究的原因，及时指引和纠正研究性学习小组中学困生的问题。学生的独特创造性和新奇想法是不能只用平时成绩的好坏来衡量的。

三、接受性学习和研究性学习对比分析

表 1 总结了接受性学习和研究性学习，在学习目的、学习内容、组织形式等多方面的不同之处。

表 1　接受性学习和研究性学习对比分析

	在接受性学习中	在研究性学习中
学习目的	提升学生知识和技能掌握水平	培养学生收集、综合分析和运用信息的能力，发现并且解决问题的能力
学习内容	教科书或教师指定，全班各组学生所学内容是相同的，教学计划由教师制订	学生自行选择感兴趣的研究课题，各小组研究的内容不一定相同，自行制订研究方案和计划
信息来源	主要来自教科书、教师的传授以及同学讨论交流	学生自己通过多种途径、运用多种手段（包括运用互联网、社会调查等现代手段）收集信息
组织形式	① 在学校、课堂内学习 ② 是课堂教学结构化程序的重要部分 ③ 合作小组成员一般由教师指定，按学生座位就近组合，组际差异较小	① 贯穿全程的基本学习活动形式 ② 课题小组成员主要由研究兴趣相同的学生自愿组成，可能来自不同专业，组际差异较大 ③ 走出课堂，走出学校，走向社会
人际交往	组内成员互相帮助，一般表现为帮助者与被帮助者之间的交流、沟通	① 组内成员分工协作，开展平等的讨论与交流 ② 开展社会调查、访谈，人际交往较广泛
评价内容	① 以评价学习的结果为主 ② 以小组成员个人学习成绩为小组评价的基础	① 以对小组合作整体评价为主，小组评价与个人评价相结合 ② 以评价学习的过程为主

四、研究性学习小组在教学中的应用对策

在初始阶段，学生可以自由组建小组。首先，研究性学习是一种全新的学习和锻炼机制。通过课上课下小组研究性学习成果发现，传统意义上的差生在探究学习方面可以做得很好：一方面，不那么令人期望的团队的表现往往令人惊叹；另一方面，传统的“豪华”团队不再独占鳌头。此时，如果教师能够把握学生的心理需求，建立适度健康的外部压力，将更容易促进建立积极的群体依存氛围。其次，教师要提醒学生，在组建团队时不要太情绪化。他们应该有意识地关注和选择不同专业和背景的学生，因为这样的结合更有利于团队成立后的分工与合作。

（一）在形成初期注意小组的建设

团队建设之初是一个非常重要和关键的阶段。在这个阶段，教师至少需要组织学生体验和完成两个任务。第一，充分沟通。在成立之初，为小组成员提供充分沟通的机会和时间，有利于成员之间相互理解和加深友谊。除了可以自由交流各自感兴趣的话题外，教师还应该有意识地引导成员就团队建设的相关问题进行交流。提前与其他成员沟通，可以促进未来可能出现的问题，相互信任，减少怀疑和抵触。二是建立集体合作的基本规范。在充分沟通的基础上，教师应要求成员建立基本的合作规范。规范应首先得到大多数成员的同意，规范不要太详细，具体细节由小组成员沟通后自行完善。它们只需要具体说明和解释团队合作中最基本的问题。一旦建立了规范，就应该持续执行。应当认真执行规范，对违反规范的人员进行批评和纠正，确保规范的严肃性。

（二）定义角色和职责

研究性学习是主动研究发掘知识和创新点的过程。教师要想成功地引导，首先必须清楚地认识自己在研究性学习中的作用和责任。其次，研究性学习的主要组织形式是群体合作研究，因此教师在研究性学习中的主要角色应该是引导者和教练，教师的主要职责是指导、维护和促进学生群体研究活动的可持续性。

（三）传授必要的合作技能

在技能指导的方法上：第一，让学生体验到合作技能的重要性；第二，教授适当的技能，确保学生真正理解它们的意思；第三，鼓励学生反复练习，让学生体验合作的有效性；第四，提醒学生在平时运用这些技能，将技能内化为习惯。应该指出的是，指导学生的合作和社交技能，不是教他们如何“老于世故”。

（四）鼓励学困生发表意见

学困生往往不善于表达自己的观点，不能积极投入。在这种情况下，教师一方面要注意培养学困生的表达能力。当他们在语言表达上遇到困难时，可以引导他们使用手势或其他肢体语言来表达自己。在小组交流和报告中，鼓励这部分学生更多地表达自己，使表达能力不断提高。另一方面，在合作交流的过程中，人们肯定会遇到与自己不同的意见。此时，有些学生往往没有勇气表达自己的论点，他们会放弃自己的观点，只为与他人融洽相

处。要解决这个问题，首先要求小组成员尊重每个人的发言，不要嘲笑和贬低别人的观点。其次，教师要更加注重学困生群体的表现，找出他们的亮点，及时鼓励和表扬他们，使其在群体合作中树立信心，并积极参与。

（五）完善评价机制，重视过程性评价

科学评价小组及其成员在研究性学习中的表现尤为重要，不要只重结果，不重过程。

1. 评价内容多种多样

在研究性学习中，教师不仅要注重群体合作学习的效果，还要根据研究性学习的目标设置评价内容，通过评价内容来达到有效指导的目的。

2. 动态地评估过程

在研究性学习中，不仅要对研究成果进行最后的评价，还要注意学生的成长和发展过程，做好成长性评价，有助于激发学生的积极性和创造力。

3. 评价对象的相互作用

改变原有的“师生”单向评价方法，将部分评价权下放给群体。小组成员采用自我评价、相互评价、民主评价等方式进行互动评价，力求在学习的各个阶段充分关注每个学生的学习情况，促进学生的成长发展。

4. 评估方法的多样化

在研究性学习中，由于活动具有开放性、实用性和综合性的特点，不同的小组可以采用不同的活动形式，结果应该是多样化的。

面对研究性学习中各种形式的群体合作的实践，要科学制定合作学习的评价标准，重视对学生的过程性评价，关注学困生的成长，积极推进小组合作的研究性学习。要将充分沟通、交流合作作为主要的组织形式，通过科学的评价手段，引导大学生在校外、社会中进行调查、创新和发展，提高综合素质。

参考文献：

[1] 马俊英. 浅议小组合作学习中教师的“导”[J]. 学周刊，2016(3)：219.

[2] 吴薇，王竹立. 大学生是如何协作探究的：大学通识课程研究性学习的叙事研究[J]. 开放教育研究，2011，17(6)：69-81.

[3] 叶长茂. 高校文科教学中开展研究性学习的策略与方法[J]. 广东第二师范学院学报，2017，37(6)：23-27.

[4] 张文周. 小组合作：研究性学习的基本组织形式[J]. 上海教育科研，2000(1)：12-16.

[5] 赵永柱. 浅议小组合作学习中如何对学困生进行转化[J]. 中国校外教育，2018(19)：51.

翻转课堂教学模式在高校管理类课程教学中的应用研究

——以 ERP 课程为例

朱鹏羽

摘　要：翻转课堂是对高校管理类课程传统教学模式的重新建构，对教学活动流程、教学环境、学习和评价方式进行了改革，强调学生的主体作用，让学生亲自实践、自主学习从而获得更好的学习效果。本文以 ERP 课程为例，分析教学现状，探讨翻转课堂模式在 ERP 课程教学中如何有效运用并设计了完整的教学过程，为进一步提升教学质量和教学效果提供参考。

关键词：翻转课堂；教学方法；课程改革

一、背景

近年来，我国高校的人才培养目标更加重视实践能力的培养，尤其是在 2014 年以来我国部分普通本科高校向应用技术类型高校转型发展的大背景下，翻转课堂教学模式越来越成为课堂教学模式改革的重要形式。翻转课堂教学模式是 2007 年由美国两位高中化学教师乔纳森・伯格曼和亚伦・萨姆提出来的，是在自由宽松环境下进行的学习过程。在这个学习过程中，学生由原本的被动学习变为主动学习，学习内容变得更加丰富有趣，从而更好地提升他们的学习兴趣与学习欲望。它是在互联网技术普及的背景下提出的，把技术和亲自实践的教学环境结合起来，融入了学习视频、情境演练等方式，传统的课堂讲解以视频、课件资料等形式由学生在课外时间完成，课堂时间则安排了学生动手实践、自主思考、课内讨论等活动，学生通过自主学习、探索和研讨来提高运用理论解决实际问题的能力。

二、高校管理类课程教学方法改革的必然性

高校的管理类课程通常是与社会紧密联系的人文类课程，具有很强的实践性特点。传统的课堂教学模式却与这个特点不相适应，往往注重知识传授而忽视能力培养，使学生只能被动接受知识，不能进行有效转化，实践和动手能力较差，削弱了学生的竞争能力和社会适应能力；教学过程设计不太合理，内容的千篇一律使学生缺少学习热情；而且专业课程总课时数的压缩使得课程内容无法讲完讲透，保证不了课程知识体系的完整性。随着信息和互联网技术的发展，丰富有趣且形式多样的网络信息资源充斥学生周围，“老师讲、学生听”

作者简介：朱鹏羽(1984—)，女，硕士，徐州工程学院管理学院讲师，研究方向：信息管理。

的传统教学模式很难吸引学生的注意力，慕课、微课等在线学习平台也使得学生的学习方式越来越灵活和个性化。所以高校管理类课程的课堂教学方法改革是大势所趋，并且选择使用翻转课堂这种模式能较为全面地解决传统教学模式的弊端。它彻底颠覆了传统课堂教学流程，让学生动手实践、自主学习从而获得更好的学习效果，培养了学生的综合能力；学习过程中强调学生主体作用，从而激发学生的学习热情，提升学习兴趣；管理类课程的内容也适合学生课下自学，而且信息技术能帮助高校很方便地实现将基础知识和理论“翻转”到课下由学生自主学习。

三、ERP课程传统教学模式的不足

ERP(enterprise resource planning，企业资源计划)是指基于供应链这一管理思想，在利用信息技术的基础上，对企业所有资源进行计划和控制，为企业提供决策支持和管理平台的一种全新的现代化企业管理模式。随着ERP软件在各类企业中的广泛应用，学生掌握ERP的基本原理、内容既能帮助学生熟悉企业各部门的运作过程和所有业务流程，而且如果学生能够熟练使用ERP软件也能增强其职业竞争能力，于是许多高校管理类专业陆续将ERP课程作为一门必修课程列入教学计划。

由于ERP系统中包含整个企业的业务流程，软件功能复杂，课堂教学中侧重ERP原理和完整供应链模块的教学，教学内容多元，实践性很强，但传统教学中存在重理论、轻实践的现象。ERP课程一般由理论课程和实验组成，其中实验部分所占课时比例小。实验课程教学多是采用主流的ERP系统，教师演示软件操作流程，学生跟随演练，部分高校采用ERP沙盘模拟的方式引导学生学习。但实际中，学生对企业的运作流程不甚了解，ERP软件操作也只是生搬硬套，并不能很好地理解ERP的运作原理，同时也不能很好地体会ERP给企业带来的益处，教学效果不明显。

四、翻转课堂教学模式在ERP课程中的应用

翻转课堂教学模式强调团队合作和沟通，而且这种合作关系应该贯穿于课前、课中和课后的整个学习过程。课前由学生自主学习，完成传统课堂教学中的知识传授活动；课堂上减少教师讲授的时间，增加学生对学习内容进行互动和讨论的时间，替代传统的课后作业活动，实现知识内化；课后通过成果整理和反馈评价完成知识固化。为此，对ERP课程翻转课堂教学模式进行如下设计。

（一）课程内容专题化

教材是课程内容的载体，为了保证课程知识体系的完整性和科学性，必须对现有ERP教材的内容进行梳理整合，因为目前主流的ERP教材在知识体系、内容详略、章节结构等方面都存在差异。例如，可以将ERP课程内容整合为“ERP发展阶段”“ERP基础数据”“销售管理”“采购管理”“库存管理”“主生产计划”“物料需求计划”“能力需求计划”和“ERP实施”等9个专题。

（二）建立课程平台

ERP翻转课堂教学需要创建一个良好的协作式学习氛围和环境，学生在这种环境中可

以通过自主学习、相互讨论、合作实践相结合的方式开展学习，这需要以网络课程平台为支撑。在ERP课程教学过程中，要充分利用网络课程平台中的在线教学资源，教师要在课前及时将课堂教学ppt、教学视频、课程相关资料、实验任务等内容发布至课程平台，学生可以通过平台进行学习并提出问题，与教师交流学习情况，教师应及时进行反馈；学生在课后时间可以将作业、课堂演讲资料、学习总结上传至教学平台。

（三）课前准备

在每个专题学习之前，教师首先要明确学习任务和制定教学目标。例如“销售管理”专题，学生可以根据教师设定的工作场景，掌握企业在日常业务中如何通过ERP软件处理普通销售业务及相关账表查询。

教师提前准备教案、课件和录制教学视频，课件和教学视频的内容主要包括：销售管理涵盖的业务有哪些；销售管理的作用；销售管理的业务流程；销售管理与其他系统之间的关系；销售管理模块的主要功能；如何进行普通销售业务处理；如何进行现结业务处理；如何结转销售成本；如何进行销售退货业务处理；如何进行月末结账及取消等。因为教学视频时间较短，要做到内容重点突出，主题鲜明，语言简洁，具有吸引力。

课前学生要观看“销售管理”专题的课件、教学视频进行自主学习，有疑问和不懂的地方可以通过课程平台与教师互动，教师也能够提前掌握学生在学习过程中的薄弱环节，课堂上可以有针对性地进行讲解。在翻转课堂教学模式下，学生能够自由安排自己的学习时间和节奏，可以反复观看学习内容，有效地培养和提升学生的自主学习能力。

（四）课堂互动

课前自主学习以及课堂互动学习属于翻转课堂的核心，彻底改变了过去以教师为中心的模式，转变为学生自由选择合适的方式方法进行讨论交流，将课堂时间用于师生、生生之间的沟通、讨论、评价上来，能够有效增强翻转课堂的教学效率。实现师生、生生之间的沟通是课堂互动环节设计的主要目标，因此整个课堂互动环节可以分为以下几个阶段：

第一阶段约15分钟，播放事先录制好的微视频，借助于销售业务流程图来让学生基本掌握ERP软件销售管理模块的业务流程，微视频的时长要控制在10分钟之内。观看完毕之后，教师可以结合学生课前自主学习中提出的问题，对销售内容的部分重点、难点进行讲解。部分专题也可以选择让学生进行内容讲解，由老师进行补充。

第二阶段约25分钟，学生结合课前准备和教师讲解，绘制销售管理模块的业务处理流程图，标注出各个工作岗位需要完成的具体工作任务，结合教师给出的模拟场景“某公司销售业务”的实际案例，分组讨论，自主思考如何解决问题。

第三阶段约40分钟，学生分组进行销售管理模块实验，小组成员分别扮演销售管理中各个岗位的员工，如销售代表、销售主管、仓库主管、财务主管等。本文以用友ERP U872软件为例进行介绍，具体流程如下：运行ERP销售管理模块，建立客户档案并分类，建立存货档案；根据客户请求生成报价单；根据报价单生成销售订单并审核，同时要考虑产品库存和产能；填制并审核销售发货单，根据发货单填制并复核销售专用发票；在应收管理系统中审核销售发票并生成凭证；在库存管理系统中填制销售出库单；结转销售成本。在这个过程中,每个同学的岗位和职责不同,因此只完成了销售业务流程的某一部分操作,可以去学习和观摩小组中其他同学的操作过程,从而对完整业务流程做到心中有数。

最后一个阶段约 10 分钟,各小组向教师汇报销售业务流程实验情况,包括实验过程是否全部完成、完成过程中出现的问题及解决方式、成员间如何相互配合等,小组成员之间互评、进行打分,之后由教师统一点评各小组的实验内容完成情况,与学生一起解决教学实践中的难题。

(五)考核评价

课后时间学生要进行复习总结,对课堂讨论中的观点意见进一步汇总,对实验操作过程进行反思并撰写实验报告。教师要结合在线的提问答疑,并根据学生的出勤状况、ppt 制作、团队协作、讨论发言次数、实验过程、报告撰写等过程性因素进行评价。

五、总结

我国高校管理类课程教学模式的变革可以采用翻转课堂教学模式,突破了教师讲课时间的限制,具有个性化教学的特点,弥补了传统授课方式的不足,改善了学生的学习效果。但在具体实践中,仍有需要改进的地方:管理类课程的在线教学资源还不够丰富,毕竟翻转课堂模式是个新事物,教师要投入大量时间和精力对教学资源进行建设与完善,这是一个漫长的过程;教师的教育观念要进行转变,翻转课堂教学模式强调以学生为中心,学生主动学习,教师只是起到引导作用,如何更好地发挥学生的主体作用要依靠老师的教学智慧;另外要鼓励教师多尝试和进行创新,才能不断提高教学质量和教学效果。

参考文献:

[1] 郭研,董超. 智慧教育环境下 ERP 翻转课堂的教学实施研究[J]. 中国管理信息化,2018,21(1):201-204.

[2] 梁俏. 影响 ERP 实验教学的几个关键问题与解决对策[J]. 商业会计,2014(6):125-127.

[3] 席晓丽. "翻转课堂"在高校管理类课程教学中的应用研究[J]. 南阳师范学院学报(社会科学版),2015,14(11):64-67.

[4] 杨晓. ERP 采购业务处理信息化教学设计与应用[J]. 中国教育信息化,2018(20):45-47.

[5] 张爱琴,刘东霞,宿丽霞. 基于案例教学的翻转课堂教学模式设计与应用研究:以"工商管理案例分析"课程为例[J]. 工业和信息化教育,2017(1):58-63.

应用型本科院校“经济学原理”混合式教学模式探讨

——以徐州工程学院管理学院为例

王海侠

摘　要：“经济学原理”是管理学院的学科基础课，具有理论流派众多、内容庞杂、逻辑性较强、分析方法多样化的特点，它对人才的培养发挥着举足轻重的作用。混合式教学体现“互联网+”的理念，顺应了教育信息化的趋势，融合了网络教学和传统课堂教学的优点。本文探讨了目前“经济学原理”课程教学现状，分析了混合式教学模式在“经济学原理”中的方案设计及应用。相对于传统教学的评价方式，混合式教学不但重视结果的评价，更重视学习过程，使评价与教学活动结合起来，有助于提高课程教学质量，培养创新型经济学人才。

关键词：经济学原理；混合式教学；教学模式

《国家中长期教育改革和发展规划纲要(2010－2020年)》确定了教育信息化的目标任务，并要求充分发挥信息技术对教学方式的重要影响作用，通过各种形式的教学模式来提升人才的综合能力。混合式教学模式就是现代化的信息技术与教学活动融合的重要方式。

一、混合式教学模式的提出

混合式教学是指网络线上与线下的混合，通过引进面对面教学来改进网络教学的不足，是传统教学与网络化学习优势互补的一种教学模式，是目前高校教学改革的一个重要研究方向。混合式教学模式是利用网络在线教学的优势来增强学生学习效果的，因此，以下几个条件不可或缺：

网络资源建设。网络平台的构建，要适合学生用手机也能流畅地学习。网络平台上与课程内容紧密结合的知识点，要碎片化、生动化，以免枯燥。

精心设计的教学过程。教学过程包括教学准备、网络教学、课堂教学和实践活动、考核评价。网络教学是将课程内容、教学资源或教学活动呈现在资源平台上的教学。

二、现阶段“经济学原理”课程教学状况

本文通过对徐州工程学院管理学院2017级和2018级学生的调查，汇总了目前“经济学原理”课程教学的状况。

作者简介：王海侠(1972—)，女，硕士，徐州工程学院管理学院副教授，研究方向：财务管理。

（一）从教学模式来看

多数学生认为传统的教学模式严重束缚对学生创新能力和实践能力的培养。在西方经济学的教学过程中，教师大多保持传统的教育思想，一味向学生灌输理论内容，缺乏对学生综合技能的培养。课堂教学也保持教学理论讲授为主的方式，忽视了学生在学习过程中的主动性和积极性，教学环节缺乏一定的课堂互动，使得教学和学习比较枯燥，学生对课程的学习兴趣也不高，对于当前我国乃至国际上的经济变化形势也了解得不够。这对应用型人才的培养起不到应有的作用。

“经济学原理”的内容庞杂，管理学院自 2015 年来开课课时修改为 64 课时。为完成授课计划的教学任务，大多数教师采用讲授法，将更多的精力放在知识讲解上。但这种垂直式教学方式，学生只能被动接受，参与性不强，学生容易疲倦，注意力难以集中。学生课上忙于记笔记，没有足够的时间思考，对现实的经济现象也不能利用经济学原理进行分析，创新能力和实践能力有待提高。

此外，“经济学原理”课程的实践环节形同虚设，缺乏有效的指导规范、执行保障和考核标准，缺乏相应的实践平台，无法开展实践教学。传统的“黑板经济学”教学模式严重束缚了对学生创新能力和实践能力的培养。

（二）从教学内容来看

“经济学原理”课程中数学模型和定量分析较多，它深入分析各种经济变量间的关系，是一门逻辑性较强的学科。但管理学院的学生中文科学生较多，对于数学基础薄弱的文科学生来说，他们难以接受理论分析中的数学、图表和公式，不能通过主观的图形和精练的公式来理解经济学的理论，也很难真正掌握经济学的原理并运用经济学理论来分析现实的经济问题。在学习过程中，学生会产生枯燥难学的印象，甚至产生排斥、厌学的心理。

“经济学原理”理论抽象、难懂，学生很难消化。“经济学原理”是一门理论性较强的学科，是对资本主义市场经济运行规律和实践的总结和理论概括。经济学的理论体系简化了现实生活中的各种复杂的影响因素，理论的分析是建立在一系列假设前提之上的。这对社会实践不足、阅历简单的在校大学生来说是难以理解和消化的。

此外，管理学院“经济学原理”课程一般在大一上学期或大一下学期开设，开课年级低，学生的专业认知能力有限，对经济学中复杂的理论很难深入理解和掌握，严重影响了学生的经济学思维的培养，影响了学生理论联系实践的能力。

（三）从教学目标来看

首先，在当前管理学院的“经济学原理”教学中，教学内容相对复杂，主要涵盖了宏观经济学和微观经济学两部分。课本的内容比较烦琐，学生在理解上具有很大的难度，同时，其内容也更偏向于理论和公式等内容，实用性比较差，对实际工作几乎没有帮助。这大大降低了学生的实际学习效果，同时也在一定程度上违背了应用型人才的培养目标。

其次，“经济学原理”是对西方资本主义市场经济运行规律的总结和概括，教材（尤其是引进的经济学教材）中讲述的案例大多也是描述西方国家的经济问题和经济现象。国内的经济学教材往往重理论，轻案例。学生在学习“经济学原理”时，很难将教材中的理论和方法应用于实际问题的分析。

最后，目前管理学院对“经济学原理”课程以理论性的教学为主，缺少对深层次内容的有效分析和讲解，相关的知识点也不能有效地与现实热点相结合。在应用型人才的培养过程中，强调的是学生综合技能的提升，满足未来业务和岗位的实际需求，但是现阶段经济学理论与实践应用脱节，不仅学生无法深入理解西方经济学的理论内涵，同时也大大降低了学生分析经济热点问题以及解决问题的能力，在一定程度上违背了应用型人才的培养初衷。

（四）从成绩考核方式来看

目前管理学院“经济学原理”课程以期末考试成绩来考核学生的课程掌握情况，评价教师的教学效果，考核方式单一，对学生整个学习过程的监督和考核不足。部分学生考前突击背题，也能轻松通过考试甚至取得不错的成绩。因此仅凭期末考试试卷不能全面考核学生的课程学习情况、对知识的掌握和理解程度。学生学习的积极性会受到影响，学生会把更多的精力放在背题来应付考试上，难以培养学生的创造性思维能力和经济学的思维能力。

根据以上的分析可以看出，目前管理学院在“经济学原理”课程教学中还存在很多不足，在保证经济学课程理论框架的前提下，通过以上反馈的问题及经济学课程本身的特点，并结合学生们的兴趣点来设计教学活动，引入混合式教学模式，以此来充分地调动学生积极性和学习热情具有重要意义。

三、混合式教学模式在“经济学原理”课程教学中的方案设计与实施

（一）课程总体设计

经济学在西方国家被称为“社会科学的皇后，最古老的艺术，最新颖的科学”。“经济学原理”作为管理学院的学科基础课程，对于学生全面掌握市场经济条件下经济运行的基本原理、规律和方法，培养适应教育部“宽口径、厚基础”的改革要求，适应社会主义市场经济和信息时代要求的应用型人才具有重要意义。本课程的教学目标是要求学生通过学习，熟练地掌握市场经济的基本理论、基本知识、基本方法，并能将所学知识用于分析解决经济运行中遇到的问题，培养学生的经济学思维，为学生毕业后从事与专业相关的实际工作打下扎实的基础。

该课程教学目标偏重学生能力培养与职业素质培养，即在坚持课程理论系统性的前提下，以适用性、实用性和应用性为重点设计教学内容，对庞杂的经济学原理进行分析取舍、优化整合，体现应用型本科课程设计的思想，着重培养学生掌握经济学的基本思维方式，为学生提供分析经济现象与解决现实经济问题的理论知识、分析方法和解决思路。

（二）教学内容设计

“经济学原理”课程教学内容共分两大模块，每个模块又分为若干单元。具体的模块名称为：微观理论及运用（包括经济学入门、了解现实生活中供与求、如何进行理性消费、探知厂商经营的秘密、认识市场结构、了解收入分配），宏观理论及运用（包括认识 GDP、探索国

民收入理论、了解失业与通货膨胀、打好经济政策“组合拳”)。

(三) 教学平台建设

“经济学原理”已经在学校超星网络教学平台上建立了课程网站，对于教学平台的建设，首先需要把包括课程介绍、教学日历、章节练习、试题库、教学大纲、教学视频、教案、多媒体课件、案例、推荐的期刊和相关网站等在内的基本信息上传至网络。

其次，设计“经济学原理”课程的思维导图及每个模块的思维导图，提纲挈领，引导学生形成对“经济学原理”课程的总体知识结构把握。

再次，构建“经济学原理”各学习单元。有效的线上线下混合式教学，不能是简单的线下教学课件的上传，大段文字、长篇大论只会令学生昏昏欲睡。有鉴于此，线上网络平台资源应力求碎片化、颗粒化且不失系统性，需要把“经济学原理”课程全部重要知识点及疑难知识点按照其内在的逻辑性和系统性进行碎片化和颗粒化处理，教师采取教学微视频、网络链接、教学课件等表现方式，合理拆分并提炼教学要点。

(四) 混合式教学模式的实施

“经济学原理”线上线下混合式教学模式具体实践过程分为三个环节，即课前线上自学、课中翻转教学、课后线上拓展。

(1) 课前线上自学。学生通过网络平台获取本次课程的任务单和课程资料，独立自主完成本次课程教学微视频、教学课件及其他教学资源的学习。针对自己无法解决的问题，学生可通过网络搜索、工具书、小组讨论、平台在线提问等方式进行解决，在学习平台上进行反馈，以便教师合理安排线下学习的内容和方式，也可以带到课堂上由教师详细解答。

(2) 课中翻转教学。在课堂教学阶段，教师针对学生在线预习中遇到的共性疑难问题和重点知识进行详细讲解，与学生广泛探讨。学生需要以小组为单位，制作 ppt，轮流展示本小组领取的在线作业的成果。汇报结束后，在小组成员互评、班级成员评价、教师评价的基础上，形成该小组每个成员本次作业的成绩。课堂教学模式向“以教师为主导，以学生为中心，以解决问题为导向”的新型教学模式转变，真正实现教学做一体化。

(3) 课后线上拓展。在课堂教学结束后，教师需要在网络平台上传本次课的知识重点、难点，让学生进行讨论，引导学生归纳、总结与反思，帮助学生完成知识的内化与迁移。此外，教师需要布置一些针对本次课堂教学的拓展任务，发布至网络平台，供学生进一步巩固并提高对知识的掌握程度。最后，教师根据学生的作业完成情况和整体学习情况，对整个教学过程进行深入反思评价，查找问题，调整课程的教学设计，不断优化教学资源，改进教学方法。

总之，混合式教学无论是对老师还是对学生来说，都是一项新的挑战，需要付出更多的时间和精力。对老师而言，无论是课前的准备，还是课堂上的组织，特别是需要针对性地将知识点碎片化地制成精美的视频，这对老师的个人能力提出了很高的要求。对学生而言，混合式教学要求学生抽出更多的课外时间来提前学习，这可能会对学生的课外安排形成冲击。只有设计出适应信息化发展要求的“经济学原理”课程体系，并把混合式教学在课程建设中真正落实，才能切实提升“经济学原理”课程的学习效果，从而提升学生自主学习的积极性和主动性，同时提高课程教学质量，培养创新型经济学人才。

参考文献：

[1] 程蹊. 基于混合式教学模式的教学改革探索与实践：来自《宏观经济学》的课堂实验[J]. 教育教学论坛，2018(32)：169-170.

[2] 方军. 应用能力培养下“西方经济学”的教学创新改革方法分析[J]. 求知导刊，2018(34)：113.

[3] 魏婷. 基于混合学习模式的西方经济学教学设计[J]. 长春教育学院学报，2018，34(5)：55-56.

[4] 战岐林，曾小慧. 基于翻转课堂的高校经管类课程教学模式设计研究：以“西方经济学”课程为例[J]. 金融经济，2016(8)：154-155.

[5] 张红智，刘珉，贾欣. 高职院校线上线下混合式教学模式探索与实践：以“经济学基础”教学为例[J]. 西部素质教育，2018，4(17)：5-8.

[6] 张瑞. 西方经济学混合式教学策略探究[J]. 教育现代化，2018，5(20)：215-216.

[7] 张志敏.《经济学基础》微课教学模式在高校课堂应用探索[J]. 教育教学论坛，2016(31)：106-107.

获得感视角下的本科院校教法改进策略研究
——基于“项目投资与融资决策”课程案例

马忠民

摘　要：获得感是获取需求后的满足感。高等教育阶段是学生成长的重要时期，只有让大学生有实实在在的获得感，才能培养满足社会经济高质量发展需要的优秀人才。本文结合徐州工程学院财务管理国家级特色专业及江苏省品牌专业建设和发展实践，基于“项目投资与融资决策”课程案例，分析了获得感视角下应用型本科院校的教学改革方向，并由此提出了具体的改进策略。

关键词：获得感；本科院校；品牌特色专业；教学方法；改进策略

2015年2月习近平总书记在中央全面深化改革领导小组第十次会议上，强调要把改革方案的含金量充分展示出来，让人民群众有更多获得感。党的十九大报告再次强调，要使人民获得感、幸福感、安全感更加充实、更有保障、更可持续。这引起了学界的强烈共鸣与广泛关注。学者从不同方面论述获得感的内涵，以及如何增强获得感。高等教育阶段是学生成长的重要时期，“让人民群众有更多获得感”这一思想也为高校教学质量提升提供了指引方向。本科院校要在教学方法上不断进行改进，让大学生有实实在在的获得感，才能培养满足社会经济高质量发展需要的优秀人才。2009年徐州工程学院财务管理专业获批为教育部高等学校特色专业建设点，2015年又入选江苏高校品牌专业建设工程项目(PPZY2015A076)，作为财务管理专业课之一的“项目投资与融资决策”课程，在培养高质量应用型财务管理专业人才方面有重要作用，为此本文结合“项目投资与融资决策”课程案例，探讨获得感视角下应用型本科院校教学改革方向与具体的改进策略。

一、基于获得感的大学生教育价值认知

获取利益后所产生的满足感就是获得感，条件不同，其获得感构成要素和形成机制也会不同。获得感是一种积极的正向心理感受以及实实在在的得到，不仅包含精神层面，还有物质层面，并与参与感紧密相关。增强人民获得感，应树立系统思维，全面推进各领域综合改革。作为最基本公共服务产品之一的高等教育，学生应该是最终最直接的体验者和消费者，“获得感”的提出成为新时代本科院校教法改进的方向与目标，也是体现一切为了学

作者简介：马忠民(1966—)，男，硕士，徐州工程学院管理学院副教授，CCAA国家注册质量管理体系审核员，研究方向：投融资管理创新、教学方法与教学管理。

生，为了学生的一切的根本遵循，只有这样才能努力办好人民满意的教育。“获得感”思想明确了教育综合改革方法论，是教育改革的新动力机制。

由上基于获得感，对于本科院校教法改进应该充分了解大学生的层次价值需求，让受教的大学生获得可感知、可接受、可体验、“看得见”、“摸得着”的实际知识技能与品行素养的提升。大学生教育价值的获得感，在于昭示所进行的教法改进最终必然要集中到一点，就是回到以学生为中心的基点上，充分发挥大学生作为学习主体的积极性、主动性和创造性，评判衡量的标准应该是接受教育的大学生对获得的知识技能与品行素养价值的认同感与满足感。

二、低获得感教学方法的问题症结所在

教学方法是教师在教学活动过程中通过对学生施加影响，把科学知识传授给学生，以培养学生的知识能力，发展智力，形成一定道德品质和素养的具体的手段。教育部明确提出地方普通本科院校要转变办学思路，应全面提高学生的实践能力与创新能力、就业能力与创业能力，培养应用型技术与技能型人才，强调了对学生所获知识的应用性和实践性，更好地服务地方经济社会发展。这种办学目标定位要求，也是对普通本科高校教学方法的导引，某种程度上指出了传统教学方法低获得感的症结所在。

（一）教学内容与实际要求的契合度不高

获得感的高低本质上是对教师教学服务能力的考核。教师是根据教学内容组织教学的，教师教学服务能力很大程度上受制于所教育的内容。再好的教学方法，没有契合实际要求的教学内容，在教学过程中，就会出现理论与实际的脱节，学生学习状态低迷，进而厌课甚至逃课，这样必然造成学生的低获得感。“项目投资与融资决策”是一门实践性很强的课程，如果课堂讲解内容不能有效将项目投资与融资决策理论知识与投融资实践相结合，学生的学习积极性就会下降，学生在课堂上思想开小差、玩手机的情况时有发生，从而影响到教学质量。另外，国家相关投融资法规措施不断修订完善、不断更新，例如2017年3月发布《企业投资项目核准和备案管理办法》，2019年3月发布《中华人民共和国外商投资法》等等。这就要求财务管理专业人才的培养要不断适应社会经济发展和企业高质量发展的需求，“项目投资与融资决策”课堂讲授的课程内容也要与时俱进。

（二）学生的学习主体地位提升不足

党的十九大明确提出新时代必须实现高等教育的内涵发展，这就要求要以学生综合素质及创新能力提升为本，寻找提升教学质量的切入点，采用灵活多变的教学方法。但目前人们对高校教学活动的认知方面仍存在差异。传统观点中，仍把“教”作为教学方法中的逻辑“起点”，处于支配地位；“学”作为教学方法中的逻辑“终点”，处于被支配的地位。因而教法中的“教”占据了制高点，常会采用“满堂灌”的教学方法。学生的学习主体地位提升不足，对学生的“学”的需求和个性差异选择了忽视或者无视，重视度不足。应用型本科院校最终培养的是应用型大学生，在教师成为课堂的主体的情况下，虽然教师们非常敬业，但所讲授的知识真正灌输到学生的脑子里转化为他们专业技能的却有限。缺少了以学生为主

体的引导过程方法设计，缺少了以学生为主体的实际操作能力培养，很难建立起一套完整的投融资知识体系。学生听完教师的专业课，确实明白了许多专业理论知识，但这种讲授对于提升大学生应用能力并无太大用处，对于大学生自身的可持续发展很难达到理想的效果，大学生获得感不足。

(三) 情景渲染不足，兴趣点燃不够，实践机会偏少

对教学方法进行设计的本质是对教学行为精心安排，将课程中的知识、观念、理论与原理转换成需要实现的教学目标，对学习内容、学习过程以及学习效果评价、学习反馈等环节进行具体创设安排。由于传统教法设计中，或者情景渲染不足或者兴趣点燃不够或者实践机会偏少，即使采用了先进的教学手段，如 ppt 案例画面、时髦的课堂翻转、慕课的机械搬用，由于缺少了用“情”的表达设计，缺少兴趣的点燃与催化，缺少实践机会的锻炼，缺少了知识点的精炼表达，必然脱离了学生的本质需求，久而久之，影响学生的学习专注度。脱离应用型培养目标的各种过程方法导入，反而变成了形式主义的附属品，增加了教师的负担，缺少了课堂节奏的把控、灵活的方法穿插、肢体语言的妙传、要点重点情景渲染、实操的应用等合理结构搭配，很难形成“情趣”教学。教师教得很辛苦，而学生学的效果仍不理想，久而久之，影响到大学生获得感与健康成长，影响到应用型创新性人才培养与供给。

三、获得感视角下的本科院校“投资与融资决策”教法改进策略

“获得感”有着丰富内涵，既有知识获取、能力提升，也包括情感体验。“获得感”思想为应用型本科院校教学改革提供了理论遵循，也为“投资与融资决策”教法改进提供了依据。身处网络时代的当今高校课堂，各种教学方法叠加与碰撞，“大学生获得感”这一视角，实质是从根本上关心大学生的实际需求，将这些需求通过更有效的教学方法来满足，提高学生的获得感，是专业课教法改革的必由之路。2019 年 4 月，教育部启动了一流本科专业建设“双万计划”，向地方高校倾斜，提出在 2019—2021 年期间分别建设 1 万个左右国家级一流本科专业点和省级一流本科专业点。这一计划的实质是全面振兴本科教育，提高高校人才培养能力，实现高等教育内涵式发展，鼓励分类发展、特色发展，也是要使人民有更多的获得感，使高校的人才供给更可持续。

(一) 树立“获得感”意识，实现由“教”向“学”的转变

“获得感”思想的提出，就是明确了高等教育综合改革方法论。树立“获得感”意识，就是在教学方法设计中，首先要关注学生，定位于学生，关心学生的实际需求，把学生的实际感受放在首要位置，就是要实现由“教”向“学”的转变。要充分理解到学习的“获得感”就是学生作为“学”的主体在学习欲求实现之后的主观感受和情感反应，其实质强调了作为教学方法设计的主体教师，在教学改革中要观察学生实际的“获得”，落脚点放在学生的情绪反应的“感”上。教学方法无论怎么改，其最终考核目标是“学”的获得感。教学方法的改革必须明确这一总目标，使教学方案更富有操作性，要突出重点，对准焦距，找准穴位，击中要害。

（二）采用“多模式高情趣”的教学方法，聚焦项目投融资实际需求

教育与时代的发展息息相关，时代的发展改变了教育价值观念，课堂的呆板机械将不受欢迎，最终表现为低获得感，因此，我们必须顺应时代潮流，采用“多模式高情趣”教学方法。所谓“多模式”指教学模式的多元化，“高情趣”指教学的体验有高调的情感与高级的趣味。教学模式的多元化体现在教学改革策略中实施的逆向活案例法、慕课翻转融合法、虚拟现实仿真法、实训实践结合法、多方参与互动法“五维度”多元模式，根据课程特点学习实际灵活调动；“高情趣”指通过“六情”法，进行艺术化的教学设计与实施，以情动人、用情促教，构造“满情”生态课堂，驾驭情感、调动情绪、运作情趣，实施魅力课堂建设。在这种模式下，教师聚焦项目投融资实际需求，充分“燃爆”课堂能量，用情趣引路、用知识默化、用多元熏陶，让学生在日积月累中激发能力！教师动情地教、学生深情地学，重体验感悟，重知识积累，重能力迁移，教学的每个环节、每个重点都被关注到，学生的知识状态不断被优化，创造创新的潜能不断被激发。“多模式”富有“高情趣”的课堂，必然提高学生学习的积极性、学习的关注度、学习的敏锐性、学习的主动性和创造性，做到虚实结合、多面立体、有情有趣、有滋有味，也必然有知识的高迁移性，因而产生学生的高获得感。

（三）融合资源增强实操契合度，多方合作搭建“行动课堂”

培养服务地方区域经济发展的应用型人才是应用型本科院校的重要目标，因此培养过程中必须强调以行业需求为导向，构建理论与实践相结合的课程体系，人才的知识结构和能力体系中必须强化实践实操能力，才能提高应用型人才的培养质量。根据对“投资与融资决策”课程的学习调查，无论专业成绩优良还是一般的同学，都呈现出强烈的“实操能力饥渴”，即陈述性与理论性知识的掌握度虽然参差不齐，但是对实操的要求都比较高。因此在教学方法改革中，还要融合校内校外资源、课堂课外资源、线上线下资源，不断加大与增强实操训练，提高实践契合度，学校、企业、社会、政研学用多方合作，共同搭建“行动课堂”。“行动课堂”的目标就是让“知识行走起来”，让学生进入情境模拟或案例讨论或者思考操作，将所学知识吸收内化为能力，形成专业技能和锻炼创业创新能力。“行动课堂”中的课堂知识是助推器，聘请的社会贤达教师的实践指导是导向器，通过专业课堂知识实践、寒暑假社会实践、基地嵌入实践、QQ群微信群讨论、在线平台发布互动等，建立起一套完整的投融资知识体系，让学生充分感悟到专业课是以人为本、能力所需的课程，不仅“热闹了一阵子”，更要体验到“技能压身的一辈子”，学生的获得感自然而然得到提升。

四、结语

新时代的中国经济已经进入高质量发展阶段，本科院校教学改革发展要贯彻“获得感”思想，提高办学质量和社会服务水平。“双万计划”提出的分类发展、特色发展，也是要使人民有更多的教育获得感。教法改进最终必然要集中到一点，就是回到以学生为中心的基点，总目标应该是提高学生的获得感，包含知识的、能力的与情感的。为此教法改革要树立“获得感”意识，实现由“教”向“学”的转变；采用“多模式高情趣”的教学方法，聚焦项目投融资实际需求；融合资源增强实操契合度，多方合作搭建“行动课堂”。要做到虚实结合、多面

立体、有情有趣、有滋有味，从而实现知识技能的高迁移性，学生的高获得感。

参考文献：

[1] 曹云南.基于学生价值获得感视角：成人教育资源优化策略探析[J].中国成人教育，2016(11)：46-48.
[2] 范叙春.能力导向的经济学专业应用型人才培养体系构建[J].大学教育，2019，8(4)：156-158.
[3] 刘继青.基于“获得感”思想的教育改革[J].教育发展研究，2017，37(1)：1-8.
[4] 马忠民.“双创”背景下应用型本科院校实践性教学策略研究：基于项目投资与融资决策课程案例[J].黑龙江工业学院学报(综合版)，2017，17(8)：10-13.
[5] 马忠民.新时代大学课堂教学质量提升策略：应用型本科院校基于艺术魅力视角[J].中外企业家，2017(21)：244-245.
[6] 肖述剑.人民获得感：新时代中国共产党执政的创新践行[J].理论学刊，2019(1)：40-47.
[7] 阎国华.高校思想政治理论课获得感的内在要素与形成机制[J].思想理论教育，2018(1)：66-71.
[8] 张微，黎阳，薛彬.如何在高职英语课堂教学中提升学生获得感[J].四川文化产业职业学院(四川省干部函授学院)学报，2018(1)：111-113.

翻转课堂在“计算机财务管理”课程实践教学中的应用

——以筹资决策模型为例

陈艳杰

摘　要：在“互联网+”和“双创”的时代背景下，为了提高高校财务管理专业“计算机财务管理”课程的教学质量，亟须对“计算机财务管理”的传统教学模式进行改革，培养出符合时代需要的应用型和创新型人才。本文将翻转课堂引入“计算机财务管理”课程教学实践中，对课前、课中、课后三阶段进行教学设计，完善教学体系，提高教学效果。

关键词：计算机财务管理；教学资源；教学设计；翻转课堂

一、引言

翻转课堂(flipped classroom)又称为“颠倒课堂”“反转课堂”，这一概念是相对于传统教学模式而言的。传统教学模式是课堂上教师对无任何课程内容学习准备的学生进行知识的传授，课堂上教师是教学的主体，教师是知识的传授者、拥有者，学生是接受知识的被动的学习者。教师在课堂讲解完成后，布置课后作业，学生完成作业，通过作业完成知识内化及巩固。而翻转课堂与传统教学模式的顺序正好相反，是一种探究式、创新式的课堂教学模式，将学习的主动权转移给学生。翻转课堂要求在课前学生先自主安排时间学习，通过观看教师事先准备好的微课视频、教学教案、学习任务单等资料完成对相关知识点的理解与把握。学生在课堂外学习这些资料，甚至完成网络课程的小测验等教师布置的任务，原来传统教学模式中在课堂上由教师讲授的教学内容交由学生在课堂外自主学习完成。教师及时检查学生自主学习的结果，发现问题，然后回归课堂上，教师作为辅导者及时解答学生在自主学习中产生的疑问，进行集体的深化讨论和动手操作，帮助学生进行知识的内化，解决学习过程中遇到的难题。课堂上教师只是辅导者和解惑者。同时，教师要求学生课后完成所有作业，并对学生知识的掌握情况进行考核。目前，翻转课堂教学模式越来越受到学校和教师的重视。

高校财务管理专业“计算机财务管理”课程主要讲解如何应用计算机软件完成财务管理工作，教学内容侧重于讲解计算机软件应用于财务管理中的技术与技巧。本课程的应用性比较强，传统教学模式中安排学生上机实践 Excel 软件以学习财务管理中的相关技巧，因

作者简介：陈艳杰(1975—)，女，硕士，徐州工程学院管理学院讲师，研究方向：财务管理。

为学生的理解能力和计算机操作能力的差异较大，传统教学模式下教学效果不是很好。本人设计了计算机财务管理的翻转课堂教学模式，进行了教学班的实验对比，结果发现：相对于传统课堂教学，翻转课堂的教学效果有所改善，但是也呈现了一定的问题。基于此，本文探讨"计算机财务管理"课程实践教学过程中翻转课堂教学模式的设计方案及实践效果。

二、"计算机财务管理"课程传统课堂教学中存在的问题

（一）教学课时有限

教学课时的限制，使得教师不能将课程的知识全面地、有深度地教授给学生，导致学生学习知识的片面性、不完整性、肤浅性。对"计算机财务管理"课程教学内容的讲解，在传统课堂教学中大部分院校会讲解计算机软件功能及其在财务管理中的应用方法等。课堂上教师首先讲解不同财务管理内容所使用的软件的操作方法，随后布置作业，由于教师要顾及每一位学生，所以在课堂上对软件应用的讲解会以大部分学生的需求为主，进度不能太快。由于学生忙于完成上机作业，所以缺少对计算机软件应用的深层次的思考，老师组织讨论时间有限，只能教学生掌握基本的软件操作技能，学生毕业后没有能力解决工作实践中遇到的深层次问题。

（二）无法培养学生的创新创造能力

培养学生的创新创造能力是大学教育培养的目标。根据以往教学经验发现："计算机财务管理"传统课堂教学中，学生在课堂上只是忙于记忆软件的使用方法，上机实践时忙于完成教师布置的作业，当遇到问题时，会立刻请教老师帮助完成，缺少思考的时间，不利于培养学生自我解决问题的能力，导致学生在学习中只是一个被动学习、死记硬背的机器，对软件应用中的拓展性思考不够，创新和创造能力得不到培养。

（三）知识和技能滞后

在传统课堂教学中，教师为了教学生掌握财务管理中各种软件的使用方法，大部分时间会安排学生个人完成上机作业，学生都埋头独立完成自己的实验作业，学生间缺少团队合作的机会，团队合作得太少，不利于学生发挥自身的优势，学生只能单打独斗，没有团队意识。而且，目前大部分企业都是在网络环境下进行会计信息的处理加工，集团企业的财务共享是业界的新宠，学生在传统教学中对网络环境下的信息化处理模式学习的机会较少，导致学生工作后，知识和技能滞后于实际工作需求。

三、翻转课堂在"计算机财务管理"实践教学设计——以筹资决策模型为例

"计算机财务管理"是对我校大三学生开设的一门课程，大三学生已经学习了"财务管理""财务分析"和"中级财务会计"等课程，对企业的运营模式有了一定的了解。下面对我校 2015 级财务管理专业 4 个班学生的"计算机财务管理"课程进行翻转课堂教学设计。本课程教学大纲包括 6 个实验项目，包括 Excel 工作表与工作图的设计、财务分析模型设计、投资决策模型设计、筹资决策模型设计、营运决策模型设计和利润管理模型设计，共 32 个实践学时。其中，筹资决策模型设计为 6 学时，要求学生学会资金的时间价值函数，窗体的应

用，设计筹资决策的静态、动态和动态扩展模型。

（一）课前准备

在上课前，教师提前1周将教学资源包发布到超星网络教学平台，布置教学任务，要求学生掌握相关知识。教学资源包主要包括使用录屏软件录制好的资金时间价值函数、窗体的应用以及筹资决策的静态模型、动态模型和动态扩展模型总计5个微课视频及对应的ppt。为了便于学生利用课后碎片化的时间进行学习，每个知识点的视频时间控制在5—10分钟，总时间不超过40分钟。学习内容分为必学和选学两种，这里的筹资决策的动态扩展模型就是选学内容。学生自主学习相关内容，灵活安排学习进度，视频可以拖动和反复观看。教学任务单要求掌握相关的时间价值函数、微调窗体的控制和4种基本的还款方式的异同，以及筹资决策的静态模型和动态模型，通过超星平台，提交Excel作业文件，并整理自己不懂的问题，通过平台讨论区及时反馈给教师。

教师在课前按时查看课程数据，学生观看视频的完成度、反刍度等数据来发现学生学习中遇到的难以理解的知识点，并把这部分内容在课堂教学中作为重点讲解和讨论的内容。教师对没有完成视频观看的同学进行督学，让学生及时进行自主学习。教师针对存在的问题合理安排课堂教学环节的内容，并对学生提出的疑难问题进行记录和整理，思考解答和讨论的方式。

（二）课中翻转

教师在课堂中融入实操案例，让学生主动分析这一案例的筹资决策静态模型的整个设计过程，帮助学生实现知识的内化，并且对学生反馈的问题进行解答。当学生已经完全掌握了静态模型后，教师再提出动态模型这一概念，要求学生分组讨论动态模型能实现的功能及其设计的思路，要求学生分组汇报讨论结果，后面小组负责对前面小组讨论的内容进行补充和纠错。汇报结束后，教师对小组讨论的结果进行点评和总结，并布置筹资决策动态模型的实验内容，要求按时完成和提交实验报告。实验报告内容也分为必做和选做两部分，筹资决策的动态扩展模型是选做部分。在学生实验过程中，教师针对个体进行指导。指导不等同于告诉学生如何操作，而是引导学生进行思考，强调学生设计个性化筹资决策模型，对于出现的具有共性的难点问题，在每次实验课结束前进行统一讲解，鼓励那些学有余力的学生能够完成具有挑战性的选做题目，并给予关注和指导。

在筹资决策模型设计实验教学过程中，要求分3次在平台上随堂提交Excel文件形式的实验数据及结果，通过随堂提交作业，避免个别学生在实验过程中开小差，提高实验教学质量。

（三）课后阶段

筹资决策模型设计的6学时实践教学结束后，要求学生及时提交Word文件形式的实验报告，并参加这部分内容的在线测试。教师批改学生的实验报告、批阅在线测试试卷，针对筹资决策内容中存在的问题反馈给学生，并予以指导。及时跟进提交实验报告和在线测试，可以使学生的知识完全内化，并且熟练应用。

教师可以通过网络课程平台的讨论区发布讨论主题，通过超星App、QQ、微信等多种方式实现师生互动和生生互动，交流学习过程中遇到的问题，提高学生学习的热情，满足当代大学生对“互联网＋”教学的需求，培养创新型人才。

四、翻转课堂教学效果的评价

相对于传统教学模式，翻转课堂教学模式具有诸多优势，可以解决传统教学模式中存在的大部分问题。首先，采用翻转课堂教学模式，可以激发学生的学习热情，提高学生学习的积极性和主动性。课堂上的讨论和回答的问题都是考核的内容，学生为了获得较好的考核成绩，一定会在课前按照教师布置的学习任务单自主学习微课视频并完成单元小测验，学生在课前有足够的时间进行思考。其次，翻转课堂教学模式可以培养学生的创新能力。在课堂教学过程中，教师提出与学生学习内容和上机实验相关的更深层次的难点问题，让学生进行现场讨论并提出解决问题的方案。教师使用预先准备的操作题目，让学生进行操作演示，检验学生通过前面的自学与讨论是否具有解决实际问题的能力。再次，翻转课堂教学模式获得知识的途径更多，通过课堂上的教师与学生、学生与学生间的互动讨论，学生不仅可以从教师那获得知识，也可以从其他的学生那获得知识。最后，翻转课堂教学模式能够培养学生的学习能力。“计算机财务管理”课程主要讲授 Excel 在财务管理中的应用技巧，教学内容的实践性强，教师在教学任务单的设计、教学电子资料的准备方面都应该细心。微课视频内容是课上讨论内容的基础，课上讨论内容应与微课内容能够衔接，并且有一定的延伸拓展。教师在讨论过程中充当了学生学习的策划者，学生通过讨论解决了学习中的难点，增强了学习能力。

参考文献：

[1] 王小红.微课视域下中国特色的翻转课堂教学模式透视：以《会计学》课程为例[J].财会通讯，2017(25)：37-40.

[2] 王海洪.会计软件应用课程翻转课堂教学模式研究[J].财会通讯，2016(10)：53-55.

基于在线课程的混合式教学实践与探索

成　兵

摘　要：当前很多高校教师采用ppt课件，以教师为主传授知识，教学效果很不理想。本文以财务管理课程为例，在实践与探索的基础上，研究如何与最新的网络在线课程相结合，尝试线上线下的混合式教学，为提高学生学习积极性和教学效果，提出了如何有效实施在线课程下的混合式教学的几点建议。

关键词：网络在线课程；混合式教学；财务管理课程

现代教育理念是通过对学生的全面教育，培养学生的表达能力和问题分析能力，即帮助个体成长为理性思辨能力和批判精神健全的人。这种教育理念应该贯穿于大学的每门课程，而当前大多数高校教师主要借助ppt课件的形式进行知识的传授，造成学生对知识内容理解不透彻并缺乏学习兴趣和学习的主动性等问题。如何将学习者由被动学习变成主动学习，提高学习效率是教育工作者一直都在探讨的问题。

随着信息技术的发展，教学模式也发生了很大变化，"互联网＋"的各种教学形式应运而生，尤其是混合式教学。混合式教学是把传统面授教学的长处与网络在线教学的长处整合起来进行教育的全新教育模式。但是该教育模式并不是任意形式、任意内容的拼凑，而应该是依据学习者的要求，基于具体教育情景，选择合适的教学手段、方法、组织形式并将各学习要素加以整合，实现最高效的教学过程。本文针对如何有效实施在线课程下的混合式教学，通过以下两个方面提出建议。

一、混合式教学的网络资源建设思路

基于在线课程的混合式教学是利用网络在线教学的优势来增强学生的学习效果。因此，网络资源建设是面授教学必不可少的补充和延伸。① 构建网络平台。在网络技术高度发展的今天，教学网络平台的搭建应与教学内容深度融合，创造学习的网络环境。首先建立起教学资源库，将教学内容碎片化，以知识单元为单位，例如微视频的视频库，构建起网络平台的素材资源库。其次，设计教学网络平台的结构框架。将整个教学过程设计成教学目标、教学过程、课后跟踪服务等几个环节。每个环节设计为一个模板，每个模板要实现网上教学的师生互动与生生互动。最后，完善软硬件基础设施建设，使学员在教室内外等不同场所都可以随时登录资源服务平台开展自主学习。② 建立学习内容技术支持。网络学

作者简介：成兵（1961—），女，硕士，徐州工程学院管理学院副教授，研究方向：财务管理。

习的一大弊端是师生之间缺乏交流与沟通，学生面对枯燥的课本内容，会产生焦躁、乏味、孤独的心理。美国心理学家马腾斯指出可以在印刷教材和电子教材中采用内置的支持设计来解决这些问题。例如，可采取纸质教材内置二维码的形式，将每个章节的内容设计成一个二维码，对应网络资源平台上相应的视频、题库等。另外，还可以附加与课程内容相关的扩展、补充的学习资源。③ 提供个性化服务。为了使学生可以在网络学习平台中迅速找准自身定位，可以通过跟踪学习者平时的网上学习行为，掌握他们的学习情况、思想状况等，结合个人兴趣、能力特长等个性化特点，对其进行数据挖掘和分析，制定个性化的"学习包"，使学生可以有针对性、多方面、多角度地进行学习。

（一）教学视频的制作

老师要为学生准备学习资料，包括知识点的讲解视频，视频可以是网上名师讲解视频，也可以是老师自制的课程视频。关于教学视频，国内混合式教学的实践告诉我们，学生更喜欢自己的老师为学生录制的视频，因为这样更亲切，可以感受到是老师在给学生们授课。我们提倡老师用一些简单的课程制作软件制作微视频，要强调教学内容与教学设计，轻技术设计，比如我们常见的软件 Office MIX，也可以用屏幕录制专家，MAC 系统用 QuickTime 录制屏幕，当然也可以用稍微专业的课程制作软件 Camtasia Studio、Storyline 等录制视频。这些视频完全靠教师利用业余时间进行制作，我们的办法是派教师短期外出学习。我们已多次派教师向上海交通大学的余建波教授学习。有些老师通过学习，可以自己利用电脑和手机制作微视频，效果良好。

（二）课程讲义的编写

有了课程视频还需要老师准备与课程视频相配套的教学课件，课件相对视频能更为详细地记录课程的内容，便于学习者在观看视频的时候参考学习。我们通过实际数据发现，学生在一开始的时候更关注教学视频学习，视频学习时间占 80%，而在课程复习阶段课件阅读时间占 70%—80%，因为在复习的阶段课件复习效率更高，所以老师可以在复习阶段发布教学课件。

（三）讨论主题的设计

每一期的教学内容需要老师提前准备，其中课堂的讨论主题也需要提前设计好，这些主题应围绕老师的教学展开。这些主题可以提前在网上发布，让学生提前准备，查找相关资料，也可以让学生在线预热，到了实际课堂讨论时才会热烈，避免冷场。

（四）课程作业的要求

课程作业也需要老师在随堂练习后准备好，由于课程作业是作为学生学习考核的重要部分，老师需要通过课程的整体设计来确定课程作业，作业需面向教学目标。这个作业可以在混合式教学之后再发布，由学生在完成课程学习后作为自我评价和复习的资料。总之，教学资源的准备需完善，每一个部分都需要由老师设计完成，不能简单拼凑。

二、基于在线课程的混合式教学过程的设计

基于在线课程的混合式教学过程的第一步是教学准备，包括课堂教学与网络教学的课

前教学设计，包括网络资源建设、课堂教学设计、实践活动设计，为之后的教学提供了有效的支持。第二步包括网络教学、课堂教学和实践活动。网络教学是将课程内容、教学资源或教学活动呈现在资源平台上。课堂教学侧重于对课程重难点知识的讲解和师生之间的沟通互动。实践活动是让学生可以运用所学财务管理理论解决实际的财务问题。第三步是考核评价，是形成性评价成绩与总结性评价成绩之和。

（一）教学准备的环节

网络资源建设为混合式教学提供了有效的支持，将教师的教学行为由课堂内扩展到了课堂外，大大提高了学生的学习效率，优化了学习效果，既可以发挥教师的主导作用，同时又可以发挥学生的主体性作用。课堂教学以教学活动设计为主，是教学准备环节的重要组成部分。在课堂教学活动中，不再以教师为中心，而是调动学生的主动性，使其积极参与到教学活动中，促进学生对财务管理内容的熟练掌握，完成课堂中的财务管理学习任务。财务管理的实践活动设计通过让学生根据学习到的财务管理知识完成筹资管理、投资管理、营运资金管理和收益分配管理的实务操作，提高财务管理的实际运用能力。

（二）网络在线的教学

1. 网络教学平台上的评价标准

在第一堂课中教师首先说明本门课程的授课模式与考核方式，而且强调考核方式一经确定不再改变；对于网络平台上的作业、互动、访问次数、视频观看、章节测试等各个项目设置权，见表1。这样做可以提高学生自主学习的积极性，同时又能比较客观地反映学生的学习情况，给出最终的课程总成绩。

表1　网络平台上各项目的权重

项目	内容	权重
作业	所有作业的平均分	20%
互动	参与投票、问卷、讨论	15%
访问次数	按次数累计，每签到一次+1，签到数达10次为满分，最多不超过上限分数	10%
视频观看	课程视频全部看完得满分，单个视频分值平均分配	40%
章节测试	学生接收到的所有测试任务的平均分，未做测试按0分计算	15%

2. 学生的自主学习要求

教授新课前，要求学生课下自学课程内容，课上则以“提问—思考—回答”等互动活动为主，学生可以在网络教学资源平台上自主学习。财务管理课程的网络教学形式包括课程视频库、多媒体课件、作业题、单元测试、网上教学辅导、在线评价等。课程视频是将教学内容以知识点为单位，每一知识点录制一个视频资源，紧扣教学大纲的教学内容，学生可根据自己的实际情况点播视频学习。教师将教学活动设计为教学目标、步骤、任务三个模块内容，学生可以参照模块内容进行自主学习。平台还设置讨论和答疑区，学生之间结成学习小组在线学习和交流，师生在平台上进行即时的互动和指导。教师布置作业和任务，学生要及时完成作业并提交到平台上，教师应对学生上传提交的作业进行评价与反馈。此外，可将与企业财务管理有关的视频、学术研究、新的国家财务法规做成专栏，并设计成App，让学生随时随地了解有关财务管理的新内容。

（三）课堂教学的实施

将教学的内容进行调整，部分内容放在线上完成，老师通过课堂前测来确定学生是否完成相关内容的学习。教师可以组织学生进行参与式学习。

1. 暖身、导入

这个阶段是吸引学生进入课堂的第一步，需要老师设计一个话题引入课程的主要内容。这个话题可以是发生在自己身上的故事，因为自己的故事更能吸引学生，学生都有一颗好奇心，想知道自己的老师是如何处理这些问题的。

2. 明确教学目标、学习目标

这个阶段老师需要给学生布置学习目标，有利于学生在学习过程中明确通过此次学习可以掌握哪些知识，能够有目的地去理解、记忆、操作、评价或者创作。

3. 前测

这个阶段能够让老师了解学生对所学内容预习得如何，是否完成了所有的教学环节。

4. 学生参与式学习

这个阶段主要由老师组织学生进行参与式学习，包括小组研讨、模拟训练等多种活动。老师在这个阶段需要给学生明确教学目标，让他们参与教学活动并进行反思，在“催眠中”学习到更多。

5. 后测

完成课堂教学后需要对学生的学习效果进行评价性测试，即后测。后测不应该与前测一样，需要有难度的提升。学生在这个阶段可以了解自己对课堂教学目标的掌握情况，若有掌握不到位之处还可以在后期的教学总结中继续与老师保持互动。

6. 小结

课堂小结是课堂教学中比较重要的环节，因为这个环节可以将学生的“心”收回来。老师应避免讲偏了，老师主要回顾课堂中的重点难点，最好能用一些简洁易记的话总结，让学生能够及时回顾，有问题现场提出。总结的时候，老师不能再新加内容。

（四）实践活动的设计

财务管理课程的学习内容是理论与实践并重，所以，在教学过程中一定要重视实践活动环节。在网络教学和课堂教学中都要设计财务管理实践的内容，培养学生的专业思维。教师可以结合企业财务管理的实际问题，编选案例，让学生组成学习小组，对案例进行分析并提出解决对策，真正达到熟练掌握财务管理的理论和方法，并能提高实际解决问题能力的目标。

（五）考核的评价

根据混合式教学模式的设计，财务管理课程的考核评价分为形成性评价和总结性评价。“形成性评价是指在教学过程中，通过对学生的表现、态度的观察，利用提问或测验获得反馈，考察教学目标的完成情况，以修正、修改后来的教学活动而形成的评价，也称为学习中评定。”财务管理课程的形成性评价包括对学生在网络教学中的平时作业、单元测试、网上讨论等的表现，课堂教学中问题回答、提问、小组讨论表现等的评价。这些数据都会在网络平台上记录，是成为形成性评价的依据。形成性评价是对学生的过程性评价，可以帮助教师和学生随时了解之前教学和学习的情况，为之后的教与学提供参考。总结性评价是在课堂教学的最后一节课，把之前布置的财务管理作业在课堂上展示，结合每位学生网上的单元测试、作业，以及学生的互评，作为终结性评价的依据。学生的最终考核成绩是形成性评价与总结性评价的成绩之和。

三、有效实施基于在线课程的混合式教学总结

基于在线课程的混合式教学中的课堂教学环节要以学生为中心，充分发挥学生的主体地位，在财务管理的课程中，通过学生自由组成小组进行讨论、做财务管理案例分析、相互交流财务管理问题解决思路和方法等调动学生积极参与到培养财务管理思维的活动中。与传统的课堂教学给学生灌输课本知识不同，在混合式教学的课堂上，教师应根据教学重难点、学生在线测评反馈等安排课堂教学内容，而不是教师一味地对课本知识进行面面俱到的讲解。除此之外，教师还要对学生的学习方法进行点拨。

回顾基于在线课程的混合式教学的设计与实践，老师在教学过程中将对教学内容进行重构，主要是准备大量的教学视频替代之前的课程面授。绝大部分情况下，视频的观看次数和时长与学生的学习效果成正相关。教师应准备与视频相关的题目作为课堂教学的“前测”以了解学生的学习状况，根据学生的学习状况设计课堂教学，课堂教学主要以学生为主，开展分组讨论、小组作业、小组互评等多种教学活动。教学的评价将依赖系统提供的客观数据，老师需根据课堂教学的测评来计算学生的学习性投入，避免在线学习中的作弊现象。

参考文献：

[1] 秦楠.“互联网＋”背景下混合式教学模式建构研究[D].济南：山东师范大学，2017.

[2] 杨斌，王以宁，任建四，等.美国大学 IPSP 课程混合式翻转课堂分析与启示[J].中国电化教育，2015(2)：118-122.

[3] 赵艳敏.利用在线课程进行混合式教学的实践探索：以《化工安全》课程为例[J].宁波职业技术学院学报，2016，20(3)：41-44.

“三种脑”在管理学教学中的应用分析

——“沙漠掘金”课堂活动效果的反馈

陈 扬

摘 要:思考脑、反射脑和存储脑是负责人的认知和决策的三套脑系统,它们分工不同、特征各异。思考脑慢而成熟,反射脑快而原始,存储脑要求空闲时间。本文研究在管理学教学、学习和实践应用过程中,如何根据三套脑系统的特点,有针对性地安排教学活动。

关键词:思考脑 反射脑 存储脑 管理学教学

管理学是一门综合性的交叉学科,具有很强的实践性和社会性。教学的目的在于帮助学生建立管理思维,并能够综合运用所学的管理学理论知识分析和解决实际问题,培养和提升学生的管理能力。管理活动具有很强的综合性和系统性,管理问题往往盘根错节、错综复杂,学生在面对实际管理问题的时候,往往不是单独运用某一个管理理论或者单独关注某一个环节就能分析和解决的。这时,深植于心底的管理理念以及由此形成的管理思维,会在分析、处理和决策管理问题的过程中起到关键的作用。而这些理念和思维,往往表现为分析和处理管理问题过程中的习惯性思维和方法,甚至表现为直觉型决策和行为。我们希望在管理学的教学过程中,能够帮助学生形成一些基本的管理理念和思维方式,并在后续的相关专业课程的学习中进一步加强和巩固,潜移默化地提高学生应对管理问题的能力。

一、“三种脑”——思考脑、反射脑和存储脑

心理学研究表明,人拥有三套负责认知、决策的脑系统,分别是:思考脑、反射脑和存储脑。欧洲工商管理学院(INSEAD)教授里奥·坎佩诺尔在其代表作 *Brainchains: Discover Your Brain and Unleash Its Full Potential in a Hyperconnected Multitasking World* 中对这三套脑系统进行了系统的分析,并从多任务处理的角度探讨了三种脑的作用机理。

思考脑也叫结果导向脑,负责抽象思考。思考脑运转速度慢而但功能成熟,因为要精确地处理接收到的每一条信息,对信息进行分析、研究、思考,得出结果的正确性相对较高。同时,对信息的精确处理需要持续投入注意力,保持专注,思考脑会消耗大量能量,而且很容易疲劳。基于此,一般认为思考脑只能单线程思考、顺序思考,无法做到一心二用,无法

作者简介:陈扬(1982—),女,博士在读,徐州工程学院管理学院讲师,研究方向:组织行为等。

同时处理多个任务。

反射脑是三套脑系统里最古老的，在心理学研究中将其称为“刺激驱动系统”，速度快而原始，只管此时此刻，它自发而无意识地处理问题，负责迅速地、利用偏见和习惯给出反馈。可见，反射脑主要管理着直觉、情绪、经验等，能够同时处理多个输入信号。因为反射脑能在工作时“抄捷径”，所以对能量的消耗较低。情感网络也属于反射脑的一部分，情绪也会大规模地“抄捷径”。

存储脑将思考脑的信息进行整理和分类存储，保存信息的方式以联想为主，但具体机制未知。存储脑与思考脑始终保持着平衡，其中一方工作时，另一方即进入休息状态。大脑放空，没有任何特定任务需要处理的时候，往往是存储脑最活跃的时候。

二、“三种脑”在管理学教学中的应用

（一）思考脑需要课堂降速和学生能量充足

对比反射脑和存储脑，思考脑是我们能主动有意识掌控的脑系统，而且是人类独有的，所以在三套大脑系统当中，如何使用好思考脑一直是人们关注的焦点。在管理学的教学中也是这样，无论是哪种教学方式，管理学理论知识的传输都是基础。学生运用思考脑接收课堂教学的内容，尤其是在面对案例或情境模拟的时候，需要慎重思考和整合获取的多种信息。由于学习的过程主要是接触和吸收新知识的过程，作为缺乏管理实践经验的学生而言，这时更多的运用的是思考脑而不是反射脑。这就要求教师给学生留出足够的时间供思考脑去处理所有信息，寻找现状和问题之间的连接，课堂节奏不能过快。此外，由于思考脑对能量消耗要求很高，对于重要的新知识点，教师可以尽力安排在学生能量储备较充足的时间，比如两课时连上的课程，尽量将新知识点的讲解安排在第一课时，靠近餐点时也是不适宜思考脑工作的。

（二）反射脑要求教学中采用“关键词”引导和记忆法

反射脑能通过经验学到新的东西，并基于眼下的实时情境做出即时判断，而且可以同步处理成千上万个任务。反射脑的反应速度可以极大地帮助缓慢的思考脑来处理问题。可以说，反射脑帮我们处理掉大量的常规性事务，才能让思考脑有足够的时间、精力来工作。反射脑以坚实的信念为基础做判断，并以闪电般的速度发现既有模式，它持续地产生直觉、第一印象和感觉，并将这些信息输送给思考脑。同时，通过大量练习，行为和推理过程可以从有意识的思考脑转移到反射脑，变成自动完成的、无意识的反射、直觉和习惯。习惯的形成提高了信息处理的效率。如果我们把日常生活中一些行为培养成习惯的话，就可以减少思考脑的工作量，只要动用反射脑就可以很好地处理一部分信息了。节省下来的时间就可以做其他需要深度思考的事情。这个过程如图 1 所示。

现实中，很多企业家在决策过程中，直觉常发挥重要作用。直觉背后，实则是反射脑的快速活动。这些企业家不需要在面对管理问题时，绞尽脑汁地回忆过往的管理知识和经验，因为这些早已在实践中反复运用，形成了根植于企业家内心的管理理念和在思考及行为时的习惯。学生虽然无法拥有企业家那样丰富的实践机会和经验，但通过管理学教学，

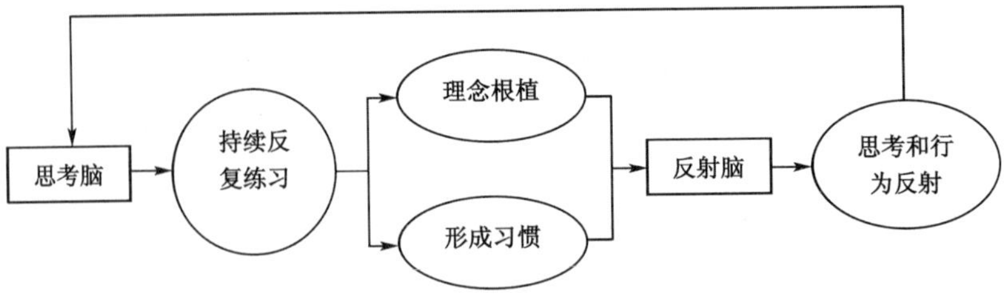

图 1　思考脑和反射脑

可以在一定程度上帮助其形成一些管理的基本理念和思考习惯，进而提高反射脑在面对管理问题上的正确性。

“关键词”记忆法是一种符合此要求的方法，把管理的基本理念转化为方便记忆的简单词语，便于反射脑直接调用。比如，在教学中对学生不断强调“提到管理，必然要提‘目标’这个关键词，没有目标不要谈管理”，那么在遇到管理问题的时候，学生的反射脑很可能先关注目标。比如，在教决策部分的内容时，强调“停一下”“问题识别”“选择”这三个关键词，在学生做决策的过程中，反射脑就会让学生自然而然的去关注识别到的问题到底是什么（关键词“问题识别”），这个问题要解决到什么程度（关键词“目标”），肯定有不止一个实现目标的可能性（关键词“选择”），决策拍板前要慎重（关键词“停一下”）。诸如此类，应用关键词，把相对复杂的系统概念和框架，转化为相对简单的容易储存和调用的信息，以利于学生在实践中反射脑快速做出反应时提高正确性。再加上后续专业课程的持续培训以及学生未来的经验积累，反射脑的直觉活动会产生越来越好的效果。

（三）存储脑强调给予学生充足的空闲和休息时间

只有在我们暂时从现实中抽离，让思考脑空闲下来，存储脑才能顺利执行信息处理任务。外界的输入越少，思考脑的需求越少，存储脑的效率越高。这就意味着放空大脑对保持智力生产力和创意十分重要。现实中，决策者们在依赖反射脑进行直觉决策的过程中，也必然要经历一个“睡眠决策”的过程。真正意义上的睡眠，可以帮助存储脑调用全部的脑容量来组织、存储和整合信息，结合长期记忆填补思维空白，建立富有创意的新联系，可能得出新的思路。所以，管理学教学过程中，一定要注意张弛有度。课堂时间极其有限，加上要满足思考脑的“慢”，可能导致部分教师更愿意通过课外作业的形式弥补课堂时间的紧张。课外作业虽然能够帮助学生提高熟练程度，有可能提升反射脑处理信息的速度，但会减少存储脑的工作机会。这些年翻转课堂教学方法得到了很多高校教师的青睐，在教学中的运用也非常普遍，但学生多数反映当一学期里有两到三门课程教师采用翻转课堂教学方法时，由于教学计划和考核方式并未进行及时的适应性调整，无形中增加了学生的负担，导致学生的课业压力非常大，占用学生很多的休息时间，而这些休息时间恰恰是存储脑活动的黄金时间。其实，让学生有充足的空闲和休息时间，对大脑整理吸收知识是非常有利的。

三、从“沙漠掘金”课堂活动效果的反馈看反射脑的应用结果

在管理学的教学活动中，作者曾经对教授的信息管理与信息系统专业大一和大四的学

生进行过体验式课程"沙漠掘金"的测试。测试主要针对"关键词"教学方法对反射脑有效性提升的影响进行了观察、比较和分析。在"管理学原理"的课程上,教师对大一新生采用"关键词"教学法,不断强调一些有助于学生形成基本的管理理念的关键词,在后续的教学中,也不断提示学生们回忆"关键词"去分析面临的实际问题来巩固思维方式,以期提升其反射脑应对管理问题的正确性。等这批学生进入大四,对他们进行随机分组的"沙漠掘金"测试,结果全班十组"探险队"全部完成"沙漠掘金"规定的探险任务。

在分析其最终绩效时发现,绩效好的队伍,在出发前均先进行了问题识别,其中绩效前两名的队伍识别到在整个任务中,水是最关键的获胜条件,智者提供的信息也是关键性资源,因为水和智者的信息是各个探险队都必须依赖的资源,在此基础上这两支队伍制定了目标和方案,比赛一开始就抢先占有了智者的信息,这一举动帮他们获得了水这个关键资源的信息。此外,很多探险队在活动过程中实现了高效沟通,其中沟通反馈做得非常突出和到位。以上这些,都是教师在管理学教学中不断重复强调的关键词,包括了管理中的"目标"、决策中的"问题识别"、权力中的"资源和依赖"、沟通中的"反馈",等等。

然而,同时期让大一新生进行同样的课堂体验活动,绩效明显差很多。虽然大一新生入学后已学习了管理学原理课程,教师也在课堂强调了各个关键词,但由于大一新生没有经历持续反复的练习,管理理念和思维还没能有效进入反射脑的信息处理范围,所以在面临"沙漠掘金"这类较复杂的管理问题时,耗时明显长于大四的学生,导致十组大一的探险队中有两组没能跟上整个的活动节奏,提前弃权。最终,只有五组顺利返回起点完成探险任务,其余组因各种原因"死"(资源耗尽无法补充)在了探险的路途中。完成任务的五组探险队,绩效水平明显低于大四的探险队。

四、结论

教师可以通过合理运用思考脑、反射脑和存储脑,帮助学生形成一些基本的管理理念和思维方式,并在后续的相关专业课程的学习过程中进一步加强和巩固,潜移默化地提高学生应对管理问题时的能力。思考脑耗费时间和精力,但对新知识吸收非常关键,所以要尽量放慢教学进度并合理安排教学内容;反射脑是日常处理大部分事务的主角,针对学生的特性,教学中宜采用简单明晰的关键词帮助学生更快形成对管理的基本认识和一些简单但有效的管理思维方式,并通过重复练习加以巩固,提高反射脑应对管理事务的正确性;存储脑则要求给予学生充分的空闲和休息时间。

参考文献:

[1] 郭廉卿.多任务处理研究述评[J].科技传播,2018,10(8):147-148.

[2] 康普诺利.慢思考:大脑超载时代的思考学[M].阳曦,译.北京:九州出版社,2016.

[3] 袁丽梅.如何提高体验式课程沙漠掘金的教学效果[J].吉林省教育学院学报(中旬),2014,30(7):62-63.

在线开放课程建设研究

——以“财务管理”为例

赵红梅

摘　要:在线开放课程是一种把教育扩大到课堂以外,免费为任何能够上网的人提供大学课程学习资源的课程教学形式。为了提高“财务管理”在线开放课程资源建设速度与质量,必须从平台、内容等方面着力,结合信息技术发展新趋势,如移动互联网技术、大数据分析等,稳步推进“财务管理”在线开放课程资源建设与利用。

关键词:在线开放课程;“财务管理”课程;教学平台

在线开放课程是一种把教育扩大到课堂以外,免费为任何能够上网的人提供大学课程学习资源的课程教学形式。2012 年以来,作为互联网和高等教育结合的产物,大规模在线开放课程迅速在世界范围兴起。2015 年,教育部颁布了《教育部关于加强高等学校在线开放课程建设应用与管理的意见》,明确了我国在线开放课程建设的发展方向和思路。2015 年,李克强总理在《政府工作报告》中也提出了“互联网+”的概念。《国务院关于积极推进“互联网+”行动的指导意见》提出“鼓励学校利用数字教育资源及教育服务平台,逐步探索网络化教育新模式”。“互联网+教育”,一方面将先进的信息技术引入教育领域,实现教学资源数字化;另一方面,将互联网的核心特点“开放、共享”引入了教育领域,实现了数字化教学资源面向学习者的开放、面向教师的共享。

一、“财务管理”在线开放课程资源建设路径

为了提高“财务管理”在线开放课程资源建设速度与质量,必须从平台、内容等方面着力,结合信息技术发展新趋势,如移动互联网技术、大数据分析等,稳步推进“财务管理”在线开放课程资源建设与利用。

(一) 以“爱课程”在线开放课程平台为主、超星平台为辅,搭建网络教学平台

在线开放课程建设的一个核心功能是对当前教育模式的改革与优化,考虑到“财务管理”的方向、路径、特色等,必须坚持自身特色,以改善教学质量为导向,并确保该导向始终贯穿整个在线开放课程建设过程。同时,在建设过程中,要注意努力吸收国内外先进的在线课程建设理念和技术,紧跟技术潮流。学校应配套相关学分、课时等政策,积极参与在线

作者简介:赵红梅(1971—),女,博士,徐州工程学院管理学院教授,研究方向:创新管理、战略管理。

开放课程建设过程，以"爱课程"在线开放课程建设平台为基础，结合自身特色，搭建符合"财务管理"自身特色的网络教学平台，提出平台推广措施，提高平台利用率。

（二）吸收优质在线开放课程资源，丰富教学平台内容

在线开放课程建设对优秀教师资源与资金的需求是巨大的。因此，引入、吸收、消化优质在线开放课程资源成为一条快速丰富教学平台资源的行之有效的途径。用自建与共建相结合的方式快速扩充原本资源匮乏的平台，可以有效提升学生自主学习的范围，在线上自学与线下答疑解惑相结合的方式下，明显地改善了学生学习效率。

（三）充分利用图书馆的信息中转优势，促进在线开放

教育资源质量优化与在线开放课程的开放性决定了课程资源建设的首要目标是最大限度地实现共享。图书馆是信息的中转站，具有信息资源丰富、更新速度快、覆盖范围广等特点。早在MOOC（慕课）发展伊始，国外高校图书馆就深度介入了在线开放课程资源的管理、维护以及推广等环节。一方面，高校可充分利用图书馆的信息优势，加大对在线开放课程的推广应用，提高学校知名度，并向教师提供资源版权、版权许可、版权结算等方面的指导；另一方面，在线开放课程资源能够实现最大范围的应用与共享，可提高一线授课教师的成就感，充分发挥一线授课教师利用新技术、新方法开展创新教学的潜能，对于改善教学方式、提高教学质量意义巨大。

（四）利用统一平台优势，夯实大数据基础，建立关联模型，优化教学质量

在线开放课程区别于传统教学模式的重要特征是学习者的学习行为数据被精确而详尽地记录下来，并且具有数据量大、数据类型多样、数据准确等特征。通过对学习行为大数据的充分利用，可获得对教育的新认知，创造新的价值。因此，建立专职大数据分析团队、打造专业化队伍、充分利用大数据分析的技术优势，有助于实现高质量和高效率的教育资源建设、个性化教学资源推送、资源智能分类与聚合。对于学习者来说，通过在线课程学习平台的行为记录，借助大数据分析技术，可准确构建适用于自身学习特征的个性化学习模型，实施个性化教育，真正实现"因材施教"。学习者是课程教学过程中的主体，在分析其学习行为的基础上，为了更好地实现教学目标，可在教学过程中及时调整或变革教学内容、教学方法、教学手段和教学内容组织方式等。在教学过程中，不能放弃传统教学模式的优点，同时也要结合在线教育模式的长处，从而改变传统单调统一的教学模式。

二、"财务管理"在线开放课程建设概况

课程主要内容。课程无论以何种形式展现，均应以内容为中心，认真打磨每一个篇章的教学内容，这是所有课程建设工作的首要任务。"财务管理"课程开发设计以培养学生数据处理素养为遵循，以提升信息技术综合运用能力为目标，以必需的技能和必备的知识为主线，以实施项目化、任务化、理实一体化教学体系为架构，以基于学习内容、学习方式、学习资源、学习环境等混合式学习为手段。

加强运行与维护，实时调整教学内容。在先期已有课程全部任务课件和视频的基础上，进一步厘清项目教学体系、梳理项目案例、细化学习任务、重组拓展知识、精制课件视

频,并根据信息技术发展及信息素养提升需要,及时更新教学内容(含视频和课件)、不断优化课程团队、适时增加题库题量,为学习者学习提供较优的学习资源、较好的教学空间。

加强课程资源在线存储。在线移动学习已成为目前大学生获取知识的一种主要形式,在线课程的开发首先要尊重学习者学习习惯,以方便移动学习为原则。“财务管理”课程自2017年实施在线教学以来,自主开发了极为丰富的教学资源和学习资源,其中课件40余份,教学微视频约38个(含未上线),各类报表资料50余套,另外有课程标准、电子教案、教学计划、在线题库等通用资源。

学习过程化考核。在线课程的开发基于移动式、碎片化理念,非常适合过程化考核。“财务管理”课程采用过程化考核,每学期分多个时段设置阶段性考核,在线实时评阅,即时反馈。前期发布课程考核标准和考核计划,中期实行多轮次考核,期末线上线下考核相结合,最后将总成绩按指定格式导入学校教学管理系统。

三、提升在线开放课程教学效果

在线开放课程教学效果的提高需要在教师、学生、教学过程、在线课程平台等四个层面实施联动,每个层面都要依据自身的核心目标加以改进。

(一)提高教师意识

在线开放课程教学在课程上的运用现在还处于起步阶段,教师对其认识程度有限,观念尚未完全转变。与传统教学相比,基于在线开放课程教学要求教师重新设计编排课程知识,教师需要花费大量时间精心制作课程资源,并将精力和时间投入与学生交流的过程中。在线开放课程教学注重师生双向交流,但一些教师在课程设计和课堂教学中对此缺乏设计与引导,影响了在线开放课程教学效果。因此,为了提高教师在线开放课程教学意识,学校还应制定了相应的激励措施,形成了良好的激励机制,这是进行在线开放课程教学的先决条件。

(二)强化学生参与

在线开放课程的教学目标是使学生了解及掌握知识,提升自身能力,促进学生素质的全面发展。如果学生不积极参与其中,教学的效果就不会有提升。所以,在线开放课程教学应加强学生的参与,消除学生对在线开放课程教学认识的偏差。部分学生习惯于被动教学模式,而在线开放课程教学更强调学生学习的主动性,在没有教师指导的情况下,学生很难在短时间内适应。因此教师要引导学生解决问题,让学生适应这种教学模式,只有学生积极参与,在线开放课程教学效果才能达到预期目标。

(三)合理设计、运用在线课程平台

在线课程设计要满足学生的需求,必须先掌握学生的学习特点。在高等教育教学中,学生更加独立自主,能够制订自己的学习计划,也希望教师在做出有关教学的决定之前可以与他们协商。如果学校实验室、实训中心等资源无法满足教学需求时,就需借助校外企业等社会资源。在进行在线课程设计时必须充分了解学生的需求,在教学活动结束之后应调查其需求满意程度,以便及时调整优化教学方案。教师使用线上平台教学,既有利于提

升学生的创新能力，又有利于形成主动学习、深入探讨问题的好习惯。

（四）与课堂教学相结合

在线课程学习和课堂教学是两个重要过程，如何平衡两者的关系对提升教学效果十分重要。在线课程平台在促进师生沟通、满足学生对理论知识的获取等方面起着非常重要的作用。课堂教学可以很好地加深学生对知识的认识，有助于教师对课程情况的掌握，使学生紧跟教师的思路，保证学生思维的连续性。两者是优势互补、相辅相成的关系，而不是对立的关系。对于在线课程平台，由于是在网络上进行教学，可能出现缺乏传统教学的情感交流的情况，课堂教学就能很好地弥补这一缺点。在课堂教学中，课堂教学时间有限使得学生不能很好地掌握知识点，学生可在课后可根据自己的情况在网络平台上进行学习。

参考文献：

[1] 瞿振元. 在线开放课程建设需要大视野大格局大繁荣[J]. 中国高等教育，2015(24)：1.
[2] 谭园园，孙迦，朱露. 在线开放课程建设规范探讨[J]. 新西部（理论版），2015(3)：120-121.
[3] 王友富. 从“3 号文件”看我国在线开放课程发展趋势[J]. 中国大学教学，2015(7)：56-59.
[4] 张宇鹏，赵韩强，李亚汉. 高校在线开放课程建设现状及对策分析[J]. 中国电子教育，2015(2)：5-7.

移动信息化环境下应用型高校“市场调查”课程教学改革

胡继华

摘　要：移动信息化教学是基于网络教学平台，通过手机移动终端结合多媒体采用线上线下混合式教学方法发展出的一种教学模式，文章分析了当前移动信息化在应用型高校课程教学应用中存在的问题，并以“市场调查”课程为例，指出移动信息化环境下应用型高校课程教学改革思路：树立移动信息化与课程教学整合的理念，激发高校教师的教改热情，深化应用型高校课程教学改革，形成以学生为中心的教学方式转变，提高教师运用信息媒体技术的能力。

关键词：移动信息化；应用型高校；市场调查；教学改革

一、问题的提出

应用型本科教育对我国社会的发展有着重大的推动作用。应用型本科“市场调查”课程作为一门应用性学科，对于市场营销专业学生职业核心能力的建构有着不可低估的作用，对其自身职业健康发展至关重要。由于应用型本科学生的理论基础不够扎实，对信息整理分析、数据处理技术的知识理解起来较困难，因此，如何将理论知识丰富化并加强实际应用以使学生乐于接受是亟须解决的难题。进入21世纪，移动信息化趋势越来越明显，强调信息化手段与各学科的有机融合。教育部原部长陈至立认为，各学校应积极探索信息化手段与各学科教学有机结合的有效途径，以促进二者的有机融合。教育的现代化强调对移动信息技术与课程整合进行研究，促进对传统的教学模式的变革，以充分发挥信息化手段的优势，从而优化教学效果。《应用型本科学校市场调查教学大纲》强调，应积极将现代化多媒体教学辅助工具与理论学习有机结合，将信息化手段和信息整理分析和数据处理技术有机结合，将信息化工具、网络资源作为知识学习的新途径，实现由接受型学习方式转向投入型学习方式、由“教”变为“学”的方式转变，激发学生的兴趣，以提升教学质量。

二、国内外的研究现状

（一）国外研究现状

一些发达国家在20世纪70年代，就出现了信息化手段的规模化运用。美国是世界上信息技术教育最为发达的国家。1993年美国政府发表的《国家信息基础设施行动动议》中

作者简介：胡继华（1972—），男，硕士，徐州工程学院管理学院副教授，研究方向：市场营销。

提出要在全国建设“信息高速公路”，到2000年，美国全国每间教室、每个图书馆都与互联网相连，形成全国范围内的信息高速公路。英国政府大力提倡将信息技术运用于课堂中，鼓励学生使用相关多媒体教学软件及网络资源进行学习。教师针对各章节的内容，进一步分析学习者特征，选取学生乐于接受、教师乐于实施的教学工具，以营造源于真实生活的教学情景。此外，法国、加拿大等国在利用网络、利用远程教育构建终身学习体系方面都处于国际领先水平。可以说，西方发达国家都把信息技术与课程整合看作是培养创新人才的重要途径乃至根本措施。

（二）国内研究现状

我国从20世纪80年代就开始探索信息技术在教育中的应用，直到目前为止，其发展经历了计算机辅助教学阶段和计算机辅助学习阶段，步入信息技术与课程整合阶段。2001年，教育部出台《基础教育课程改革纲要（试行）》，提出“大力推进信息技术在教学过程中的普遍应用，促进信息技术与学科课程的整合，逐步实现教学内容的呈现方式、学生的学习方式、教师的教学方式和师生互动方式的变革，充分发挥信息技术的优势，为学生的学习和发展提供丰富多彩的教育环境和有力的学习工具”。2010年国务院颁布的《国家中长期教育改革和发展规划纲要（2010—2020年）》提出加快教育信息基础设施建设，加强优质教育资源开发与应用，促进优质教育资源普及共享，提高教师应用信息技术水平，鼓励学生利用信息手段主动学习、自主学习。

应用型本科教育与研究型大学教育不同，其教学内容应该注重与实际操作相结合，注重理论的实际应用。例如在应用型本科“市场调查”教学中，需要将教学内容与学生操作能力融合在一起，需要与学生的职业发展融合在一起，许多教学内容需要结合学生实际能力，直观地展示市场调查方案设计、问卷设计和数据处理等；另外还需要大量的案例来拓展教学内容。因此，研究和探讨移动信息化在应用型本科“市场调查”教学中的应用显得尤为重要。

三、移动信息化在应用型高校课程教学应用中存在的问题

（一）移动信息化与应用型高校课程的整合处于浅层次

近年来随着国家在教育方面的投入不断增大，多媒体、校园网等信息化设施的更新给应用型本科学校教学注入新的生机和活力，于是信息技术与应用型本科学科课程整合已成为应用型本科教育研究领域的一个热点课题。但是，“透过现象看本质”，客观理性地分析信息技术利用现状及其实际价值，不难得出的结论是信息技术与应用型本科学校课程的整合大多还是浅层次的。大多数课件只重视学生感官，解决“一招一式”的教学难点。即便是目前搞得如火如荼的网络教学，也没有突破传统的教学模式。其基本模式多是将教材、教案、作业、试题“移动”到网上，除了这些以外，似乎并没显现出更强大的优势。然而计算机尤其是互联网带来的大信息量以及时空结构的变化，应当使课程的各个层面和各个维度都出现变革，进而引起课程整体的变革。

（二）移动信息化要求教师对课程教学内容的设计难度提高

主动性是现代学习方式的首要特征，学生学习的内在的需要主要来自学习兴趣。有了学习兴趣，学习活动对他来说就不是一种负担，而是一种享受、愉快的体验。因此，对于应用型本科的学生，如何激发其学习兴趣和学习热情是首要问题。传统教学模式下教师讲得多，学生参与少，使学生不善于分析问题、解决问题，综合思维能力较差。移动信息化环境下的课程整合教学强调学生自主学习、主动建构，充分发挥学生的主体作用。教师可以充分利用网络资源平台，激发学生学习的自主性，从传统的课堂主导者转变为学习主题的设计者、学生学习的协助者和指导者，通过移动信息化环境下的课程整合教学提高应用型本科学生的创新精神和实践能力。

四、移动信息化环境下应用型高校“市场调查”课程教学改革

（一）树立移动信息化与课程教学整合的理念

目前信息技术与“市场调查”课程整合研究不缺乏理论指导，只是缺乏发生在应用型本科学生这个特定学生群体中信息技术促进其学习的实践支持。本文结合应用型本科学生的特点，构建出具有可操作性、实践性的教学模式，为广大应用型本科“市场调查”课程教师促进学生学习的教学提供经验和实践上的指导，积累一批适用于应用型本科学校的信息技术与市场调查课程整合案例和典型课例，丰富应用型本科“市场调查”课程教学实践。

（二）激发高校教师的教改热情

在移动信息化环境下，本文根据应用型本科“市场调查”课教材的特点，以应用型本科生的“发展”为出发点和归宿，从教学现状和教学目标的实际需要出发，认真借鉴成功的教学模式以及选择、使用教学媒体和软件的策略，恰当安排教师和学生双边互动，从而培养学生的探究能力、实践能力、创新能力，最终建构出符合应用型本科学生特点的教学模式，提出有效整合信息技术与“市场调查”课程的方法和策略。

（三）深化应用型高校课程教学改革

传统教育媒体技术支持下教学活动强调知识为中心、教师为中心、教材为中心，这种教育价值观的导向是片面的，造成的后果只能是学生的片面发展。开展移动信息化环境下的教学模式研究有助于变革传统的教学结构，有助于深化应用型本科“市场调查”课程教学改革并最终构建全新的信息化教育形态。

（四）形成以学生为中心的教学方式转变

应用型本科课程改革的一个价值追求就是明确把培养和发展学生的科学素养作为主要目标，强调科学过程、科学探究、科学方法的教育，注重学生创新能力和实践能力的培养。针对应用型本科学生这个特定的群体，全面深入地研究移动信息环境下“市场调查”课程教学模式的理论和实践问题，系统认真地探索信息技术与“市场调查”课程整合策略，势必有助于激发应用型本科学生学习“市场调查”课程的兴趣，改进学生学习“市场调查”课程的方式，提高他们的创新能力。

（五）提高教师运用信息媒体技术的能力

教师要更新教育观念，提高专业发展的自觉性和能动性。教育观念是教师行为的先导，应用型本科学校教师普遍存在信息技术应用意识较为淡薄的问题，他们利用移动信息技术开展教学的主动意识较差，也没有兴趣有效利用技术获取信息、存储信息、处理信息、应用信息。因此，研究移动信息化环境下应用型高校“市场调查”课程的改革，促进了教师教学设计在教学全过程的有效利用，促进了教师专业化发展。

参考文献：

[1] 冯敏.移动互联网时代下的移动信息化教学实践：利用手机 APP 进行教学[J].包头职业技术学院学报，2017，18(1)：70-73.

[2] 卢紫晗，王怡.基于移动互联网的信息化教学模式研究[J].中国高校科技，2017(10)：52-54.

[3] 孙旭涛.移动学习环境下高校师范生信息化教学能力培养研究[J].菏泽学院学报，2014，36(2)：111-114.

[4] 魏豪杰，张娟.新形势下的信息技术与课程整合[J].中国信息技术教育，2010(2)：67.

[5] 颜兵兵，史立秋，刘启生.以师生共进为视角探究移动信息化课堂教学新模式[J].内蒙古师范大学学报(教育科学版)，2017，30(11)：90-93.

[6] 张庆华，彭晓英，曾晖.移动教学环境下的会计学本科会计信息化教学改革研究[J].黑龙江教育(理论与实践)，2018(3)：44-45.

混合式教学模式在"房地产金融"教学中的应用探讨

赵 然

摘 要:目前,我国房地产业对技能型人才的需求越来越大,传统的以课堂讲述为主的房地产金融教学模式已经很难满足应用型本科人才培养的要求,改变传统的理论教学模式势在必行。本文将传统教学方式与互联网教学平台相结合,在构建混合式教学体系的基础上,从教学大纲编制、课堂教学与线上教学设计以及课程考核的角度对混合式教学模式进行了分析与探讨。

关键词:混合式教学;线上教学;房地产金融

一、引言

"房地产金融"是房地产开发与管理专业的基础课程,是研究房地产领域金融问题的学科。其基本任务是运用多种金融方式和金融工具筹集和融通资金,支持房地产开发、流通和消费的多个环节,保证房地产业运行过程中的资金良性循环。作为一门交叉学科,该课程理论与实践联系紧密,具有较强的专业性与行业特征。学生在学习过程中很容易停留在理论表层与概念表面,缺乏独立认知能力与独立判断能力的锻炼,无法透过现象看本质。尤其对于应用型本科院校的学生来说,在人才培养过程中应更加注重对学生实践能力与应用能力的培养,所以改变传统的课堂教学模式势在必行。对该课程进行混合式教学改革,可以使学生通过线上线下不同方式、不同视角了解和掌握相关知识点的内涵,开拓思维,加深理解,由被动学习变为主动学习,进一步提升学习兴趣。

二、混合式教学体系的构建

混合式教学就是要把传统学习方式的优势和互联网学习的优势结合起来,其核心在于教学资源开发与整合,即构建能够激发学生自主学习兴趣,易于课前在网络教学平台学习使用,且能提高其创新能力的教学资源。这种教学方式要求老师在课程设计和知识传递中,将课堂教学与信息技术进行融合,使教学过程"线下"(课堂教学)与"线上"(网络教学)有机结合。学生从网络平台入手,按照要求依次完成课前准备、在线学习以及课后作业与测试,通过主动学习熟悉相关知识内容与结构,在为课堂学习做好准备的同时,也能加深对课堂所学知识的理解。而教师在完成教学大纲编制以及网络平台建设的基础上,应及时主

作者简介:赵然(1987—),女,硕士,徐州工程学院管理学院讲师,研究方向:房地产经济。

动发布最新任务、动态更新学习资料，并根据网络平台的数据与反馈结果，及时调整教学过程与教学结构，并组织学生在课堂上有针对性地开展课堂讨论、案例教学、情景教学等实践教学活动。混合式教学模式组织图如图1所示。

图1　混合式教学模式组织图

三、基于混合式教学模式的教学设计

（一）教学大纲的编制

科学合理的教学大纲可以将理论与实践完美地融合于一体，使学生在学习过程中掌握所学内容，并能学以致用，提升自己的综合能力与应用水平。“房地产金融”混合式教学大纲的设计可以围绕“学以致用”的原则进行，在编制教学大纲时，应包括课堂教学与线上教学两部分内容。课堂教学部分在明确理论核心知识点的同时，应注重与实践内容的结合。可针对相关知识点设计课堂讨论或运用情景教学、案例教学等教学方法，层次化、系统性地构建知识体系，并与实践方法相结合、与理论内容相对应，以实现应用型本科教学的培养目标。线上教学部分应注重学生自主学习的作用，通过课前准备、在线学习、课后作业与测试等环节的设计，充分利用线上教学的即时性与补充性的优势，积极调动学生学习的积极性与主动性，最终达到辅助课堂教学的目的。在课时安排方面，可根据学科内容的难点与重点，灵活安排2—4个课堂理论课时配1—2个线上学习课时，在不加重学生学习负担的同时帮助学生更好地理解与掌握学科内容与知识体系。

（二）课堂教学的设计

在课堂教学设计阶段，应注重实践环节的设计以及与线上教学平台的融合，改变传统教学过程中存在的学生“读死书”问题，让学生充分了解我国特殊国情下的房地产金融工具的应用方式与特点，提升学生的知识应用能力。

1. 案例教学

案例教学是指在教师的指导下，根据教学目标和内容的需要，通过对一个具体情景的描述，引导学生对这些社会问题或行业规律进行分析与决策的一种教学方法。“房地产金融”是一门理论与实际联系非常紧密的课程，仅仅通过对基本概念与金融原理的讲解很难使学生真正意义上理解房地产金融的运行规律。虽然我国房地产金融市场与国外发达国家相比起步较晚，金融工具的使用还不够成熟与丰富，但近十年来，随着我国房地产市场的迅速发展，各种金融工具越来越多地应用在房地产开发、管理与经营的过程中，如房地产开发企业的债务融资、股权融资，个人购房者的住房抵押贷款与住房公积金贷款等。在我国各类金融政策不断出台、金融市场不断完善的背景下，在授课过程中可适当选取一些国内较为成熟的房地产金融工具、融资方案作为案例，或查找目前我国房地产行业融资过程中出现的问题与原因等相关资料。案例资料可通过网络教学平台提前安排学生阅读了解，课堂上再结合相关知识点的学习帮助学生理解房地产金融市场运行的各种原理与规律，调动学生的学习兴趣与积极性。

2. 情景教学

情景教学法是指在教学过程中教师有目的地引入或创设以形象为主体的生动具体的场景，从而帮助学生理解知识，获取技能，并使学生心理机能得到发展的方法。具体做法可以在课堂中引入和教学内容有关的特定的情景，鼓励学生亲身体验该环境下的教学过程。例如在讲解个人住房贷款时，可让学生选择不同的贷款方式，分析与计算不同方式下的还款情况与过程，从而理解不同的个人住房贷款方式的异同与特点。课后结合网络教学平台任务点的安排与布置，在课堂学习的基础上引发学生思考与分析，加深学生对知识点的理解。

3. 课堂讨论

随着我国房地产市场的不断发展与完善，房地产企业在资金融通过程中越来越多地选择多种融资方式、运用各种融资工具。对此，可要求学生课下收集资料，课上分组讨论或辩论，尽量选择难度不大且资料丰富的知识点或社会热点问题作为课堂讨论内容，着重探讨国内外各种房地产金融工具与金融机构的基本情况与特点，如可针对“房地产金融机构”与“房地产信托产品与 REITs(房地产信托投资基金)产品”等内容进行分组讨论与介绍。分组讨论结果可通过制作 ppt 或小视频的方式进行汇报，讨论不分对错，重在培养学生独立思考以及灵活运用知识的能力。课堂讨论内容还可通过线上教学平台进行发布，分组情况与小组作品也可以及时通过网络平台得以呈现。网络平台的应用对学生的创作积极性与团队协作能力会有很大的帮助。

4. 课堂答疑

课堂答疑主要解决线上自主学习过程中产生的遗留问题，属于知识的精加工阶段，以知识内化为目的。学生可对线上平台的扩展内容与遗留问题进行探讨，在探讨过程中通过知识交流和分享，发生思想碰撞，完成知识的意义建构，达到知识内化的目的。在此过程中，教师作为本节课的组织者和引导者，监控整个教学过程，维护好课堂秩序。

（三）线上教学的设计

混合式教学模式设计的核心内容是将网络教学的优势与课堂教学的优势相结合，最大限度地实现教学最优化。在“房地产金融”的线上教学过程中，可分为课前、课中、课后三个阶段并通过课前准备、在线学习、课后作业与测试三个环节完成。

1. 课前准备

课前准备的主要目标是提高教学效率、保证教学顺利实施。为了弥补传统教学方式学生课前对课堂内容一无所知的缺点，课前可通过网络教学平台将课程安排、教学重点难点、学习要求以及课堂上需要分析讨论的案例和内容等通知学生，使学生在课前便对相关知识点有所了解，在课堂学习时做到有的放矢。

2. 在线学习

教师根据学科专业知识结构，按照学习顺序及时上传相关学习资料与扩展内容。对于“房地产金融”这门课程来说，政策的更新与社会热点问题的出现都是传统教学方式很难接触到的内容。通过线上教学平台在线课程的建设不断更新最新资料，对于扩展学生的知识面、加深学生的理解有很大帮助。学生登录网络教学平台后，根据自身需要进行选择性的学习，对于课堂上没有掌握的知识点可在课后重复观看相关视频和课件，阅读扩展资料与最新资讯，不断发现问题、总结问题。同时，教师可根据网络平台的浏览播放记录了解学生的学习进度和学习状态，及时进行总结，不断优化教学结构与教学过程。

3. 课后作业与测试

学生课程结束后还应积极完成课后作业，及时检测自己的学习成果。课后作业应主观题与客观题相结合，根据回答情况系统自动评分或教师自行评分，该项结果可作为平时成绩的依据。同时，学生还可结合实际情况，通过网络平台与教师进行互动交流，包括在平台上发布学习感想或提出学习过程中的疑问，与其他学生进行问题探讨。教师可在后台进行问题的收集、分类、归纳和总结，及时了解学生的学习情况。

（四）课程考核方式的制定

成绩评定对于实践教学是非常重要的，它一方面影响学生学习的积极性，另一方面可以作为教学效果的反馈，帮助教师调整混合教学的发展方向。考核方式的选择对成绩评定具有重要影响，混合式教学由于其多元化的组织形式，不能生搬硬套传统的试卷考核形式。在制定考核方式时，应本着过程与结果并重的原则，结合线上教学与课堂教学的具体情况选取多种考核方式，设定相应权重，最终汇总得到综合的学科成绩。尤其是线上学习部分，应根据线上任务完成情况、在线学习以及课后作业与测试等结果来综合评定，其中课堂讨论、课后作业以及在线测试部分可作为平时成绩予以记录，其他线上学习部分如参加讨论与分析，可作为加分部分予以记录，充分激发学生参与自主学习的积极性与创造力。

四、总结

随着我国社会经济的快速发展和工业化进程的不断深入，房地产行业对应用型人才的需求越来越大。应用型人才的培养应以实践与应用为主，作为房地产开发与管理专业的基础课程，传统的教学模式已经很难满足目前人才培养的要求。混合式教学模式结合了线上教学与课堂教学的优势，既强调学生在学习过程中的全程参与性、积极性和创造性，又强调教学对教学过程的引导、启发和监控，充分系统地丰富了课程的教学内容，在加深学生对学科知识理解的同时，锻炼学生独立思考的意识，提升学生实践应用能力，为我国房地产业培养出具有较高综合素质和应用能力的专业人才。

参考文献:

[1] 李斌,武斌.基于翻转课堂的“房地产金融”教学研究:以“个人住房贷款”为例[J].教育理论与实践,2018,38(12):43-44.

[2] 梁凤兰.基于校网络教学平台的混合式教学设计与应用[J].软件工程,2018,21(12):50-53.

实习 实验实训

高校经管类实验教学作用及发展趋势

陈丰照

摘　要：在高校经管类实验教学中，教师应该认识到实验教学对学生发展的作用，并且在日常的教学中，能够进一步完善实验教学体系，提高实验教学的效果，从而有助于学生在实验的过程中更加全面地掌握知识，提高专业技能。

关键词：高校经管类实验教学；作用；发展

一、高校经管类实验教学的作用

高校经管类实验教学的形式大多数是学生到企事业单位实习，或通过校企合作为学生增加实践的机会，然而，在日益激烈的市场竞争下，企事业单位不可能将所有的知识全部传授给高校经管类学生，而且，还有很多商业机密是不允许泄漏的，学生到企事业单位实习也仅能了解表面上的内容。在当今就业形势非常严峻的形势下，大多数被学校安排实习的学生，都没有按照高校的实习规划来进行实习，都忙着就业，失去了经管类实习的效果。在这样不利于高校经管类学生的成长。通过建立经管类实验室对学生采取在校实验教学，可有效避免上述学生实习中出现的弊端，提高学生的实践能力，不被企业实习所拘束，可以尽情地发挥出学生的主观能动性，培养学生积极进取勇于创新的精神，将经管类知识利用实验室教学充分表达出来，对学生更有效的学习经管类知识有着重要作用。

二、高校经管类实验教学的现状

（一）教学模式较为落后

高校经管类专业是热门专业，经管类人才也得到很多行业的重视，诸多高校为社会培养出一批又一批经管类的优秀人才。但是，在当今高校经管类实验教学中，教师采用的教学模式还依旧是传统的理论课程较多的模式，而且，教学模式设置缺乏完善性，实验方法也相对落后，尤其是经管类实验教学的管理体制还缺乏一定的独立性，主要体现在以下方面：传统的经管类实验教学模式，主要是以课程、专业进行设置的，经管类的实验教学大多都是与理论课堂在一起展开，而缺乏独立性的实验课程，从整体上看缺乏科学的教学规划，不利于经管类实验教学的良好开展；实验课程教学主要是培养学生的学习兴趣和主动性，然而

作者简介：陈丰照（1966—），男，硕士，徐州工程学院管理学院教授，研究方向：管理信息系统，计算机网络。

传统经管类实验教学却多以重复性实验为主，将一些简单的理论性知识或教材中的孤立实验进行重复学习，实验教学过于形式化，忽略了对学生学习状态、学习兴趣、学习能力的培养。因此说传统的经管类实验教学模式存在一定的落后性，对学生的学习以及高校的发展都有着不利影响。

（二）实验教学环境有待提高

实验需要大量设备，而且要保证设备是当今市场流行的设备并具有较好的应用性，还有实验室的条件也要满足一定的实验要求，这样才能让经管类实验教学得到更好的发展。但是，当今高校经管类实验教学中却极其缺乏这样的环境，主要表现在实验设备陈旧、设备故障无法正常运行、实验室条件较差等方面。从实验环境总体上来说，高校缺乏对实验教学的投入，尤其是对设备的更新和环境的改进投入不足，导致高校经管类实验教学缺乏基础设备和环境的支持，无法满足当今经管类实验的教学需求。

（三）高校经管类实验教学人才缺乏

高校是培养人才的摇篮，而且，随着社会经济的不断发展，高校的学生也越来越多，相应地也带动了各个高校的发展以及高校的建设。但是，高校经管类专业实验室的不断设立，班级数量的不断增加，再加上实验设备的不断更新等，这给教师带来了很大的考验。现今经管类实验教师的缺乏是困扰高校经管类实验教学进步的主要问题。现今有很多高校负责经管类实验教学的教师在一定程度上缺乏实践经验，对学生起不到更好的引导作用。另外，许多高校对经管类实验教师的队伍建设缺乏一定的重视，有很多高校将负责学生实验教学的教师划为教辅人员，而且，从薪资待遇上也与专职教师有着明显的区别。专职教师的薪资要比实验教师的薪资高很多，再加上没有合理地增加实验教学人才，导致高校经管类实验教师整体发展滞后，不利于学生经管实践能力的培养，更不利于高校的持续发展。

三、高校经管类实验教学的发展趋势

（一）综合性、设计性实验项目的发展

传统的经管类实验教学模式主要体现出实验教学的形式性、验证性、演示性等，理论上是通过这种形式来增加学生对经管理论性知识的理解，但是，实际上却有很大的局限性，尤其是缺乏对学生动手能力的培养，不利于学生主观能动性的发挥，对学生的学习起不到有效的引导作用，更没有为学生提供独立完成实验的机会，总体来说实验效果达不到预想的效果，因此，要结合当今经管类实验教学的发展趋势来改进实验教学模式。高校经管类实验教学模式应本着培养学生的动手实验能力、综合性分析能力以及数据处理能力等的精神，通过阅读一些课外经管类资料来培养学生的综合能力。对学生开展的实验教学要以开发学生的智力和提高解决实际问题的能力为主，保证实验教学的设计性和完善性，以此来提高学生自主创新和组织的能力，实现高校经管类教学效率的全面提高。高校经管类实验教学向着设计性、综合性的教学模式发展，是提高高校经管类实验教学的必然道路，而且，对实验教学的深化改革，可以有效提高经管类实验教学的质量，对提高学生主动学习能力、动手能力、数据分析处理能力等综合性能力有着重要作用。

（二）构建科学合理的实验教学体系

利用现代化实验教学方法和手段构建科学合理的实验教学体系不仅为专业能力、素质培养提供支持，而且与理论教学体系相得益彰，相互支撑。科学合理的实验教学体系应体现经管类专业的特色，并具有一定的系统性；要鼓励和提倡灵活多样的教学方法，以实现学生为主体；探索多样化的考核方式以适应经管类实验教学的特性。

首先，形成完整和相对独立的实验教学体系，改革实验教学内容。根据经管类课程设置和人才培养需要，更新实验教学体系，合理调整理论教学与实验教学比例和内容，设计相对集中的实验教学活动模式，强化对学生创新能力和实践能力的培养。

其次，利用现代化的教学方法和手段。

要充分发挥学生的主体作用，改革传统“灌输式”“以教师为主”的教学方法，提倡“启发式”“讨论式”的教学方法，鼓励和提倡灵活多样的教学方法；积极推进信息化技术在实验教学中的应用，应用多媒体教学和网络教学等方式，将各种课程的教学资源上传到网上，供学生学习和参考。

最后，建立创新型的实验教学考核评价体系。经管类实验教学不同于理工类实验教学，创新型的实验教学评价体系是经管类实验教学中心建设的关键部分，是确保经管类实验教学质量的必要条件。考核评价的内容包括两个方面，既有对教师实验教学态度和教学效果的评价，也有对学生实验效果的评价。要鼓励教师积极探索多样化的考试方式，如：上机考核、技能考核等；考核内容也不要拘泥于传统模式，可对实验报告完成情况、掌握技能水平、考勤情况、团队合作情况等进行综合考核。要建立创新型的实验教学考核评价体系，对整个实验环节进行考评、控制、反馈，提高实验教学的有效性，更好地促进学生实验质量的提高，从而实现对学生创新能力和实践能力的培养。

（三）科学规范的管理和开放运行模式

高校经管类实验教学中心的建设和发展离不开科学规范的管理机制。首先，高校经管类实验教学中心要有科学严谨的管理，实行校、中心两级管理，中心主任负责的管理体制。另外，随着信息化技术在高校的逐步推进，实验教学中心也需要进一步规范化、信息化管理，借助实验教学中心的综合管理系统，简化日常的管理工作，提高实验教学中心的工作效率和服务水平。实验教学中心的信息化管理还可以更好地促进实验资源共享，实现课程和实验室开放管理，推进网络教学和网上资源共享。最后，积极探索实验教学中心开放运行模式。开放实验教学中心是培养创新型人才的重要途径，要建立较为完善的实验室开放制度及开放体系，在时间开放的基础上，实现内容开放和范围开放，保证实验资源的有效利用，人才培养目标和实验教学体系的实现。

（四）实验教学环境的建设

实验教学环境对学生学习经管类实践知识非常重要，而有很多高校实验教学环境落后，导致学生学习的效率不高，对高校的持续发展也有着一定的制约性，因此，根据当前高校经管类实验教学的发展趋势，不得不对实验教学的环境进行更新，这样才能充分提高学生学习经管类专业性知识的效率。首先，要对高校经管类实验教学的硬件设备进行更新。

经管类实验教学主要应用计算机局域网模拟实验环境，通过网络平台的建设来实现对学生实验教学的统一规划，整个过程对硬件配置有着较高的要求，而传统的硬件设备缺乏一定的兼容性，要根据设备的兼容性和可扩充性进行更新。在更新硬件时可根据经管类实验教学课程的具体要求来选取不同的专业发展需求，以保证经管类实验教学课堂的有效性。其次，要对实验教学环境下的应用软件以及实验室进行更新和改进。软件功能是否全面能充分体现出对高校经管类实验教学的有效性，当然软件运行是需要有硬件设备支持的基础上来完成的。在经管类实验教学中学生的模拟实验占大部分课时，因此，应用软件要注重模拟软件的更新，适应当今市场需求，对行业做出全面性的模拟实验。另外，实验室的环境改进也是非常重要的。实验室是对学生开展实验教学的平台，有效的环境能促进学生学习的积极性。

（五）加强校企之间的合作

高校应根据经管类实验教学的发展趋势来创新实验教学形式。高校应该加强校企之间的合作，一方面避免高校经管类实验教学因教师的缺乏而制约了学生的发展，另一方面通过与市场接轨可以更好地提高学生知识的掌握效率。高校通过与企业的合作，可以让学生掌握市场最新的经管类知识，对学生进行针对性的实验教学，而且通过企业一线经管技术人才的引导，提高学生对经管类知识和技能的掌握水平。当今市场经管类人才也较为缺乏，通过这种校企合作的方式，可以为企业培养更多的应用型人才。另外，通过校企合作的方式可以实现学校与企业的技术、资源、设备等的共享，对培养经管类人才具有较好的实效性、针对性，并且，通过校企合作，可以为高校经管类实验教学带来最新的技术，有助于促进高校经管类实验教学的顺利开展。

四、结论

在高校经管类实验教学中，教师应该充分认识高校经管类实验教学的作用及发展趋势，进而更加全面地开展实验教学，促进学生的长远发展。实验室建设和管理功能的实现，特别是经管类的实验室，需要通过专业化的实验管理队伍来完成。有的工作需要尖端技术支持，有的工作需要实验室经验的长期积累，有的工作以一些简单的甚至是重复的工作为基础，每个高校实验室建设所面临的问题各不相同，所以，各高校在实验室管理人才专业化建设过程中，一方面强调高学历和高职称，另一方面根据实验资源和发展状况合理配置师资队伍，避免"工作不适应"或人力资源的浪费，建立适当的激励机制、奖惩标准和职称评定标准，来辅助建立一支稳定的专业化实验室管理队伍。

参考文献：

[1] 范炳絮.新常态下高校经管类实验实训教学发展问题研究[J].物流工程与管理，2016，38(9)：134-136.

[2] 金伟林，冯雨.高校经管类实验室建设的现状与发展趋势[J].知识经济，2018(4)：158-159.

[3] 兰草，朱娟蓉，徐晓辉.研究型大学经管类专业实验教学内涵式发展研究[J].实验室研究与探索，2017，36(7)：283-286.

[4] 杨崑.高校经管类实验教学中心建设与发展研究[J].当代经济,2016(14):99-101.
[5] 查华超,张明月.高职院校"三创"教学体系构建问题研究:以安徽高职院校经管类专业为例[J].安徽电子信息职业技术学院学报,2016,15(2):92-96.

新建应用型本科院校实验室开放管理模式研究

肖味味

摘　要：实验室面向学生开放是高等学校培养应用型、创新型人才的客观要求。实验室的开放管理模式决定了实验室的运行效率，对学生的创新意识和能力的培养具有重要作用。本文分析了新建应用型本科院校实验室开放管理的现状，在此基础上构建了新建应用型本科院校实验室开放管理的模式。

关键词：新建；应用型本科；实验室；开放

一、新建应用型本科院校的概念

新建应用型本科院校是指1998年到现在，伴随我国高等教育大众化而设置的以本科教育为主，面向区域经济社会发展，以社会人才需求为导向，培养高层次应用型人才的新型院校。

二、实验室开放管理模式的概念

实验室开放是指在构成实验教学的时间、空间、资源、内容、方法、技术、评价等方面的完全开放和部分开放。管理活动各要素之间依据一定的关系形成管理活动模式，实验室开放管理要素包括管理组织、管理制度、管理对象、管理目标，各要素之间也依据一定的关系构成实验室开放管理的模式，即实验室开放管理组织通过一系列的实验室开放管理制度和办法管理开放实验的对象以实现实验室开放管理的目标。

三、新建应用型本科院校实验室开放管理现状

（一）实验教学内容与课程体系

相当多的高校仍然是以课堂为中心，以教师为中心，实验课还是相应理论课的附属课，而且实验项目多数以验证性实验为主，实验教材建设相对滞后。

从调研来看，徐州工程学院经管实验教学中心虽然加强了综合设计型、研究探索型实验项目的建设力度，增幅较大，但综合设计型、研究探索型实验项目占全部实验项目的比例仍然相对偏低，科研成果转化为教学实验项目较少，实验教学与科研结合不够紧密的现象普遍存在。

作者简介：肖味味（1981—），女，硕士，徐州工程学院管理学院讲师，研究方向：财务管理、区域经济社会发展。

（二）实验队伍结构与政策措施

1. 实验队伍总体素质不高

目前，我国高校实验队伍主要由实验教学和实验技术两部分人员构成。从调查情况来看，这些人员的学历与职称层次较低。毕业刚留校的年轻教师领衔实验课程的情况相当普遍，这显然不能满足开放式创新性实验教学改革的需要。实验队伍结构的不合理，包括学历、年龄、知识和学缘结构等方面的不合理，是影响实验室开放的关键因素之一。

2. 实验教学队伍政策措施不力

在高等学校的人员管理中，理论课教师、实验课教师、实验技术人员岗位明确，队伍分明，各司其职，基本都属于专职人员之列，分走不同的职称系列。理论课教师很少参与实验课教学，实验课从属于理论课，实验技术人员属于教辅人员。实验教学工作量计算没有实现与理论教学工作统筹，工资待遇偏低。目前，很多高校存在轻视实验队伍建设的倾向，缺乏长远的规划和有力的政策保障。

（三）实验教学管理与条件环境

1. 实验教学管理理念滞后

目前，高等学校的实验教学和实验室管理一般是由资产管理处和教务处共同负责，资产管理处按照物资管理的方式管理实验室，主要负责采购、登记、建账等工作，教务处主要负责实验教学。这一管理模式缺乏实验室工作的统筹协调，实验教学软硬件资源建设与利用不能很好地结合，影响了实验教学和实验室作用的发挥，不利于开放式创新性实验教学工作的开展。受管理理念和管理力量的局限，实验室管理模式相对滞后，使得实验教学开放程度低，实验室资源利用率不高。

创新训练与学科竞赛活动是实验教学开放的更高形式，是提高能力培养的一种有效方式，大学生参加创新训练和学科竞赛活动对学校的实验室开放提出了更高的要求，需要实验教学的内容、方法、技术、评价、时间、空间、资源和管理等方面的更大范围的开放。目前各新建本科院校实际参加科研训练人数占在校本科生总数的比例普遍不高，说明目前给学生提供的科研训练机会还比较少，学生选择空间小。

2. 实验条件环境支撑不足

科研和教学实验室经费投入不均衡的现象，在地方普通院校中普遍存在。有些高校重实验设备的建设，轻基本运行保障投入，导致实验室和实验教学运行经费不足的现象普遍存在。

实验室信息化是保障开放式创新性实验教学开展的必备条件之一，但目前实验室的信息化基础相对薄弱，主要表现为信息化资源不足、信息化管理的程度较低，使得有限的资源不能得到充分利用，在很大程度上制约了实验室的开放。

四、新建应用型本科院校实验室开放管理模式构建

（一）实验室开放管理要素及结构

实验室开放管理要素包括管理组织、管理制度、管理对象、管理目标。管理组织中实训

实验室负责管理实验室开放，教务处负责管理开放实验教学。此外二级学院教务管理部门、实验中心、教师、实验技术人员与学生等也积极参与到管理中来。具体的管理过程为学期初学校教务部门通知组织动员各二级学院上报本学院的开放实验项目。各二级学院实验室根据各自的设备、专业、经费、师资等实际情况组织实验项目申请，申请书中包括项目名称、实验内容、实验课时、实验对象要求、指导教师信息、实验经费等。学校教务处审核后公布所有开放实验项目。学生在限定时间内选择要参加的项目，并向相应学院实验室提出申请。经审核后，师生双方约定时间。指导老师和实验技术人员组织学生在约定时间、地点完成开放实验，学期末师生互评，通过项目评价环节，学生喜欢的、选择率高的项目得以保留，长期无人选的、没有价值的项目将被淘汰。实验室开放管理对象以开放实验项目库建设为中心，围绕项目提出、项目选择、项目实施和项目评价四个环节打造实验室开放管理流程，如图1所示。

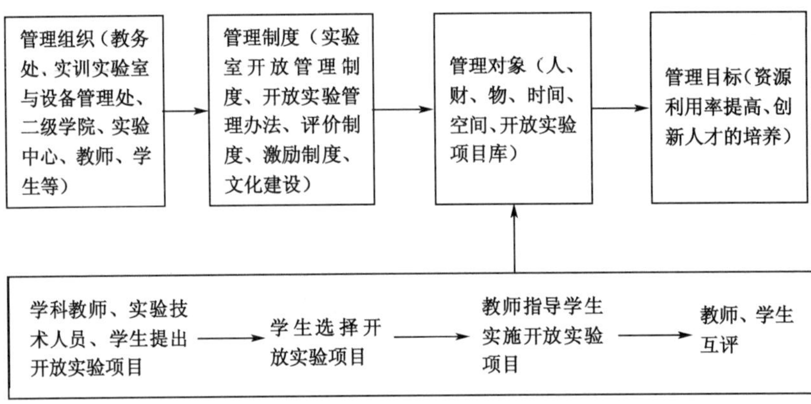

图1　实验室开放管理流程

（二）运作方式

1. 广泛宣传

学校从各种途径加大实验室开放的宣传，提高教师、学生对实验室开放的认识，扩大实验室开放受益面。如在学校出台的各项教学管理文件、政策指导中应宣传实验室开放，提倡、鼓励师生积极参与开放实验，在新生入学教育、竞赛组织、毕业设计、团学工作、班主任工作等过程中都应广泛宣传开放实验的优点，吸引更多的学生参与到开放实验实践中来。

2. 政策配套

学校教务处、实训实验室与设备管理处出台、完善相关的管理制度和政策，二级学院、实验中心出台相关配套措施。特别是开放实验评价制度和激励机制一定要到位，要有力度，充分调动师生的积极性。政策制订要体现人本管理理念，充分发挥教师、学生的主动性。

3. 转变职能

学校教务处、实训实验室与设备管理处等管理部门要转变职能，改变传统的自上而下的集权式管理方式，在政策上支持，在方法上指导，在管理细节上放权，由二级学院或实验中心负责实验室开放的具体实施。

4. 技术支持

运用现代网络技术和数据库技术，开发实验室开放管理平台，建立开放实验项目库，学生、指导教师、实验技术人员共同参与开放实验项目库的建设，具体的流程为共同提出项目，指导学生选择项目，以学生为主、教师指导为辅完成项目，多元评价项目。

5. 寻找新的突破口

把学科竞赛和教师科研与实验室开放结合起来，可以使项目库的内容更丰富，使“创新人才培养”成为实验室开放管理的最高目标。学科竞赛是实验室开放新的增长点和突破口，为实验室开放提供了项目来源和创新机制，从创新人才培养的目标出发，学科竞赛无疑为学生提供了一个平台，而实验室开放则是其实现的有效途径。

6. 管理过程

具体的管理过程为学校教务部门通知组织各二级学院上报本学院的开放实验项目。各二级学院中心实验室根据各实验室设备、专业特色、师资、经费等实际情况组织教师上报开放实验项目申请书，申请书中包括开放实验项目名称、实验内容、实验课时、实验对象要求、指导老师信息、实验经费等。学校教务处审核、汇总后，在开学后两周内于教务网上公布所有开放实验项目。学生在限定时间内选择要参加的项目，并向相关学院实验室提出申请。经指导老师审核后，师生双方约定时间。指导老师和实验技术人员组织学生在约定时间、地点完成开放实验。学期末师生互评，通过项目评价环节，学生喜欢的、选择人数多的、选择频率高的、有生命力的项目得以保留，长期无人选的、没有价值的项目将被淘汰，因此对开放实验项目的评价成为项目库建设的关键环节。

（三）配套制度

针对该模式的配套制度主要包括实验室开放管理制度和开放实验教学管理办法。实验室开放管理制度包括实验室安全管理制度、仪器设备管理制度、学生开放实验守则、学生参与开放实验管理的相关制度和开放实验教学档案；开放实验教学管理办法则制定了开放实验教学实施的具体方法、组织形式、考核办法、教师工作量计算等。此外，建立实验室开放专项基金，主要用于补贴学生参加开放实验室所需材料消耗和辅导人员的实验津贴。

必须将实验室开放纳入整个创新人才培养的实践体系当中去。以创新人才培养为目标，依托各类实验室和实践基地、以各级各类学科竞赛为平台、以实验室开放为途径，建立三位一体创新人才培养实践体系，这样实验室开放才会稳步发展。

（四）队伍建设与管理的措施

建设一支结构合理、具有一定实验技术水平、对实验工作负责敬业的队伍，是实验室开放的关键。因此，要引入竞争激励机制，引进关键和紧缺岗位的人才，建立一支综合素质强、技术水平高的实验管理、实验指导、实验技术队伍以保证实验室开放管理目标的达成。尤其是传统模式中指导教师队伍的主体是学科教师，应吸纳更多的力量加入到开放实验的指导中来，如实验技术人员、管理人员、专家学者、企事业单位高级职员或高级工程技术人员等兼职人员。采取措施，鼓励高学历、高职称教师每年必须要有一定的时间进实验室，承担实验教学任务，并纳入教师教学工作业绩考核体系。

（五）实验室开放管理平台

实验室开放管理必须辅之以新的管理技术，尤其是面向教学的开放实验项目管理必须借助现代网络技术平台，才能有效开展。根据徐州工程学院的实际需求，按照实验室开放新理念、新模式的要求设计开发一套实验室开放管理系统，使实验室开放管理纳入学校教务管理网络系统，为实验室开放的深入开展提供技术上的保障。管理系统一共包含五个模块：实验室开放系统维护模块、实验室开放资源管理模块、开放实验用户管理模块、开放项目管理模块、实验室开放过程管理模块。

参考文献：

[1] 王晓华，王杰，李海燕，等. 高校开放实验室建设的探索[J]. 实验室研究与探索，2013，32(9)：219-221，254.

[2] 邢丽波，桂馨，康九红. 实验室开放与管理[J]. 实验室研究与探索，2014，33(9)：252-255.

[3] 徐建东. 面向教学的高校开放实验管理与研究：以宁波大学为例[D]. 上海：华东师范大学，2007.

[4] 许辉，魏莹，侯海鸽，等. 地方高校实验室开放管理及运行机制的探索[J]. 实验室科学，2011，14(2)：148-151.

创新创业教育

应用型本科院校大学生创业能力培养途径研究

孟凡婷

摘　要：应用型本科院校应该培养能够面向区域社会经济发展的适应生产、建设、管理和服务第一线需要的具有专业知识、专业技能和实践操作能力的高技术应用型人才。本文依据大学生创新创业能力培养的理论与相关实践经验的总结，探索应用型本科大学生创业能力的构成要素体系，研究应用型本科大学生创业能力的培养途径，并据此提出相应的对策建议，对于应用型本科院校优化人才培养质量具有十分重要的意义。

关键词：应用型；创新创业能力；大学生培养

一、绪论

（一）研究背景

进入20世纪80年代以后，国际高教界逐渐形成了一股新的潮流，那就是普遍重视实践教学、强化应用型人才培养。2014年3月，我国教育部明确了改革方向，全国1 200所普通本科高等院校中，将有600多所逐步向应用技术型大学转变，转型后的应用型本科院校占高校总数的50%，占据了我国高校的半壁江山。人力资源和社会保障部数据显示，2017年全国高校毕业生人数达795万人，相比2016年的765万毕业生增长了30万人，再创历史新高。“就业难”被毕业生、家长以及媒体广泛关注。就业是民生之本，创业是高质量的就业，创业能力是衡量应用型本科高校教育教学绩效的重要指标。600所地方本科院校向应用技术型院校转型，也是适应就业市场的新要求而出现的新动向。因此，探索应用型本科大学生创业能力的构成要素体系，研究应用型本科大学生创业能力的培养途径，对于应用型本科院校优化人才培养质量具有十分重要的意义。

（二）研究意义

1. 学术价值

本项目将创业理论和创业能力模型应用到应用型本科院校创业人才培养的研究中，通过对应用型本科院校大学生创业能力特征、能力需求、培养现状的分析，促进了创业理论在应用型高校系统中的研究与发展，拓展了创业理论的研究视域。

基金项目：江苏省社科应用研究精品工程课题（编号：18SYC-193）成果。

作者简介：孟凡婷（1981—），女，硕士，徐州工程学院管理学院学生科科长，研究方向：大学生就业创业教育。

2. 应用价值

应用型本科大学生群体是我国创业大军中的一支不可忽视的力量。但是由于创业还处于起步阶段，创业成功率相对较低，创业过程容易陷入各种困境，如机会能力困境、资源困境等，造成创业成功率不高。创业能力是创业主体在创业的过程中完成创业工作并获得优异创业绩效所表现出来的在知识、技能、能力和特质等方面的综合能力，是创业成功的核心能力。为此，要提高应用型本科大学生的创业成功率，必须要培养其创业能力。目前学术界已取得的关于创业能力要素体系的研究成果具有通用性，但是应用型本科大学生是一个特殊的创业群体，他们应具有与其他创业群体不完全相同的创业能力。对应用型本科大学生的创业能力的需求特征进行调查研究，构建应用型本科大学生创业能力要素体系，提出有针对性的培养措施与提升途径，能够科学引导应用型本科大学生创业，提高创业成功率，为应用型本科院校人才培养提供有益参考。

（三）研究现状

1. 关于创业的研究

20 世纪 80 年代以来，作为管理学研究的前沿理论之一，创业研究取得了巨大进展。关于创业的研究由美国百森学院率先开展，国外创业研究的焦点是创业主体、创业过程、创业环境以及它们三个要素的交集区域四个层面。1921 年，美国经济学家奈特最早给出了创业的定义，认为创业是一种成功预测未来的能力。创业学的鼻祖熊彼特从创新的角度研究创业，认为创业是指创业者使用和执行新生产要素组合实现创新活动的过程，这些新生产要素包括引进新产品、开拓新市场、引进新生产方式、采用新原料和新的生产组织形式等。奥地利经济学家柯兹纳从创业者心理的角度提出，创业者需要有更高的主观能动性，能够敏感地感知到市场获利的机会，实现创业活动。美国商学院著名教授、创业教育大师蒂蒙斯认为创业是一种思考、推理和行为方式，创业者需要识别并抓住机会，创新组织，并具备能够通盘考虑和谐发展的领导能力。美国战略管理学家霍杰茨则认为创业是一个动态的过程，在这个动态过程中创业的必要性因素包括投入的时间和资本、承担风险的意愿、创造和创新能力、合理配置资源的技能、机会识别能力和洞察力以及组建创业团队的能力。Hodgetts 的创业理论强调了创业的动态性和创新性。哈佛商学院教授史蒂芬逊指出，创业是不拘泥于当前资源条件的限制，将不同的资源组合并加以利用，开发机会并创造价值的过程，史蒂芬逊关于创业的定义充分揭示了创业的实质内涵。国内学术界对创业问题的研究起步较晚，但呈现积极的发展趋势，主要集中在创业内涵界定、组织创建、资源利用等内容的研究上。从已有文献看，创业主体研究可以在个体、群体、组织、行业和社会等多个层面展开。本文从大学生这一特殊群体入手，研究创业能力特征的维度，属于创业主体层面的研究范畴。

2. 关于胜任力和胜任力模型的研究

胜任力是在一个组织中绩效优异的员工所具备的能够胜任工作岗位要求的知识、技能、能力和特质。胜任力这一概念最早由哈佛大学教授麦克兰提出，他认为：胜任力是指在一个组织中绩效优异的员工所具备的能够胜任工作岗位要求的知识、技能、能力和特质。

目前学者们主要从三种视角对胜任力进行了研究：第一种是特征观，认为胜任力是一种持久的、潜在的个人特征，从特征观视角定义的胜任力是目前引用较多、认同度较高的定义，综合表述为胜任力是从业者所拥有的能够取得出色的工作业绩的潜在的特征，这些特征可能表现为特质、自我概念、动机、信念、价值观、知识、技能等；第二种是行为观，认为胜任力是一种与个体履行工作职责相关的行为表现；第三种是综合观，认为胜任力综合了从业者的个性特征和行为表现。

胜任力的概念提出来以后，胜任力模型的构建和检验成为该研究领域的热点问题之一。国内学者时勘和仲理峰等通过行为事件访谈法对中国通信行业企业高层管理者的胜任力进行实证研究，调研结果发现主动性、成就动机、市场意识在内的10项胜任能力要素共同组成了通信行业的胜任力，并构建了胜任力模型。王重鸣、陈民科对正、副总经理的管理胜任力进行研究并指出管理胜任力由管理素质和管理技能两个维度构成，实证研究证明正职的管理素质、管理技能与副职的管理素质、管理技能所包含的能力要素存在差异。

3. 关于创业能力和创业能力模型的研究

钱德勒和汉克斯（1993）在其研究中首先运用了“创业能力”（entrepreneurial competence）这一术语，并将其定义为“识别、预见并利用机会的能力”，指在一个组织中绩效优异的员工所具备的能够胜任工作岗位要求的知识、技能、能力和特质。伯德（1995）认为创业能力是可观察的和系列行为表现出来的特征，既包含创业者的个性特征，又包含创业者的知识和能力等综合特征，是创业者成功实现其角色应该具备的全部能力。这些能力的高低又取决于创业者拥有的创业经验、培训教育情况、家庭背景等因素的影响。对于创业者来说，创业能力是影响其获取竞争优势的核心能力，也是其获取持续的、动态的创业绩效的核心能力。劳（2002）等人认为创业能力属于创业者能够胜任工作角色的较高层次的能力总和。曼和劳（2002）在其研究中从创业过程的角度提出，创业能力是创业者在能够成功履行其岗位职责、获取优异的创业绩效的过程中所具有的个人特质、知识和能力的总和。国内学者在国外学者的研究基础上也归纳总结了创业能力的概念内涵，认为创业能力是绩效卓越的创业者胜任企业创业任务所应该具备的知识、能力、技能和个人特质，具体表现是在创业过程中能够识别机会、抓住机遇、获取和整合资源的综合能力。

在创业能力的模型构建上，张炜、王重鸣提出八维度模型，仲理峰、时勘提出十一维度模型，而托马斯提出的六维度模型（机会胜任力、关系胜任力、概念胜任力、组织胜任力、战略胜任力、承诺胜任力）是目前运用较为广泛的创业胜任力模型。在创业能力的具体构成要素上，不同层次的管理者具有不同的结果要素。国内外研究者提出的创业能力模型和特征维度，一般都是通用意义上的研究成果。事实上，不同环境、任务、阶段下以及不同的创业主体应具备的创业能力是不完全相同的。大学生属于特殊群体的创业主体，其创业能力的构成维度必然存在其独特性。因此，目前的研究缺乏对具体环境、任务、创业阶段以及特定创业人群的创业能力研究。

4. 关于应用型本科创业人才培养的研究

相对于教学型、教学研究型和研究型的高等院校分类而言，应用型本科院校是一种新型的分类。该类型院校的人才培养重在实践与应用，培养能够面向区域社会经济发展的适应生产、建设、管理和服务第一线需要的具有专业知识、专业技能和实践操作能力的高技术应用型人才。国外高校很早就已经进入高等教育大众化阶段，创立于19世纪末的美国社区学院，20世纪60年代末70年代初的德国应用科技大学，20世纪70年代的法国“大学校”等，虽然并没有提出“应用型本科院校”的具体概念，但这些国外高校都选择了应用型的办学模式。如德国应用技术大学在人才培养目标上侧重体现了应用性和实践性，为企业培养适应一线工作的复合型的应用型人才，学生毕业后不仅具有扎实的理论基础，同时具有较强的实践能力。在我国，对应用型本科教育的研究与实践时间不长，1998年龚震伟第一次提出“应用型本科”的概念，2014年《国务院关于加快发展现代职业教育的决定》中把本科层次院校发展应用型职业教育的学校称为“应用技术类型高等学校”，并简称为“应用型高校”。应用型本科院校的发展是高等教育发展的客观要求，也是办学层次多元化的具体体现。应用型本科院校在其人才培养目标、教学方式、课程设置、专业建设、师资培养等方面都不同于学术型高校，体现了应用型、专业性和实践性的特点。

自党的十八大明确指出加大创新创业人才培养的支持力度以来，学术界也逐渐将创新创业教育纳入人才培养研究中去，相关文献自2014年开始逐年增多。张素香等的《创新创业教育背景下工程应用型人才培养模式的研究》认为，应从应用型人才培养存在的问题入手，以提高应用型人才培养质量为目标，从教学理念、教学管理、师资建设、实践平台、技能教学改革等方面阐述对策，立足创新，优化人才培养模式，建设完善创新创业教育体系，提升学生创新创业能力，增强专业技能，从而促进学生更高质量就业。邹禄禄在《基于专业教育与创新创业教育相融合的应用型人才培养模式研究》中认为，我国高校要将专业教育与高校创新创业教育两者相融合，构建专业教育与创新创业教育相融合的应用型人才培养体系。张显悦等在《应用型人才培养高校创新创业教育的实践路径》中提出了构建创新创业教育的培养体系，主要体现在课程体系平台和实践平台上，其中课程体系平台以开设主导课程、增加隐性课程和强化实践课程为主；实践平台以产学研结合载体和学生竞赛项目载体为主，并构建相应的创新创业教育资金保障机制和评价机制，进一步改革应用型人才培养路径。

5. 现有研究述评

从目前学术界的研究成果来看，创业人才能力培养的相关研究文献较多，国外大多集中在经验介绍方面。发达国家经济高速发展的经验之一就是由教育部门向社会源源不断地输送高层次应用型人才，换言之，具有强大综合国力的国家以其雄厚的高等职业教育为依托，应用型人才培养在其中起着不可替代的重要作用。相比之下，国内由于起步较晚，对于创业能力培养的研究成果大多集中在理论内涵的探讨上，自2014年国家政策导向要求将创新创业教育融入人才培养中，相关文献开始逐年增多，大多集中在人才培养模式等方面，此外，还涵盖了针对高校创新创业人才培养实践探索的研究。然而我国高等教育正处于从精英教育向大众化教育的实质转型阶段，创新创业背景下的人才培养所面临的诸多问题还未研究解决，现有文献研究中很少有涉及创新创业背景下进行应用型本科院校创业人才培养的研究。这不仅给应用型本科创业人才教育提供了新的研究方向，也提出了新的挑战。

（四）研究内容

（1）理论基础研究：对创业理论和创业能力理论进行全面系统地归纳总结，通过对经典理论成果的梳理和分析比较，在理论上形成一个较为全面的理解，为课题研究奠定理论基础。

（2）构建能力要素体系：构建大学生创业能力关键要素体系，在大量查阅文献资料，提取“创业教育”“创业能力”等相关词语，建立词条库，以此为提纲，以成功创业的毕业生为主要调查对象进行随机访谈、个案调查及问卷调查。根据调查对象对创业能力要素体系中各要素的评价，在对数据进行处理和分析的基础上，构建符合应用型本科大学生创业特征和能力需求的创业能力关键要素体系，为应用型本科大学生创业能力的培养途径选择提供指导。

（3）应用型本科大学生创业能力的培养途径研究：将研究结果应用到实践中，根据大学生创业能力要素体系，找出关键要素，提出应用型本科大学生创业能力的培养途径。

（五）研究方法

本课题研究主要遵循文献分析—问卷调查—深度访谈—体系构建—对策分析的基本思路展开研究。具体研究方法如下：

（1）文献分析法：通过不同途径，搜集国内外关于创业及大学生创业能力方面的相关文献和研究成果，并对之进行分类、归纳、提炼和总结，为深入研究奠定理论基础。

（2）深度访谈法：在对大学生创业能力的文献整理及对相关专家深度访谈的基础上，识别成功创业者所具备的创业能力特征，通过成果借鉴及理论假设完成创业能力要素体系的构建。

（3）问卷调查法：通过问卷调查及整理，运用统计分析软件对回收数据进行处理，利用数据分析结果归纳出大学生创业能力的关键要素，构建应用型本科大学生创业能力关键要素体系。

（4）案例分析法：在理论研究的基础上，把理论研究与实践应用相结合。选择具体应用型本科院校——徐州工程学院的创业人才培养模式为案例，分析案例中创业人才培养模式的经验做法，找出目前应用型本科大学生创业能力培养中的薄弱环节，并提出有针对性的应用型本科大学生创业能力的培养途径。

（六）研究创新

（1）课题研究视角新颖：本课题选择应用型本科大学生这一特殊的创业主体为研究视角，通过深度访谈法和问卷调查法构建应用型本科大学生创业能力关键要素体系。

（2）课题的理论研究创新：在参考借鉴相关理论研究成果和调查分析应用型本科大学生的创业困境的基础上，构建大学生创业能力关键要素体系。

（3）课题的实践应用创新：在大学生创业能力关键要素体系的基础上，提出有针对性的创业能力培养对策与建议。

二、应用型本科院校创业人才能力培养的现状及问题

(一)创业人才能力培养的现状

自2015年以来,随着国家对“大众创业,万众创新”的重视与提倡,教育部正式下文推进创新创业教育以来,将创新创业教育融入高校人才培养过程中,已成为学校乃至国家都致力于推行的趋势。近年来,应用型本科院校积极实施创新创业教育,采取了一系列的实践探索,较好地推动了应用型本科院校创业人才的能力培养。

1. 建设创业学院

近年来,随着政策导向以及国际潮流,越来越多的应用型本科院校以建设创业学院的形式来有针对性地培养应用型创业人才,创业学院成为高校双创细胞的活跃载体。如浙江省教育厅在2015年8月下发文件,提出了创业学院建设的目标,要求浙江省高校在2016年3月底除特殊学校外都要建立创业学院。截至2016年4月初,浙江高校已建设各类创业学院达99所。本科高校纷纷兴建创业学院,强化指导队伍建设,完善创业支持,强化实践教学,全面推进了应用型创业人才的培养。

2. 开展创新创业大赛

2015年5—10月,教育部举办中国首届“互联网+”大学生创新创业大赛,共有1800余所高校、57000多支团队、20万名大学生参赛,并带动百万学生参与,效果可见一斑。根据教育部的要求,高校要广泛举办各类创新创业大赛,并对此予以支持。随后,各省、各高校纷纷举办各类创业大赛,成为高校开展双创教育、促进激发并引导学生的有力抓手。通过比赛形式积极激发和引导学生关注社会有效服务的需求,将创新创业教育融入人才培养中,是各校相继开展创新创业大赛的核心。

3. 创新创业基础课程的改革

在创新创业教育中,最为关键的便是创新创业基础课程的改革。我国部分高校由传统的教师“一言堂”课程模式,逐步转变为以学生为主、教师为辅的多方面参与模式,逐步开设了创新创业基础课程。教育部下发的通知表明,各地高校从2016年起要设置创新创业教育课程,对全体学生开发开设创新创业教育必修课和选修课,纳入学分管理。创新创业基础课程的改革发展,是我国高校培养应用型创业人才的重要一步。

4. 高校创新创业园管理和运行

在近几年的探索发展中,高校逐渐将创新创业园的建立和管理运行机制纳入开展创新创业教育的核心,鼓励在校生积极关注市场需求,提高学生的创新创业精神、意识和能力,利用学校现有的学科、师资等软硬件资源,为创新创业园发展提供有力支撑,有效引导学生学习职业性和应用性知识和技能。徐州创业园是国内知名的大学生创业示范基地,以中国矿业大学科技园作为依托,积极鼓励大学生进行创新创业,帮助学生解决创新创业过程中遇到的困难。徐州市政府为了鼓励大学生创业,激发学生的创新思维,出台了一系列扶持政策,包括减免税费、货款补息、设置创业基金、低价提供创业场地、举办创业交流会等。高校探索了一系列方式方法力图将创新创业教育融入人才培养过程中,为培养能够与社会需

求对接的应用型创业人才而努力。

（二）创业人才能力培养存在的问题

现阶段，应用型本科院校培养应用型创业人才虽然进行了多方面的实践探索，并且在一定程度上取得了成绩，但由于处于探索发展阶段，还存在以下几方面的问题。

1. 创业教育改革认识不足

供给侧结构性改革和国家产业转型升级的进程不断加快，人才市场的供求关系也在时刻发展变化，我国正大力实施创新驱动发展战略，高校在现阶段已逐步开展创新创业教育，虽然已经认识到了培养应用技术型人才的重要性，但由于起步较晚，相较于发达国家还有一定的差距，正处于转型发展的探索阶段。从表面来看，所有高校都面临转型问题，但目前具体涉及的学校大多集中于2000年后新建的应用型本科院校。这批高校存在着学科专业趋同、人才培养模式滞后、服务经济社会发展能力不足、就业结构性矛盾突出等问题，其核心就是结构调整和内涵转变，具体包括明确办学定位，将办学思路真正转到服务地方经济社会发展上来，转到产教融合校企合作上来，转到培养应用型创业人才上来，转到增强学生创新创业能力上来。部分应用型本科院校正紧紧围绕创新驱动发展、“中国制造2025”、“互联网＋”、“大众创业，万众创新”等国家重大战略，以产教融合、校企合作为突破口，推动学校在人才培养模式向职业应用型方向转变的关键环节上转型改革。另外，这部分院校在培养应用型创业人才转型发展过程中对人才标准普遍存在设定规格单一、层次趋高、类型模糊的“同质化”现象，忽视了对学生创新思维能力和精神的培养，造成培养的应用型创业人才缺乏创业能力和创业精神，导致培养人才不能满足社会需求，难以对接社会需求。

2. 创业教育师资匮乏

在创业人才的培养过程中，对教师的创业教育能力提出了更高的要求。首先教师要对创业教育有自己的认识和一定的了解，在追逐创业教育最新的科研成果的同时建立起自己的创业教育体系，并将教学内容与之融合，在教学过程中，系统地、循序渐进地向学生渗透创业教育的精神，开启学生的创业意识。教师也要从心理上、性格上、习惯上等多方面了解学生的个体差异，有针对性地、因地制宜地对学生进行创业教育，而不是整齐划一地盲目教育。教师不仅在理论上有独立的见解，在实践中也要有一定的经验，要准确地把握市场经济的规律，对创业过程中遇到的困难要有科学的预见性，有针对性地引导学生进行创业，采用创新的教学方法，利用情景教学让学生切实体会创业过程，树立学生的创业信心，鼓励学生敢于尝试勇于冒险，创业过程会经历很多的困难和逆境，但是要有一个正确的心态来面对问题，解决问题。这样的教师数量并不多，相比在应用型本科院校预计培养的创业人才数量，是远远不够的。教师队伍的匮乏不禁使我们质疑人才培养的质量。

3. 创业实训流于形式

大学生的创业实践能力日益受到关注，各高校也建立了多种多样的创业实训基地，如大学科技园、创业孵化园、创业园区等都是提高学生创业能力的平台，帮助学生进一步内化创业教育理论，发挥创业能力，积累创业经验，但部分创业实训基地流于形式，甚至停留在协议书上，缺乏基于学校自身特色的考虑，照搬一些成功经验，盲目效仿，在运行过程中管理混乱，持续时间不长，表面上为学生提供创业便利，但缺乏专业教师一对一地进行指导，只是毕业前的“走过场”，并没有起到让学生在实践中强化理论知识，并体会理论用于实践的转化和反思过程，致使学生创业成功率不高，基地不能最大限度地发挥出作用，一定程度上浪费了教育资源，也没有真正意义上获得实训效果。这样的创业人才进入工作岗位后，创业能力被束缚，创新思维和科研能力后劲不足。

4. 学生学习动机不足

动机是由内生动机和外生动机两个因素构成，是应用型创业人才培养的重要组成部分。学生的学习动机不足，是制约人才培养质量的关键因素。部分学生学习的中心地位偏移对学生学习动机也有一定的影响。这一问题主要表现在以下几个方面：从教师的角色来看，教师在教学过程中应当扮演的是引导者，而不是领导者，要引导学生自己主动发现问题、解决问题；从教学方法上看，很多老师在授课的过程中仍然是以“讲授”为主要方法，学生处于一个被动的地位，只是在盲目地去接受一些知识，遏制了批判思考和创新思维的培养；从学习的场域来看，校内的实践占主导，而校外的实习经历较少；从学习的效果评价来看，学生在学校的学习结果的考察主要是以理论考试的方式进行，而缺少其他方式的评价。

三、应用型本科大学生创业能力构成要素体系构建

创业能力构成要素体系的构建是开展对策研究的重要一步。本文通过以下研究活动的开展构建了大学生创业能力要素体系：第一，在回溯文献的过程中，以前人的研究为基础，选取创业能力模型，为理论模型的构建提供基础。第二，通过大量阅读文献，在文献的梳理中，总结文献中出现频率较高的创业能力特征条目，形成初步的应用型本科院校大学生创业能力特征群。第三，运用访谈法，设计访谈提纲，对创业成功的大学生进行深入访谈。围绕“您认为一位合格或优秀的应用型创业人才应当有怎样的特点？”“您认为应用型创业人才应该具备的能力有哪些？”“在您学习或工作生涯中给您留下深刻印象的关键行为事件有哪些？”等问题进行访谈和交流，以真正获得成功的创业大学生为访谈对象，收集大学生创业能力特征条目，从而将理论与实践相结合，补充相关条目。第四，邀请相关创业指导专家，对提取条目进行打分，分析创业能力条目。在专家评分的基础上，汇总应用型本科大学生创业能力特征“要素池”。对条目进行筛选后，剔除无关条目特征，进一步完善应用型本科大学生创业胜任力特征条目。第五，结合基础模型和创业能力特征条目，通过与多年创业指导专家讨论划分要素类别，构建了应用型本科大学生创业能力关键要素体系。

（一）能力指标及体系构建

通过对文献的梳理、访谈结果以及专家评价，构建了应用型本科大学生创业能力指标及体系，如表1所示。

表1 应用型本科大学生创业能力要素体系

	一级指标	二级指标	解释
综合能力	学习能力	自学能力	求知、学习和适应发展的能力
		专业知识能力	
		适应能力	
	思维能力	分析能力	通过分析、概括、抽象、比较等过程解决问题的能力
		判断能力	
		逻辑能力	
	沟通能力	交流能力	通过听、说、读、写获取信息并有效传达信息的能力
		交往能力	
		协调能力	
	创新能力	认知能力	运用知识与理论,在各种实践活动领域不断提供具有各种价值的新思想、新方法和新发明的能力
		捕获信息能力	

(二)能力要素分析

根据表1所示的应用型本科大学生创业能力要素体系,本文对各能力指标具体分析如下。

1. 学习能力

学习能力一般是指人们在正式学习之前或非正式学习环境下,自我求知、做事、发展的能力,它主要包括以下几个方面:自学能力、专业知识能力、适应能力等。

(1)自学能力。自学能力是大学生获取知识、升华知识的重要学习途径,是大学生应具备的最重要的学习能力。它主要包括:熟练地使用多种工具书、查找文献资料和科技情报、阅读学术著作、网络学习等能力。自学是获得知识的重要途径,现代社会是一个学习型社会,终身学习是现代社会的一个要求。大学是一个多方面发展的平台,在大学的图书馆内有大量的文献可以供学生借阅,并且大学教育比较注重学生自学能力的培养,给予大学生大量的课外时间,自主学习,全面发展。

(2)专业知识能力。尽管西方一些研究者认为,随着后学历时代的来临,专业知识和技能在就业过程中所起的作用会越来越小,用人单位需要的是具有核心胜任力的聪明人,而不是那些所谓的专才。但从我国现有的经济发展状况以及劳动力市场的要求来看,专业知识和技能仍然是影响个体就业的重要因素。找到和保持一个好的工作,专业知识和技能是十分重要的。没有专业知识和技能的人,大多只能被迫从事不需要专业技能的简单劳动。所以专业知识与技能是人力资本的核心。对于大学生而言,大学四年中,无论是在课堂还是图书馆,都会学到自己所感兴趣的专业知识与技能。把握专业问题、专业意识和外语语言技能是毕业生具备的最重要的专业技能。

(3)适应能力。这是大学生应该具备的基础实践能力。大学生入校后,面临着学习、生活环境的新变化。大学生远离了父母和亲友的关心和爱护,需要在较短时间内,在生理、心理和行为能力等方面逐渐成熟,养成适应环境的独立生活能力。这种能力的培养,一方面是为了适应大学的学习生活，另一方面也是为了适应未来的社会职业生活。

2. 思维能力

思维能力是指人们在工作、学习、生活中每逢遇到问题，会通过分析、综合、概括、抽象、比较、具体化和系统化等一系列过程，对感性材料进行加工并转化为理性认识及解决问题的活动。它主要包括分析能力、判断能力、逻辑能力等。

(1) 分析能力。应用型本科大学生应学会在复杂的环境下，运用所学的基础理论和专业知识，对环境做出分析，找出影响因素、认知因素之间的关联及对组织的影响程度，学会从整体考虑问题，并创造性地提出解决方案。综合技能和分析技能是应用型本科大学毕业生应该具备的最重要的思维技能。

(2) 判断能力。判断能力是指人们在思维的基础上对事物进行分析、辨别、断定的技能和本领。它是逻辑思维能力之一。判断是指反映对象本身及其某些属性和联系存在或不存在的思维形式。判断能力要求人们对事物做出肯定或否定的明确回答。对于应用型本科毕业生而言，对事物本身做出相应的判断，应该是其已经具备的能力。

(3) 逻辑能力。逻辑能力是指正确、合理思考的能力，即对事物进行观察、比较、分析、综合、抽象、概括、判断、推理的能力，是采用科学的逻辑方法，准确而有条理地表达自己思维过程的能力。在高校专业课的教学中有些高校已经注意到培养大学生突破传统的框架和常规的思维方式，进行创造性的思维活动，使其敢于创新、能辨别事物的规律和形式，举一反三，从个别事例引出一般结论，既看到局部又看到全局，学会统筹兼顾，从而使应用型本科毕业生具备这种能力。

3. 沟通能力

沟通能力，通俗地说，是指通过有效的听、说、读、写获取信息并有效传达信息的能力。它主要包括交流能力、交往能力、协调能力等。

(1) 交流能力。交流能力是指大学生在掌握了丰富的理论知识和实践知识的基础上，通过语言表达或书面文字的形式展示自己思想感情的能力。它也是一种具有筛选、组织各种纷繁的信息，在文字和口头上清晰地表达自己，简洁地解释复杂问题的能力。它是大学生沟通思想、交流感情的基本素质。大学生在日常学习、工作和生活中，要交流思想、讨论问题、互通情况、阐述观点等，都要以交流能力为载体来达到目的。口头交流、敢于说话、清楚而自信地表达思想是应用型本科大学毕业生应该具备的重要的沟通能力。

(2) 交往能力。它是指大学生在与人和社会的交往中建立和体现的得到他人和社会认可并充分施展自己的才能的能力。在现代社会，一个人很重要的实践能力就是为人处世、与人共处的人际交往能力。在交往中要学会尊重他人、善待他人、诚实守信。大学生良好的人际关系不仅可以提升自己的形象，取得别人的信任，还可以为自己的就业搭建一个良好平台，提高工作效率。

(3) 协调能力。现代市场竞争靠一个人是很难取得成功的，需要集体的合作，依靠群体的力量和智慧取得成功。因此，要培养大学生的协调能力和团队意识，善于观察和听取他人意见，能理解他人不同的背景和看问题的角度，能理解他人的动机、感情和所关心的问题，善于协调团队关系，善于发挥他人的才能，善于取得他人的支持、合作和尊重，形成团队的力量，朝着既定的目标努力。

4. 创新能力

创新能力是指运用知识与理论，在科学、艺术、技术和各种实践活动领域不断提供具有经济价值、社会价值、生态价值的新思想、新理论、新方法和新发明的能力。创新是民族进步的灵魂、经济竞争的核心。创新能力主要包括认知能力、捕获信息能力等。

（1）认知能力。大学生已经认识到创造力是每个大学生都有的一种潜在的自然属性，他们对科技创新期望指数很高。根据马抗美、翟立原教授在2002年全国青少年创造能力培养社会调查报告中概述的数据，大部分同学同意，创新是大学生应具备的最重要的能力。这表明当代大学生都普遍意识到在大学努力创新是有意义的事，创新能力已成为每个大学生参与未来竞争的资本。

（2）捕获信息能力。捕获信息能力主要是指在众多的市场所提供的信息中，通过对信息的搜集，提炼出自己所需的信息，运用这些信息进行创新性的分析、判断，从而解决问题。在日常生活中，大学生更加注重对外界信息的获取，并且加以提炼，使其成为自己的信息。

（三）能力要素体系研究结论

本文通过文献法、调查法和访谈研究，构建了应用型本科大学生创业能力要素体系，包括4个一级指标和11个二级指标。在学习能力方面，通过对自学能力、专业知识能力、适应能力的分析，得出应用型本科大学生在学习能力上具有一定的优势，在实际生活中，其理论知识比较扎实；在思维能力方面，通过对分析能力、判断能力及逻辑能力的研究，发现应用型本科大学生在此方面有待提高；在沟通能力方面，通过对交流能力、交往能力、协调能力的探究，了解到应用型本科大学生十分乐意与社会接触，是积极活跃的一代；在创新能力方面，应用型本科大学生由于受到中国传统教学模式的束缚，其创新思想没有得到全面开发，需要制定相关措施来改善。对应用型本科大学生创业能力要素体系的构建与分析，为应用型本科院校培养创业人才提供了参考。

四、徐州工程学院大学生创业能力培养途径分析——基于产学研合作教育

徐州工程学院作为一所地方应用型本科院校，是为地方经济和社会发展培养面向生产、建设、管理、服务等第一线需要的实践能力强，具有良好职业道德的高技能、高素质应用型本科人才。这一人才培养目标定位决定了学校的办学模式必须始终坚持“立足地方、服务地方”的基本原则，充分利用学校、企业和科研院所不同的教育环境和教育资源，走产学研合作教育之路。多年来，徐州工程学院重视产学研合作教育工作的开展，始终牢记服务地方的使命，将产学研合作教育定位为学校长期发展战略，紧密结合地方经济社会发展，主动融入江苏省振兴徐州老工业基地的发展战略，大力推进学科、专业协同建设工作，注重产学研合作教育平台的搭建，不断提升服务地方经济社会发展的能力，凸显了应用型创业人才培养特色，取得了显著成效。

(一) 更新观念,充分认识产学研合作教育工作的重要性

产学研合作教育作为地方本科院校应用型创业人才培养的重要途径之一,可以推动地方高校革新办学理念,拓宽办学思路,推动地方高校变革人才培养模式,拓宽就业渠道。因此,学校党委、行政将产学研合作教育定位为学校长期发展战略,“校企(地)合作战略”成为学校实施的四大发展战略之一,并写入学校“十二五”“十三五”事业发展规划。学校在制订《十二五学科专业建设规划》时,明确指出“推进与国内外的科研院所、企业在人才培养、科学研究和技术开发等方面的合作,实现资源共享、优势互补,共同承担科研项目,尝试联合建设学科、专业”。学校《十三五事业发展规划》中强调“大力实施‘校地合作’战略。推进校地合作是发挥地方高校后发优势、实现后来居上的关键举措。要保持清醒的认识,把‘以服务求支持,以贡献促发展’上升为学校办学理念层次,既依托地方,又服务地方,在服务中找到位置、形成特色、提高水平。在科学研究与科技服务方面,进一步增强主动为地方经济建设和社会发展服务的意识,不断提升科技服务的能力和水平,通过人才培养模式改革与科技服务、产业开发,促进产、学、研、用紧密结合”。

为实现确定的发展目标,学校专门成立课题组对地方高校开展产学研合作教育进行了系统的研究,积极探索和掌握产学研合作教育的发展规律,研究了产学研合作教育的基本内涵、本质特征、运行机制,具体分析了我校近几年来开展产学研合作教育工作中存在的问题,总结了的成功经验,通过研究对我校产学研合作教育的指导思想、思路、目标、任务、运行机制、激励措施等相关内容进行了科学合理的规划,提出了要按照“面向市场、适应需要、校企结合、共同教育”的基本原则,指出了以行业、企业为主导,发挥全校40个专业建设指导委员会中的84名行业、企业专家的作用,统筹规划、重点建设和普及相结合,积极探索和实践以“订单式培养”“工学结合”为主的多种形式的产学研合作教育人才培养模式,不断改革创新,提高我校的教学水平和人才培养质量,形成自己的办学特色和办学优势。

(二) 加强管理,建立产学研合作教育的制度与保障措施

学校成立了以院长为主任、相关处室和各二级学院主要负责人为成员的产学研合作教育委员会,建立“校—教务处—二级学院”的三级组织管理体制,形成学校全面统筹和指导、教务处协调、二级学院具体实施的产学研合作教育管理机制与运行机制。学校在每年安排工作时,都将产学研合作教育纳入工作要点,相关职能部门每年都制订相应的工作计划。《徐州工程学院2016年工作要点》提出“强力推进产学研合作,主动服务地方经济,认真办好第三届徐州发展高层论坛,举办首届校企联盟大会,邀请百家以上单位来校参会,签订一批产学研合作教育协议”。《徐州工程学院2017年工作要点》提出“组织召开实践教学基地研讨会,做好校级‘人才培养试验区’遴选工作;加强与企业联系,推进学校与企业人才资源开发,提升人才发展的整体水平。大力推进校企联盟行动计划”。《徐州工程学院2018年工作要点》提出“制定和完善校地合作各项规章制度,以合作平台建设为依托,共建产学研基地,加强成果推广应用、人才培养培训和社会咨询服务等校企地合作”。

为鼓励产学研的合作,学校制定出台了一系列政策、文件。2016年12月出台了《徐州工程学院关于进一步开展产学研合作教育工作的意见》(徐工院行教〔20〕号),对学校进一

步开展产学研合作教育工作的指导思想、目标与任务、管理体制与运行机制、具体内容、激励措施和工作要求提出了详细意见；制定了《徐州工程学院实习管理暂行规定》(徐工院行教〔2017〕60号)，对学生实习环节的工作进行了规范化和制度化，2016年、2017年学校两度对优秀实习指导教师进行了表彰。《徐州工程学院二级学院教学经费使用管理暂行办法》(徐工院行教〔2017〕3号)规定："实践教学经费，占学院教学业务费的70%，包括各种实践教学环节的指导教师差旅费、学生实习材料费、交通费、校外教师的指导费、实习基地的建设费以及其他直接用于实习的相关费用等。"《徐州工程学院"专业建设推进年"活动实施意见》(徐工院行教〔2017〕12号)明确规定："学校将定期对各专业实习实训基地的建设情况进行抽查，并适时召开实习实训基地建设工作研讨会。"《徐州工程学院科研工作量计算办法(试行)》(徐工院行发〔2017〕2号)规定："以我校作为协作参加单位的纵向项目，以主管机构的立项通知及学校与主持单位协议(或主持单位证明)为依据，核定经费须到达我校财务账户。我校为第一参加单位(单位排名第二)、且我校教师排名在前三名的，工作量核定标准为：个人排名第二按相应级别课题的50%计，个人排名第三的按相应级别课题的20%计。"鼓励教师与企业进行产学研项目合作。

(三)搭建平台，营造产学研合作教育的良好环境

我校为新建地方本科院校，大部分科研骨干教师来自全国四面八方，对徐州市地方政府、企事业单位不熟悉，制约了产学研合作的开展。为此，我校在产学研合作教育工作中注重合作平台的建设，积极开展各种形式的产学研对接活动，不仅积极地走出去，而且主动地请进来，为高校与企业、政府之间的沟通和了解架设桥梁。由于我校是新建应用型本科院校，起初并不为地方及企业所熟悉和认同，面对这种现状，学校不等不靠，主动走出学校，深入厂矿企业，进行洽谈沟通。学校领导也高度重视产学研合作教育工作的开展，多次亲自带队深入各市、县、区、企业进行对接活动，搭建产学研合作教育平台。

学校教务处、科研处将产学研对接活动作为日常工作进行常态化管理，每年都组织各二级学院带领科研、教学骨干与企业进行产学研对接活动。仅2016年，我校就先后与徐州市各区县组织了6次较大规模的产学研合作交流活动。2016年3月与徐州经济技术开发区开展了全面战略合作研讨会，4月与邳州市科技局召开校企地科技对接交流会，5月初与铜山高新技术产业开发区洽谈科技合作事宜，5月中旬又与鼓楼区人民政府签署了战略合作协议，6月参与了铜山区"蓝火计划"项目对接活动，9月与丰县人民政府、睢宁经济开发区举行战略合作研讨会及科技合作事宜。学校通过签订各类战略合作协议、共建产学研基地等措施不断完善校企合作机制，搭建产学研合作教育平台。上述工作为我校与各县区的全面产学研合作教育的开展，提高我校应用型创业人才培养的质量，起到了极大的促进作用。

在积极走出去的同时，学校还主动邀请企业与地方政府进学校。2017年5月，我校召开了教学实习基地代表座谈会，徐工集团建筑工程机械有限公司、南通秋之友生物科技有限公司、徐州市云龙湖风景区管理处、徐州锻压机床厂集团有限公司、徐州大康企业建设工程有限公司、徐州彭博装潢工程有限公司、铜山县三堡中学等单位应邀参加了座谈会，会上

授予了徐州锻压机床厂集团有限公司等15家单位“徐州工程学院校外优秀实习教学基地”称号。通过座谈会，双方加强了沟通和了解，对促进产学研合作教育起到了积极的促进作用。2017年6月，我校举办了“徐州工程学院校企(地)联盟大会”，江苏省科技厅、徐州市政府领导，以及市发改委等单位领导出席大会，省内外200余家企事业单位负责人也云集我校。大会期间，学校与新沂市政府、铜山县政府、贾汪区政府签订了战略合作协议，与68家企业签订了合作协议。2018年12月，我校隆重召开实习基地建设研讨会，会议回顾了我校实习基地建设取得的成果，明确了今后强化实习基地建设的工作思路，授予徐工集团、中国一拖集团有限公司等33家单位“徐州工程学院优秀实习基地”称号。会上还表彰了“徐州工程学院优秀实习指导教师”，与13家新建实习基地签订了合作协议。

通过上述活动，地方政府和企业加深了对我校发展状况的了解，增加了对我校办学能力和水平的认同，有力地促进了我校产学研合作教育的开展。

（四）创新模式，构建富有特色的产学研合作教育人才培养体系

徐州工程学院始终坚持产学研合作教育培养应用型人才的办学定位，紧密结合地方经济发展需要和行业、企业的实际需求，科学制定人才培养方案，优化整合课程体系，大力推进人才培养模式改革，构建资源共享、合作育人、合作办学、合作发展的长效机制，开展了模式多样的产学研合作教育，构建富有特色的产学研合作教育人才培养体系。

1. 改造传统专业，合办新兴专业，共建特色专业与重点专业

在产学研合作教育工作中，我校充分发挥科研、技术、人才等优势，服务地方技术进步和产业转型，为地方经济建设提供了有力的智力支撑。我校紧密结合地方产业结构的调整和行业、企业的发展变化，跟踪地方经济发展中战略性新兴产业的需求，发挥校外专业建设指导委员会委员的特长与作用，积极与行业、企业开展合作改造传统的老旧专业、合作申报新兴专业。近3年来，我校共与各行业、企业合作改造传统的老旧专业11个，完善了传统专业的人才培养方案与教学计划；与行业、企业共同组织市场调研，不断研究和调整专业的培养方向和培养计划，共同举办了7个社会需求较大的新兴专业；整合各方的优势与特长，联合申报了“食品科学与工程”“计算机科学与技术”“财务管理”和“汉语言文学”4个省级特色专业、“食品科学与工程”和“财务管理”2个国家级特色专业；与行业、企业共同申报了6个江苏省高等学校“十二五”(第一批)本科重点专业，获批“食品科学与工程类”“机械类”“工商管理类”3个重点专业类和“计算机科学与技术”“汉语言文学”2个重点专业。通过产学研合作教育，学校培育一批与地方经济、产业发展密切相关的校级、省级和国家级的特色专业与重点专业，使我校的专业体系结构更趋合理，专业建设工作更能结合地方经济社会发展的实际。

自教育部启动“卓越工程师”计划以来，我校大力开展卓越计划的研究和校内试点工作，与徐工集团、维维集团和南通四建等大型企业密切合作，积极探索应用型人才培养模式。我校机械设计制造及其自动化和食品科学与工程专业获批教育部卓越工程师教育培养计划，使我校成为第二批“卓越工程师”教育培养计划高校。这是根据我校专业优势、地方经济的发展需求和产业、行业特点，开展产学研合作教育的又一新的平台，通过“卓越工

程师”计划的实施，必将为我校进一步强化工科办学优势、不断凸显服务地方经济的办学特色做出更大贡献。

2. 共建教学资源，产学研合作教育基地建设稳步推进

学校高度重视与企事业单位共建教学资源，积极推进产学研合作教育基地建设。学校拥有丰富的教学资源、科研资源、文化资源和人才资源，企业拥有先进的技术设备、良好的技术应用背景。学校需要更好地培养学生的职业素养和职业技能，为企业输送合格的应用型人才，企业需要充足的人才储备作为生存和发展的保障，基于共同的目标，双方积极共建教学资源，推动了产学研合作教育基地的稳步发展。

3 年来，学校通过校企（地）合作已与 31 个地方政府、机关部门及 376 家企业建立合作关系，与企业共建省级工程技术研究中心 6 个，产学研基地 110 个，校外实习基地 227 个。“淮海地区非物质文化遗产研究中心”获批江苏省普通高等学校人文社会科学校外研究基地。我校入选“省市共建商务服务平台”，成为徐州市唯一一家入选“江苏省国际商务人才培训服务平台培训项目”的高校，“徐州现代物流发展研究院”“苏北农村发展研究院”在我校挂牌成立。

学校按照“产学研用相结合”的理念，努力推进与国内大型企业联合建立现代工程实践教育中心，已与徐工集团、维维集团、中建八局等著名企业签署了共建协议。与徐工集团工程机械有限公司共建的机电工程实践教育中心被评为“江苏省示范中心建设点”，机电工程学院与徐工集团共建了国家级“机械制造工程实践教育中心”。我校与北京博奥生物有限公司签约共建“生物芯片国家工程研究中心淮海分中心”“淮海经济区食品安全快速检测中心”，其中：“淮海经济区食品质量安全快速检测中心”实验室面积 1000 平方米，设备总价值 1500 余万元。“食品生物加工工程技术研究中心”被批准为省级工程技术研究中心，“江苏省大型工程装备检测与控制重点建设实验室”“江苏省食品资源开发与质量安全重点建设实验室”两个实验室获得江苏省教育厅立项建设。

产学研合作教育基地的建设，保证了学校每个专业都有一定数量的稳定、高效的实习实训基地，满足学生的实践教学需要，提升了我校应用型人才培养的质量。3 年来，我校依托产学研合作教育基地，积极开展实践教学，邀请徐工集团、维维集团等企业技术人员到校讲学 106 人次，组织学生到企业实习、实训，学生能够严格按照实践教学计划到企业实习、实训，增强了创业型人才培养的实践性教学环节，为培养合格的应用型本科创业型人才创造了条件。

3. 合作办学、订单培养，培育行业、企业急需人才

学校大力推进应用型创业人才培养模式改革，根据不同专业人才培养规格，积极探索“订单式”校企联合培养模式、“3＋1”或“2＋2”教学模式，鼓励在人才培养模式改革方面的有益尝试，促进人才培养模式的多元化，全面构建应用型创新创业人才培养体系。学校积极开展校企合作办学，为企业培养急需人才。

我校化学化工学院和江苏蓝丰股份有限公司签订合作培养协议，对职工进行应用化工技术学历教育。江苏蓝丰生物化工股份有限公司 50 名一线业务骨干、班组长通过两年的专

业学习，顺利通过了学业考核，获得毕业证书。

我校与徐州瑞隆机械工业发展有限公司签约进行合作办学，机电工程学院“瑞隆人才培训基地”正式揭牌。根据协议，双方将利用各自师资、设施及就业方面的优势联合培养机械专业本科生，由瑞隆公司设立奖学金，实行实习奖励、学费报销、职前晋级等制度，并帮助机电工程学院组建液压实验室，为机械专业学生提供良好的见习条件。“瑞隆班”采取从大一至大三学生招生，不打乱现有学生编制，根据企业需求，增设相关专业基础课及专业课，学生利用假期到企业参与实训，在学校设立专门班主任及指导教师，同时，设立学校指导教师。目前，“瑞隆班”已招收3届学生共90人，企业投入办学资金40万元。

我校与苏宁电器徐州地区管理中心签约共建“苏宁班”，实施订单式培养。根据协议，苏宁电器徐州地区管理中心设立奖学金，实行实习奖励，用以资助学生到企业实习实训，企业参与教学大纲制订，增设“家电物流配送”等应用课程，参与学生实习、实训环节的指导，对进入“苏宁班”的学生，企业无条件接收有意愿的全部毕业生。该模式的指导思想是以学生职业能力培养为出发点，以直接就业为导向，实现“订单式培养、零距离就业”。

根据江苏省教育厅《关于开展地方高校计算机学院培养服务外包人才试点工作的通知》（苏教高〔2011〕2号）文件精神，我校与中软国际资源信息技术（无锡）有限公司、用友软件股份有限公司徐州分公司、无锡市安艾艾迪服务外包培训学校签订协议，联合培养服务外包人才。我校以校名、校誉、知识产权、办学资质和教学管理等无形资产，校园、校舍、教学设备、基础理论课程师资等有形资产作为合作条件，企业以其品牌、商誉、知识产权以及实践教学师资、实习实训、就业资源等作为合作条件，双方共同制定教学计划和课程体系、共同制定课程教学大纲、共同建设学生实践教学平台。现已招收98名计算机科学与技术（嵌入式培养方向）学生，双方合作良好。

我校承办了第二届博爱建筑安全论坛，论坛历时4个月，分为建筑安全生产管理辩论赛、博爱建筑安全论坛两部分。论坛各活动围绕建筑业从业人员安全、健康、权益、职责及建筑业安全生产管理和发展方向等深入展开，诠释了安全生产的重要性和生产及管理的内涵。江苏省建筑安全与设备管理协会、南通华新建工集团、江苏中阳建设集团有限公司、江苏华东地质建设集团有限公司、江苏省建筑工程集团有限公司、江苏武进建筑工程有限公司、苏州金螳螂建筑装饰股份有限公司等知名建筑企业参与了论坛活动。通过论坛活动，我校扩大了学校知名度，提升了行业影响力，拓宽了校地合作渠道，促进了学生高效就业创业。江苏省建筑安全与设备管理协会还出资设立“博爱建筑安全奖学金”，首批基金为50万元，旨在奖励徐州工程学院安全技术与管理专业学习成绩优秀、立志于从事建筑安全工作的学生，以满足建筑业对建筑安全管理人才的需求，进而提高建筑施工企业安全生产管理水平，我校首批19名学生获得此项奖学金。

近年来，徐州工程学院结合学校与地方经济社会发展的实际情况对产学研合作教育进行了有益探索和积极实践，从我校的实践情况分析，本文认为：产学研合作教育对我校的学科调整及专业设置，创业人才培养模式改革，提高办学水平、办学效益，使学校发展战略更适合社会经济发展要求和趋势，对提高学校的知名度起到了十分重要的作用；也对提升企业核心竞争力，增强地方企业的经济效益和社会效益，提升区域经济实力起到了良好的促进作用。

五、应用型本科大学生创业能力培养的对策建议

能力培养是一个全面、长期、系统的过程，根据调查结果和应用型本科大学生创业能力要素体系中的关键因素，应用型本科大学生创业能力的培养可以从以下几个方面做出努力。

（一）树立科学的创业教育理念

理念是行动的先导，是发展创新创业教育的基石。在当今提倡创新创业的背景下，整合创新创业教育理念，是高校培养应用型职业人才的第一步，也是最为重要的一步。作为教育领域的新概念，“创新创业教育”是一个相对模糊交叉性较强的复合概念，其本质为以培养学生的创新精神、创业意识和创业能力为基本价值取向的教育理念和教育模式。新概念往往蕴含新理念，“创新创业教育”表达着一直与时代精神相吻合、与社会发展需要相适应的新理念。当今时代是知识经济的时代，知识经济是以知识、信息和技术为基础的经济，也是以创新为动力的经济。知识经济的兴起在当前背景下对高校提出了更高的人才培养任务，要求高校培养出一批高层次、高技能以及拥有创新能力的应用型创业人才。

对此，高校要整合创新创业教育理念，在整合的同时，更应注重与专业教育的融合，及时更新转变，积极发展，将其贯穿到人才培养全过程中，在学生已有的专业知识的基础上，通过模拟、设想、实践等操作，帮助大学生培养创新精神和创业意识和技能，以重视职业应用性为培养人才的出发点，深刻认识应用型创业人才培养的内涵，坚持以能力本位为主，知识为辅，突出核心能力的培养，注重与社会经济的有效对接，强调贴近市场需求、职业定位导向，理论与应用结合、实践与创新结合的人才培养思维。

理念是行动的先导，没有科学、正确的理念，大学生创新创业教育的施行就缺乏合适的土壤。国家施行大学生创新创业教育计划是为了造就最具创造性、最有创新精神的一代。因此，高校、地方政府以及社会各界都要树立科学的理念，为大学生创新创业教育齐心合力，为建设创新型国家提供人力资源保障。作为应用型本科院校，在实施创新创业教育过程中，要清醒地认识到创新创业教育的本质是素质教育，核心是“育人”，是以培养学生创新意识、创业能力、实践能力为目标的，最终是对学生综合素质的培养。

（二）完善学校创业教育体系

1. 明确创新创业教育目标，完善顶层再设计

高校开展改革转型前要明确实施创新创业教育的目的是培养高素质的应用型创业人才。培养应用型创业人才要以能力体系为主，强调能力本位的培养，知识为能力服务。与以往培养学术型人才不同，现今更应该紧跟社会发展需求，强调与行业职业的有效对接，应用型创业人才应具有更强的社会能力，如交流能力、适应能力、创新能力等综合能力，学校要通过创新创业教育完善应用型职业人才培养模式的顶层设计。

在顶层设计视角下，当前我国高校的人才培养模式主要存在以下几方面的不足：第一，高校缺乏与企业之间的深度融合。高校虽然在人才培养方案中都明确了培养目标和定位，

但总体上仍是按照老派的、无针对性的方向进行人才培养，缺乏与企业的深度互动融合，与培养应用型创业人才培养脱节，教学方式与实际脱轨。第二，高校缺乏课程与课程之间的紧密关联。在目前的人才培养方案中，仍存在培养目标不明晰、课程与课程之间不紧密、无法有效培养相关人才等问题。第三，缺乏科学的人才培养目标定位。高校应以培养适应社会经济发展，具有职业性、应用性并兼具创新思维的人才为目标，开发学生的潜能。

因此，高校应明确创新创业教育培养应用型创业人才目标，完善顶层设计体系，具体包括：第一，明确涵盖创新创业教育的人才培养目标，改革传统上以教师为主的培养方式，转变为注重以学生为主体、教师为辅的培养方式，并进行细致的社会调查，形成新的以学生为主的人才培养模式。新的人才培养模式必定对教师提出新要求，同时也对课程体系、实践教学、创新创业实训基地、校企深度合作等提出新要求，这就要求要从主体上完善人才培养模式顶层设计系统。第二，以校企深度合作为基础，改革人才培养模式，应改善传统体制封闭式培养学生的模式，转变为人才培养方案的制定要有企业行业的深度融合参与，根据相关行业企业或岗位对人才的要求来进行课程体系设计，参照企业运营规则，引入企业标准、企业文化等，重塑传统的教育观念、教育模式、教育内容和学习教材。第三，贯彻工学结合教育思想于专业建设全过程，具体表现在紧密结合学生的工作和学习，以及工学结合的相关要素要体现在师资、课程、实训等建设中，努力提升为企业行业服务能力，建立科学有效的校企合作组织制度。

2. 设计基于能力本位的应用型创业人才培养方案

目前我国高等教育处于转型阶段，在向大众化方向发展。在转型发展的重要阶段，应用型本科院校必须重新定位，构建具有特色的教育和办学模式，从而满足不同的社会发展的多方面需求。应用型本科院校现阶段要着重树立以能力本位为指导思想，摒弃“理论＋实践”的培养方案，构建“理论＋实践＋创新思维”的培养方案。人才培养方案可以从以下具体要求进行相关构建：

第一，以能力本位为导向，突出市场需求，体现应用型创业人才培养特色。人才培养定位要顺应地方经济发展的趋势，服务于当地，围绕技术创新需求，以能力本位为导向，准确定位各专业人才培养目标和规格要求，并进行科学分析与界定，按照创业能力培养要求设置课程模块、设计教学内容和实践环节，强调与创业能力的对接原则，形成全方位的能力培养课程体系，培养应用型创业人才。

第二，关注学生全方位发展，注重知识学习、能力学习和素质培养统一发展。基于能力本位教学，关注学生在德、智、体、美、劳各方面的综合发展，在教育过程中育人为本、育德为先，将人文素质教育内容和社会主义核心价值观融入课堂，激发学生的创新创业兴趣，培养学生的社会责任感，帮助学生养成终身学习的观念，努力提升学生在创新创业思维下的职业规划合理程度，并探索适合社会需要、符合创新创业要求的教学方案。

第三，高校通过优化教学方案，改良师资结构，提升学校的创业人才培养能力。要将传统的学科导向教学模式，转型为创业应用导向教学模式；将知识教学，转型为逻辑教学，深入改革教学课程，增加实践应用的学时学分。

第四，强调以学生为中心的个性化发展与多样性统一。各高校应在制定人才培养方案时根据专业不同进行设置，充分发挥学生在本专业的个性特色，体现专业的不同特点，强调多样性与个性相统一，以创业能力为导向，打破固有的规范化模式，强调融合发展培养创业人才的方式。

第五，注重实践后的总结提升。实践本身是一个认识事物的过程，教育的目的不是实践本身，而是从实践方面获得的思维提升，如果忽视了创新思维提升的环节，创新创业背景下应用型创业人才的培养就是空话。因此，应用型本科高校在“理论＋实践”教学模式的环节上，还要加上创新思维提升的环节。

3. 实现产教深度融合

对应用型本科院校而言，推进产教融合顺应国家经济结构调整，适应经济发展方式转变，深入融合地方特色产业，服务当地经济发展，才能培养出具有特色的应用型创业人才。对企业而言，要发展壮大人才则为关键所在。企业需要具有自身特色的应用型创新创业人才，与高校进行深度交流与合作，是培养创新创业人才的主要途径。对国家和政府而言，实现产教深度融合，加快高校转型发展，培养应用型职业人才，能够促进职业技术教育的健康发展，实现中国制造转为中国创造，建成创新型强国。因此，实现产教深度融合，国家、政府、高校和企业都为共同主体，各方应协同联动，加强合作，推进产教深度融合。

对此，应从以下方面推进实现产教深度融合，培养校企合作多线并行的应用型创业人才：第一，以政府为主导构建协调机制，在产教深度融合中，政府要起主导作用，积极鼓励校企双方，推行相关激励政策，加大财政支持力度，出台相关优惠政策，建立以政府为主导的协调机制。例如，可以通过建立校企合作指导委员会，统筹当地高校和企业的共同资源进行整合，发挥政府优势，确定培养方向和目标，充分起到协调解决困难的作用；还可通过搭建校企合作公共信息平台，促进校企双方资源共享，提供有效的公共服务支持平台。第二，建立良好的校企互动合作运行机制，提供沟通交流的平台，通过平台开展校企合作、产教融合等，加强高校与科研机构、行业协会等的合作，优化资源配置，实现资源共享，突出专业特色，实现多线并行培养应用型创新创业人才。第三，由政府主导建立行业协会的评估监督机制，并构建科学合理的评估体系，对校企合作双方进行严格的考核评估。

综上，应通过政府为主导，实行多线并行的校企合作机制，进一步推动产教融合，提高合作意识，创新合作模式，培养应用型创新创业人才。

4. 加强职业规划与引导

学校与社会和企业相比，从实践环节上来说，学校不如企业和社会，但是学校的优势在于有专业从事教育的导师。学校除了有教授专业知识的导师外，还有大学生的人生导师，这是学校所独有的。学校要充分发挥职业规划指导的作用，帮助和引导大学生做出正确的选择。目前，大部分高校普遍缺乏的是对职业的指导和对方法论的传授，导致开设大量的看似完美科学的课程，却达不到预期的培养效果。创新创业背景下应用型创业人才培养要求针对16—24岁大学生的成长特点，在课程设置方面要加强职业规划课程的设计。职业规划课程分为课堂教学和一对一指导引导，并建立学生档案，避免大学生选择上的盲目性，加强学生的职业规划和引导，培养应用型创新创业人才。

（三）加强创业教育师资队伍建设

创新创业教育是一门跨学科、跨领域的综合素质教育，涉及经济管理、工程技术、政府经济、创业投资、孵化管理等诸多方面，要求师资队伍的专业结构多元化。目前，我国大多数应用型本科院校并没有专门的创新创业教育师资队伍，师资力量的匮乏是制约创新创业教育发展的重要因素，构建一支“数量足、理论精、实践强”的创新创业教育师资队伍是应用型本科院校创新创业教育亟待解决的问题。

创新创业教育对教师跨专业、跨领域的要求比较高。大部分应用型本科院校并没有专职的创新创业教育教师，亟须引进高素质的专职教师，但由于大部分应用型本科院校办学经费不宽裕，教师的待遇不高，难以吸引优秀人才进校。对于这个问题，本文认为可以采取“外引内培”的手段。首先，引进若干核心教师成立教学组，对全校创新创业课程进行规划、组织和效果考评。第二，聘请校内相关专业教师承担“法律”“经济”“心理”等模块的专题教学。第三，在校内选拔一批青年教师，对其进行创新创业教育知识技能、教学方法的培训，使他们熟练掌握创新创业教育的基本方法和技巧，成为学校创新创业教育工作的稳定力量，建立起一支专兼职结合、数量充足的创新创业教育教师队伍。

创新创业教育还需要教师具有较强的实践能力，因此还要注重加强“双师型”教师队伍的建设。可以从以下两方面入手，一方面要有计划、有针对性地组织教师到对口企业挂职，学习企业的管理运作、产品研发、市场开拓等内容，体验创业过程，提高实践能力，培养既有理论基础又具有实际创业创新能力的双师型教师；另一方面，从社会各界聘请企业家、企业中高层管理人员、成功校友、创业典型人物等来校兼职或讲座，为学生讲解创业经历，丰富创新创业教育实践体系。

（四）建立并有效利用创新创业实践基地

1. 有效利用校内创新创业孵化园

随着国家大力推进创新创业教育，各地应用型本科院校也逐步开展相关政策落实工作，相继在校内创建了创新创业孵化园，但由于成立时间较短、人力资源不足等原因，校内创新创业孵化园的基础硬件设施、资源配备、运行模式等还存在诸多问题，无法进行有效应用，成效不显著。

要解决突出问题，科学合理地利用校内创新创业孵化园，可以通过以下方面完善：第一，在创新创业孵化园建设方面，一方面要保障基础硬件设施、仪器资源配备等相关配套设施；另一方面还要考虑通过多种途径和方式，形成创新创业孵化园内的良性学术竞争，培养开拓进取、积极创新求进步的学术氛围。第二，加强创新创业孵化园的宣传，鼓励学生参与，并且对于校内扶持项目，要制定规范完善的保障机制，在项目顺利施行的基础上，确保发展方向不偏移。第三，保障创新创业孵化园各项基础设施完善的后续还需注重软件的配套服务，即要为孵化园配备职业应用性较强并兼具创新创业体系的指导教师，持续深度跟进指导项目，确保学生能从这一过程中汲取相应知识，掌握实践技能，熟悉创业流程，同时学校应出台相应的保障措施，使师生的参与度持续升高。

2. 拓展创建校外实训实践基地

校外实训实践基地是应用型本科院校培养应用型创业人才的重要方式，也是学生与职业应用岗位“零距离”接触、巩固理论知识、训练职业技能、全面提高综合素质的实践性学习与训练平台。拓展创新创业基地需要大批校外实训实践基地的支撑，目前校内创新创业孵化园已无法满足日益发展的人才培养方式，积极拓展创建校外实训实践基地是应用型本科院校贴近社会需求和培养应用型创新创业人才的根本途径。现阶段，应用型本科院校可采取以下一些途径和方法拓展创建校外实训实践基地：

第一，不拘一格寻找合作伙伴。根据许多校企合作比较成功的院校的经验来看，在建立校外实训教学基地的过程中一般是采用了大、中、小相结合，集中与分散相结合，国企与民企相结合，专业对口与不对口相结合，不拘一格寻找合作伙伴的思路。应积极寻求和整合各方资源，发挥应用型本科院校自身特长，拉动相关企业、行业做延伸和探索，各专业、学科集群发挥资源优势，对接地方经济特色，有效地将产业园、科技园等经济产业密集区开拓应用，立足当地社会经济发展特色创建校外实训实践基地，培养更具针对性的应用型创新创业人才。

第二，通过校企合作寻找双方合作的切入点。企业的利益体现在：学校能否为企业在人才培养、员工培训、客户培训、人才引进、产品开发方面提供智力支持及为企业提供的廉价劳动力。学校的利益体现在：企业能否为学校的学生提供一个与学校完全不同的教育环境，能否帮助学校按教学计划完成实践教学任务，为社会培养合格的应用型技术人才，能否为学生创新创业提供帮助，学校能否在师资方面得到企业的有效支持等。

事实上校企双方任何一种需要，任何一种利益，都可能成为校企双方合作的切入点。因此，就目前应用型本科院校而言，必须主动出击寻找校企合作的切入点，通过为企业主动服务的方式建立起学校、企业、学生等方面多赢的合作伙伴关系。

第三，建立良好的运行机制。从目前校企合作的情况来看，应用型本科院校寻找校企合作伙伴并不困难，难的是校外实训教学基地建立后运转困难，无法形成稳定的教学环境。因此，建立良好的校外实训教学基地的运行机制就显得十分重要。如何建立良好的校外实训教学基地运行机制，可从以下几个方面考虑：首先，要确保校企双方互利互惠、互动互进的合作原则能得到充分体现，形成良好的利益机制；其次，要建立人员精简、办事效率高的领导机构与办事机构及科学严密的管理制度，使校企双方的合作能从制度上得到保障；最后还要定期对参与实训教学基地工作的企业员工与学校教师的工作做出客观的评价，并根据评估、评价的结果对有突出贡献的员工与教师进行表彰，形成校企合作的激励机制。

3. 开拓其他模式的创新创业教育实践基地

应用型本科院校还可将校内的工科实验基地过渡成为创新创业实训基地。国内少数高校正逐步探索过渡方式。例如，西南交通大学成立的“超导技术研究所”，此后担任了国家“863”计划、国家自然科学基金等重大科研项目10余项，并于2000年研制成功世界上第一辆载人高温超导磁悬浮试验车，2003年西南交通大学超导技术研究所成为学校重要的创新基地。应用型本科院校可以以此为参考，发挥校内工科实验基地的创新特色，将其过渡为创新创业教育培养基地，培养应用型创业人才，使更多学生参与其中，为学生提供完善的平台，注重学生的应用实践性，有利于将知识体系与能力体系相结合有效利用，使教学、科研、实训、服务和孵化融为一体。

（五）营造社会良好创业环境

学生创业遇到的困境主要表现在创新能力不足和资金缺乏方面。创新创业能力的提高需要不断的实践训练，实践训练中难免出现失误，因此，应该理智看待学生创业的高失败率，并树立宽容创业失败的社会观念，鼓励创新创业，这些需要社会舆论和媒体的宣传与引导。

1. 拓宽创业融资渠道

资金缺乏是所有创业者面临的普遍问题，应用型本科大学生在这方面表现得更为突出。目前国内创业者的融资方式主要是银行贷款、风险投资、民间资本投资等，但存在融资成本普遍较高，融资途径相对较少等问题。解决创业者资金困境问题的途径可以借助政府和社会。首先政府可以设立创业基金鼓励学生创业，学生在确定创新创业的思路后，可以向学校或当地政府的创新创业部门提出申请，由该部门对项目进行评审，对符合创新创业标准的项目给予相应的资金支持。其次，社会和业界的有偿资助。天使投资、创业基金会等都是对大学生创业提供融资的一些机构，这些融资机构一般具有还本付息时间可以延长、利息低于一般金融机构、降低财产抵押或担保标准的融资特点。学生创业过程中可以借助这些机构进行融资，降低融资成本。

2. 加大地方政府的支持力度

应用型本科院校绝大部分是依托于地方政府的，其办校的资金有很大一部分来自地方政府的财政，同时也肩负着服务地方经济和社会发展的责任，双方是伴生的关系。创新创业教育在现代教育体系中发挥着如此重要的作用，所以，地方政府也要认识到创新创业教育的重要性和紧迫性，加大政策和资金的投入，促进高校创新创业教育的发展。

政府应尽快出台对应用型本科高校创新创业教育的配套支持政策，比如：协调相关部门为在校大学生提供 KAB(know about business，了解企业)培训；大力引进创新创业专业人才；鼓励企业建立创新创业教育实践基地；整合资源，促成高新技术开发区、科技园等与高校间的合作，鼓励合作单位在高校设立“创新创业专项基金”，为大学生创新创业项目提供资金支持；大力支持学校创新创业孵化基地的建设，让校内孵化基地与地方企业融合，促进项目的成果转换，形成良性发展的局面。

六、结语

学校作为人才培养的主体对大学生的创业教育有着重要作用，大学教育不仅可以激发学生的创业意识和培养学生的创业技能，同时也可以指导学生的创业实践。近年来，应用型本科院校积极实施创新创业教育，进行了一系列的实践探索，如建设创业学院、积极开展创新创业大赛、加快创新创业基础课程改革、优化高校创新创业园的管理和运行等，发展迅速，使应用型本科院校大学生创业能力的培养上了一个新台阶。但由于应用型本科院校培养应用型创业人才处于探索发展阶段，仍然存在一些问题，如对创业教育不够重视，对创业教育改革认识不足，支持创业教育的政策在执行过程中多流于形式，创业教育师资匮乏、学生学习动机不足等，要提高大学生的创业能力，应用型本科院校大力推进创业教育势在必行。本文通过文献法、调查法和访谈研究，构建了应用型本科大学生创业能力要素体系，4个一级指标和11个二级指标，包括了学习能力、思维能力、沟通能力和创新能力等。能力培养是一个全面、长期、系统的过程，根据调查结果和应用型本科大学生创业能力要素体系中的关键因素，本文从树立科学的创业教育理念、完善学校创业教育体系、加强创业教育师资队伍建设、建立并有效利用创新创业实践基地、营造社会良好创业环境等方面提出了应用型本科大学生创业能力培养的措施与建议，为应用型本科院校创业人才培养提供有益参考。

参考文献：

[1] 陈奎庆，毛伟. 大学生创业研究在中国：回顾与展望：基于2004—2013年CSSCI期刊文献的分析[J]. 常州大学学报(社会科学版)，2014，15(6)：109-114.

[2] 陈琼秋，郑天翔. 学生需求导向下的高校创业教育探析：以浙江应用型本科高校为例[J]. 中国高校科技，2017(S1)：10-11.

[3] 程宝华. 应用型本科院校大学生创新创业教育研究：以衢州学院为例[D]. 济南：山东师范大学，2015.

[4] 葛萌萌. 应用型本科大学生创新创业教育研究：以××学院为例[D]. 西安：西安理工大学，2018.

[5] 韩晓强. 创业教育师资队伍构建现状与改革思考[J]. 教育与职业，2017(21)：97-100.

[6] 黄鑫昊. 应用型人才培养理念下创新创业教育的新路径：评《应用型本科高校创业教育的理论与实践》[J]. 江西社会科学，2018，38(11)：266.

[7] 刘彩生. 基于创新精神培育的应用型本科院校创业教育体系研究[J]. 教育与职业，2016(9)：36-39.

[8] 卢真. 应用型本科高校创业教育管理研究：以三明学院为例[D]. 福州：福建师范大学，2017.

[9] 罗家莉，李晓慧，席阳，等. 创新创业教育改革的探索与实践[J]. 北京教育(高教版)，2015(10)：37-39.

[10] 马建红，张晗，林楠. 基于创新创业教育的实践教学体系改革研究[J]. 电脑知识与技术，2015，11(30)：102-103.

[11] 彭然. 应用型本科院校创新创业教育教学体系的优化[J]. 教育与职业，2017(13)：65-67.

[12] 汤荷花. 地方本科院校应用型人才培养改革研究[D]. 苏州：苏州大学，2016.

[13] 汤建. 安徽省应用型本科院校创新创业导师队伍建设：现状、影响因素及对策[D]. 合肥：安徽大学，2017.

[14] 滕智源. 地方应用型本科院校创业学院的构建[J]. 教育与职业，2018(13)：67-70.

[15] 汪英晖. 我国大学生创业胜任力研究[D]. 北京：北京科技大学，2018.

[16] 吴方鹏. 应用型本科大学生创业创新培养模式的探讨[J]. 中国教育学刊，2015(S2)：278-279.

[17] 吴婷. 应用型本科院校创业型人才培养路径的研究[D]. 哈尔滨：哈尔滨理工大学，2014.

[18] 许勋恩. 绿色教育理论视角下应用型本科高校创业教育路径研究[J]. 教育评论，2018(6)：76-79.

[19] 臧夏秋，陈平辉. 高校传统视角下人才培养与创新创业背景下职业应用型人才培养的对比研究

[J].课程教育研究,2016(32):244-245.
[20] 张颜梅.应用型本科创业教育与创新型人才培养模式研究[J].中国高校科技,2016(3):88-90.
[21] THOMAS A S,MUELLER S L. A case for comparative entrepreneurship:assessing the relevance of culture[J]. Journal of International Business Studies,2000,31(2):287-301.
[22] LEVINE J M,MORELAND R L. Progress in small group research[J]. Annual Review of Psychology,1990,41(1):585-635.

应用型高校大学生创新创业教育的提升与优化

崔　浩

摘　要：大学生创新创业教育是应用型高校人才培养的重要组成部分。随着经济的快速发展，创新创业教育成为高校教育的重要内容，尤其是成为应用型高校发展的重中之重。要培养应用型大学生应有的创新创业意识和精神，应用型高校就必须采用现代化教育手段和社会对接。因此，应用型高校需要尽快改进教育方式和实际方法，建立一套系统的教育课程体系和社会实践基地，加大对大学生创新创业的深入指导和环境建设，形成良好的文化氛围和人才成长的土壤，只有这样应用型高校才能培养出具有创新创业能力的复合型人才。

关键词：应用型高校；大学生；创新创业教育；提升；优化

创新创业作为全球性的话题，已经受到我国政府的逐步关注。应用型高校是我国经济较快发展和高校大众化的基础上而产生的一种面向创业、就业的新型高校。相对于研究型大学而言，应用型高校的特点是为社会输送对口人才，鼓励和培养大学生自主创业。应用型高校要培养大学生全方位适应社会发展的新形势和新要求。创新创业教育是应用型高校发展的重点之一，是社会发展的必然趋势，也是大学生就业的良好途径。在整个社会推进创新创业教育的氛围下，应用型高校大学生具有精力充沛、知识宽广、敢打敢拼、思维灵活的优势，当然，在一些方面上也存在着经验不足、师资匮乏、资金短缺、实践缺失等诸多困难。因此，应用型高校在创新创业教育上要狠下功夫，逐步提升和优化教育教学水平，以满足社会需求。

一、应用型高校在创新创业教育中存在的较为突出的问题

首先，我国创新创业在如火如荼地发展，但存在着政策制定和实施效果有待提高的现实情况。目前国家还未出台较为系统的相关政策和法规。为了发挥大学生创新创业政策体系的正向效应，高校职能部门不应仅仅关注创新创业政策，还应在体系框架下从宏观角度把握创新创业政策的体系，以及如何优化不同创新创业政策之间的关系，从而更大限度地发挥创新创业政策的整体效应。

从整体上看，应用型高校在政策上掌握不全面和不准确表现在对相关的体制和要求缺乏统一的理解，对于理论基础和理论指导理解不深，造成教学质量不佳，没有形成较为明确

作者简介：崔浩（1983—），男，硕士，徐州工程学院管理学院讲师，研究方向：大学生创新创业教育。

的思路。从体系上看,应用型高校在教育课程上较为单一,没有宏观把握,体现为教学内容和模式较为简单,跟不上社会变化的速度,缺乏整体把握,不能建立科学、完整的体系。从理念上看,应用型高校不断加大宣传力度,但由于观念、机制和思维等方面的限制,学校对大学生创新创业的引导力度不够,在校内未形成支持创新创业教育的良好氛围。

其次,应用型高校的创新创业教育多集中在课堂上、优惠政策上和创业规划等方面,对于教学环境、地点选择、器材配备等领域关注不够,长期看这不利于创新创业教育的常态化、优质化和整体化。

再次,应用型高校在实践上存在着诸多限制。技术的不断革新,要求高校必须建立起配套设施和实践基地。在大学生创新创业教学中,存在理论与实践、知识与技能严重脱钩的情况,这对于大学生进入社会进行创新创业是很不利的。

最后,应用型高校的成果多集中在大学生创新创业政策、教学等具体方面,对于创新创业融资、创新创业环境等具体领域关注较少,不利于大学生对于创新创业能力的整体把握。

二、应用型高校在创新创业教育中采用的提升与优化措施

随着经济的发展和社会的进步,创新创业教育也提出了新的需求。因此,应用型高校对于大学生创新创业教育要有新的发展和提升,要从以下方面进行改进。

(一)推进高校自身建设改革

近年来,在国家和社会的大力支持下,我国高等教育在素质培养上取得了较大成绩。目前,应用型高校创新创业教育结构和培养目标的调整相对滞后,高校应按照素质人才培养方案要求,严格遵循教育教学规律。要做出从传统的“接受继承”教育转为“创新创业”为主的新型教育模式的重大转变。通过深化教育体制改革,加快开展创新创业教育步伐,提高人才培养水平,使之不落后于我国经济发展状况对人才的需求。创新创业教育是高校积极应对经济发展要求的表现,是市场经济条件下高校培养高素质创业创新人才的必然选择。

创新创业教育的理论体系建立在众多学科的交叉点上,是一门新型综合应用社会科学,众多学科相互渗透,为创新创业教育奠定了极其厚实的理论基础。随着国家教育战略主题的明确,创新创业教育必然得到进一步加强。应用型高校不仅是知识传播、人才培养、发展科学技术的很好场所,而且也将是培养创新型企业的重要依托。因此,应用型高校必须大力推进创新创业教育。

(二)营造创新创业整体氛围

近年来,应用型高校的大学生对于创新创业的关注度与日俱增,营造出浓厚氛围。学校要努力打造出优质服务平台、完善创业体制和机制,不断改善教学环境,推动全方位发展。为了推动创新创业教育发展,高校通过加强创业孵化建设、开展各种“双创”示范基地、实施科技帮扶、补助优先等优惠政策,建设起培训机构,打造优质的创新创业平台。

学校应充分发挥新媒体的效果，积极利用网站、微信、微博等平台，建立汇集大学生创新创业政策信息、智能服务、公共推广等信息的综合服务平台，加强创业政策服务。学校职能部门发挥扶持和促进的效应，以校园文化活动为依托，弘扬主旋律，开展内容丰富、形式多样的高品位的校园文化活动，使大学生树立正确的创新创业理念。

（三）完善创新创业教育课程建设

创新创业教育面向的是自主创业能力较高的大学生，这与应用型高校发展非常吻合。当今，传统的创新创业教学方式难以满足学生的学习和实践需要，这是应用型高校亟待解决的问题。高校要采用最新的课程设计，要建立起新型的教学课程体系。要加强创新创业教育课程体系建设作为教育核心环节的教育课程体系是创新创业教育观念转化为教育实践的基础，是创新创业教育培养目标得以实现的重要推动力量。

在课程设置上，应将创新创业必修课和选修课并纳入学分管理，探索构建“通识课程＋创新创业课程＋专业课程＋实践教学”的模块化课程体系，实现以多学科公选课为基础、骨干教师为主导的创新创业类选修课程，激发学生的创业兴趣，营造良好的创新氛围。在课程内容上，应注重开发创新创业方面的精品课程并积极申报省级及以上精品资源共享课，构建层次清晰、有效衔接、科学规范的创新创业教育课程体系。要将创业意识、创新精神、创业实践能力的培养贯穿教学全过程，逐步形成课堂内外联动、理论实践结合的培养体系。在课程实施上，要针对不同的教育对象，分阶段地普及创业教育课程，增强创业教育的针对性、实效性。

（四）加强创新创业教育队伍建设

应用型高校创新创业无论是通识教育阶段还是创业模拟、市场创业阶段，都离不开专业化的师资队伍。因此，充分挖掘校内、校外师资，壮大师资力量，做到“专兼结合、校企结合、内外结合”至关重要。一是要完善校内教师培训体系，在新进人员岗前培训中加入创新创业专题教育，建立面向全体教师的创业教育全员培训制度，着力提升全校教职工参与创新创业教育的积极性。选派优秀教师参加行业企业培训，建立和完善校内创业导师和行业企业双向挂职制度，专兼职创新创业导师均应具有相关的工作经验。

因此，创新创业教育的教师既要有扎实的专业知识，又要有娴熟的实践能力，将教育与实践有机融合，充分挖掘和充实创新创业知识、资源和方法；创新创业教育是一种实践性很强的活动，因此教师应当熟练掌握教学前沿，灵活采用多种教学方法，不断提升教学能力。

（五）转变创新创业教育固有思想

培养具有创新意识、创新精神、创业能力和创业技能的高素质人才是应用型高校创新创业教育的根本要求和主体思路。随着时代的发展，应用型高校创新创业教育必须转变传统教育理念，从注重知识向创新意识和创业能力培养并重转变，这样才能引导大学生积极创新，积极实践，不怕挫折，勇往直前，使自己成为全方位的人才。在教学理念上，要尊重学生，以学生为主体地位，认清学生个体差异，遵循学生成长、成才规律，采取头脑风暴法、游戏法、角色互换法等新型教学方法，引导学生独立思考、自主探索，激发兴趣，加强师生互动，增进师生感情，提高课堂教学效果。同时，要重视学生社会实践活动，让学生到基层锻炼自己，增强技能水平。还要制订科学合理的培养计划，鼓励学生参加团队合作和科研探索，为学生提供优质的创业服务。

（六）落实创新创业教育基地

创新创业教育是一种实践性很强的综合教育，学生的创新创业能力只有在实践中锻炼才能有所提高。因此，应用型高校应重视为大学生创新创业搭建平台和提供保障。学校要改进大学生创业园、创业俱乐部、创业孵化基地和小微企业创业基地，这样才能为大学生提供充足、有效的创业机会。目前，国内已经创办出许多创新创业基地，大部分雏形都是以学校为依托、以学生为主体来建立创新创业基地，使得在校大学生能够在学习和讨论以外，也能够建立良好的创业公司与创业项目。创新创业基地还要积极组织和指导大学生参加各种训练和比赛，在公开刊物上发表相关论文、申请专利等。还要连接校园与社会，沟通学生和市场，达到对于大学生进行素质教育、科技创新、就业创业和社会服务的目的。通过开辟和完善应用型高校大学生创新创业实践基地，可以构建创业群体，全面引导大学生树立正确、先进、科学的创新创业观念，达到提升创业能力的目的。与发达国家相比，我国应用型高校创新创业教育起步较晚，但其发展前景非常广阔，尤其是在教育主管部门的大力支持以及高等院校的高度重视下，大学生创业是大势所趋。因此，应用型高校尽快提高自主创新能力，构建创新型学校，实现学生全面发展是当前以及今后发展战略的核心之一。改进高校大学生创新创业教育已刻不容缓，这是当今世界高等教育的普遍认同，也是深化高等教育教学改革的必由之路。

大学生是最具创新精神和创业潜能的群体，是建设创新型国家、构建创新型社会的生力军。国家对应用型高校创新创业教育的重视程度达到前所未有的地步。此外，我们要还应该整合高校资源，动员全社会的力量，高质量地系统地开展创新创业教育，并制定和完善与之相关的服务设施、保障体系和激励机制，以鼓励学生的创新创业行为，提升素质教育水平。创新创业教育的主旨不仅仅是“就业”，更应该是“创造新的就业岗位”。在“以创业带动就业”的思路下，应用型高校高度重视广泛实施的创新创业教育，不能仅仅限于培养能够找到职业岗位的大学生，更要培养能积极适应社会需求、主动开拓就业机会的创造型人才，这对学生本身、对国家对社会发展都有非常重要的现实意义和深远的历史意义。

参考文献：

[1] 陈能军.对应用型大学开展创业教育的思考[J].市场论坛，2009(12)：77-78.

[2] 陈树生.创业教育应纳入高校课程[N].光明日报，2005-06-29.

[3] 丁怡.构建大学生创新创业教育的课堂教育体系[J].思想理论教育，2013(9)：74-77.

[4] 李辉.内涵发展视界下的大学生创新创业教育路向[J].高教探索，2013(4)：133-136.

[5] 刘坤，李继怀.创新创业教育本质内涵的演变及其深化策略[J].黑龙江高教研究，2016，34(1)：117-120.

[6] 王娜.英国高校创业教育研究：以剑桥大学为例[D].重庆：西南大学，2010.

[7] 魏静静,党胜利,秦文.高校创新创业教育师资培养的策略研究[J].华章,2012(20):112,120.
[8] 邹建良.探索大学生创新创业教育途径[J].中国高等教育,2015(5):56-58.
[9] 邹晓莉,陈志华.关于新时期大学生创业教育的认识与思考[J].考试周刊,2010(24):190-191.

地方应用型高校"双创型"市场营销人才培养探究

尹　彬

摘　要：在"大众创业，万众创新"背景下，市场营销专业的发展面临着机遇和挑战。本文从人才培养目标融入"双创"理念、创新创业能力导向构建课程体系、创新运用教学模式和教学方法、强化专业实践平台等方面，探讨了适应经济社会发展需求的"双创型"市场营销人才培养的有效途径。

关键词：市场营销专业；创新创业；人才培养

"大众创业，万众创新"已成为中国新常态下经济发展"双引擎"之一。我们身处变革、创造、创新、创业的时代，教育须以变革来适应时代的发展。市场营销专业需突破传统"授业、就业"思维，积极探索"双创型"人才培养模式，以期实现人才培养质量的显著提升，学生创新精神、创业意识和创新创造能力明显增强，投身创业实践的学生明显增多的教育目标。

一、"双创"时代：市场营销专业的机遇

（一）"双创型"人才的内涵

双创，即创新与创业。创新与创业密不可分，创新是创业的核心与基础，创业是创新的主要表现形式。"双创型"人才是指具有"创新"和"创业"双层特质的人才，其中创新特质体现在创新意识、创新思维、创新技能和创新品质四个方面；创业特质表现为开创性个性和"自我谋职"的能力。"双创型"市场营销人才既不是只有创新思维而不会做的人才，也不是只会做而不擅长创新思维的人才，而应是能把营销知识转化为营销能力，既能进行营销创新思维，又能利用专业知识进行创业的人才。

（二）"双创型"市场营销人才培养的重要性

伴随着我国市场经济的不断发展和完善，企业日益重视市场营销的价值和作用，营销类职位的需求数量虽然始终位居人才需求榜的前三名，但人力资本市场对市场营销人才的需求也发生了深刻变化。

（1）人才需求层次分化。依据不同营销岗位对职业能力的要求，营销岗位需求可划分为操作型营销人才和策划型营销人才两个类型。按照职业能力递进发展规律，操作型和策

作者简介：尹彬（1974—），女，硕士，徐州工程学院管理学院教授，研究方向：营销管理。

划型的营销人才又可分为初级、中级、高级三个层次，见表1。目前，策划型营销人才是人力资本市场最炙手可热的紧缺型人才。从某种程度上来说，营销“人才”的紧缺不是数量供给不足，而是人才层次上的不足，是一种质量上的短缺。

表1　营销人才需求层次

类型	职业能力递进发展		
	初级	中级	高级
操作型人才	调研员、营业员、销售代表、客服专员	店长、区域经理、销售主管、客服主管	——
策划型人才	—	企划经理、策划专员、产品经理、市场部经理	市场总监、高级经理人才、营销总监

(2) 行业实践经验。由于行业间分工越来越精细化，企业对营销人员的行业实践经验也存在明显的差异。对营销人才而言，要具备快速胜任岗位需求、把握市场快速变化的能力，对行业未来发展趋势的敏锐洞察力、丰富的行业实践经验是不可或缺的。

(3) 知识结构合理。网络信息技术的发展和大数据时代的来临，市场营销的理念和手段发生了巨大变革。对于现代企业的营销人员来说，除了要掌握专业的营销知识，还要求掌握网络营销、网络信息技术等方面的知识。

(4) 创新思维。如果没有持续的创新，企业就可能丧失持续的竞争力。企业的创新，不仅仅是来自技术人员的产品创新，还涉及市场的创新、营销模式的创新、营销手段的创新等，这些创新依赖企业营销人才的创新思维和创新能力。

立足于“双创型”市场营销人才培养，最大限度地顺应创新型社会和企业发展对营销人才需求变化趋势，可以更好地适应时代发展带来的人才需求结构的变化；立足于“双创型”市场营销人才培养，有利于发挥市场营销专业培养应用型技能人才的优势，提高人才培养质量，促进市场营销专业更好发展；立足于“双创型”市场营销人才培养，让学生具有创新创业意识，具备创业机会识别和转换能力，可以为其步入社会、应对复杂的职场环境奠定良好的基础。

二、融入“双创”理念，优化市场营销人才培养目标

培养目标对于人才培养和发展有着重要的导向功能，也是学生走向社会，进行职业规划的起点。“大众创新，万众创业”是目前我国进行产业转型的重要契机之一，也是我国教育模式和体系改革的绝佳入口，同样也是改变社会土壤，建立新的人才标准，建立宽容创新氛围的重要契机。市场营销专业作为经管类专业中最为实用、最易与创新创业联系在一起的专业，其人才培养目标定位、专业建设与发展和经济社会的关系愈加紧密。因此，要在市场营销专业人才培养过程中融入“双创”理念，帮助市场营销专业学生树立合理的职业发展目标和职业理想，引导学生的思想意识、学习动机和学习态度，从而影响学生在学习中的各

种行为表现,进而对人才培养的最终效果产生影响。

“双创型”市场营销人才培养就是把创新和创业教育与营销人才培养有机结合起来,以培养学生的创新创业意识、思维为前提,形成创新创业品质为目的,促使市场营销专业学生个性不断得到发展,综合素质不断提高。“双创型”市场营销专业人才培养目标应该具备以下两个主要特征:第一,培养的是具备市场营销专业知识和技能的人才。市场营销专业旨在培养服务地方经济建设,具有良好的营销职业道德和综合素质、较强的营销实践能力,掌握管理学、经济学和市场营销学基本理论和知识,具备市场开发、市场调查与分析、营销组织与管理等能力,又具有较强的人际沟通、团队协作和实践创新能力,能在各类企事业单位从事营销管理、客户管理、网络营销管理、营销策划、市场调查和开发等工作的应用型专门人才。第二,培养的是具有创新特质和创业素质的人才。也就是说,市场营销专业人才须具备“双创型”人才的一般特征,即注重培养学生的创新能力和创业实践能力,使其具备创新意识和创新思维,具有优秀的创业品质和较强的创业技能。

三、“双创”能力导向,合理构建市场营销人才培养课程体系

课程作为人才培养的媒介,决定着人才培养的质量和水平。其体系的构建是“双创型”市场营销人才培养的关键。要根据“双创型”市场营销营销人才职业能力阶梯化的要求,构建多模块组合的课程体系,既将创新创业教育融入课程教学,又单独设置创新创业教育模块,将“双创”能力培养贯穿于整个课程体系中,突出创新创业教育能力培养在“双创型”市场营销人才培养中的地位。

(一)基本素养模块

该模块课程开设的目的促使学生掌握必要的学习方法,具备与时俱进的学习能力,使其思想观念、基本能力、基本素质符合当今经济社会发展需求,为成为“双创型”人才打下坚实基础。这类课程主要可开设人文素质教育基础课程(语文、数学、英语、计算机、体育、艺术等)、职业道德与法律、职业核心能力课程等。

(二)专业基础模块

该模块课程开设的目的是促使学生掌握经营管理的基本知识、理论及技能,注重的是专业通用能力的培养。这类课程可开设经济学基础、管理学原理、经济法、市场营销学、基础会计、办公自动化等课程及实践项目。

(三)专业技能模块

该模块课程是市场营销专业的核心课程,课程开设的目的不仅要进一步深化学生的专业知识和技能,更要将创新、创业教育内容与专业课程相融合,将创新、创业文化与专业文化相融合,结合专业课程特点,分层渗透。

专业技能模块可划分为四大课程群:市场分析课程群、销售管理课程群、营销策划课程群、服务管理课程群。每一个课程群围绕市场营销专业的某一类核心能力,将关联性较强的核心课程联系在一起,通过把控课程间的逻辑关系、学习次序,实施课程的重新设计与规划,剔除重复,填补空白,以实现学生培养、教师合作、课程优化的最优路径。其中,市场分

析课程群强调的是市场营销定量分析能力的培养与训练；销售管理课程群强调的是销售与市场推广能力的培养与训练；营销策划课程群强调的是市场营销方案设计及文案撰写能力的培养与训练；服务管理课程群强调的是客户信息管理能力和服务客户能力的培养与训练。

（四）企业实践模块

该模块课程开设的目的是让学生在真实的企业环境中，体验真实的工作任务，在工作过程中培养学生的职业能力。企业实践的形式包括三种：一是以实训周形式开展的认知实习、专业实习；二是以限选课形式开设的行业、企业实践项目，学生可以根据专业方向，例如房地产营销、汽车营销、医药营销、金融保险营销、商贸流通等，选择合作企业，通过校内外“双导师”的形式，组建校企合作项目团队，让学生依托项目，带着实际问题去学习；三是毕业前的顶岗实习。

（五）创新创业教育模块

该模块开设的目的是积极利用创新创业类课程和“第二课堂”活动进行“双创型”人才培养，实现专业实践与创新创业实践、职业能力和创新创业能力合理融合。其中创新创业类课程可开设职业生涯与发展规划、创业就业教育、创业实践等课程，“第二课堂”可包括企业家讲座、学生创新创业社团、创新创业竞赛等形式，以培养学生的创新创业热情，激发学生的创业梦想。“双创型”市场营销人才培养课程体系见图1。

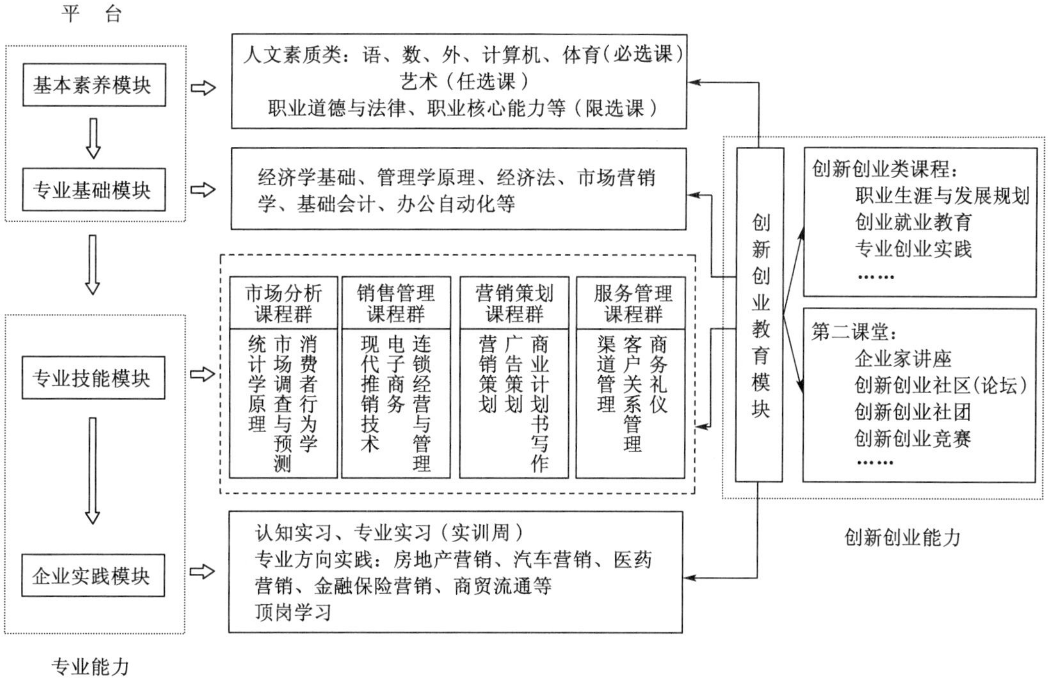

图1 “双创型”市场营销人才培养课程体系

四、创新教学手段，适应“双创型”市场营销人才培养需求

为适应“双创型”市场营销人才的培养，就要对市场营销专业现有的教学模式和教学方法予以改革与创新，倡导以教师为主导、学生为主体的“互动式”教学模式，实现由以教师为中心的知识传授型教学方式向师生互动、激发学生的求知欲和创造性为主的“双创型”教学方式的转变。适合“双创型”市场营销人才培养的教学模式和教学方法的创新，要强调前瞻性和新颖性，要强调问题导向意识和探究型思维能力的训练。

（一）探索基于问题探究的互动式教学模式

市场营销专业教学方法的改革不应停留于 ppt、微课等现代化教学辅助工具的运用，而应是一种内涵式的革新。基于问题探究的互动式教学模式兼有课堂互动式教学模式和问题探究式教学模式的特点，是在问题引领下，通过师生间和生生间的相互交流、沟通过程，不断培养学生自主探究和合作探究的学习能力。这类教学模式有助于培养学生独立分析问题、解决问题以及合作交流的能力，从情感、态度、价值观等多种层面培养学生的创新意识和实践能力，与“双创型”市场营销人才培养需求极其契合。

互联网背景下成长起来的新生代学生，他们习惯于通过微信、微博、QQ 等获取碎片化的信息，自主学习的能力和条件日趋成熟。市场营销专业可以利用构建虚拟的现实情境、网络教学空间、翻转课堂等，积极探索适合“双创型”人才培养的情境模拟互动模式、网络教学空间互动模式、翻转课堂问题互动模式等多样性的教学模式。基于问题探究的互动式教学模式见图 2。

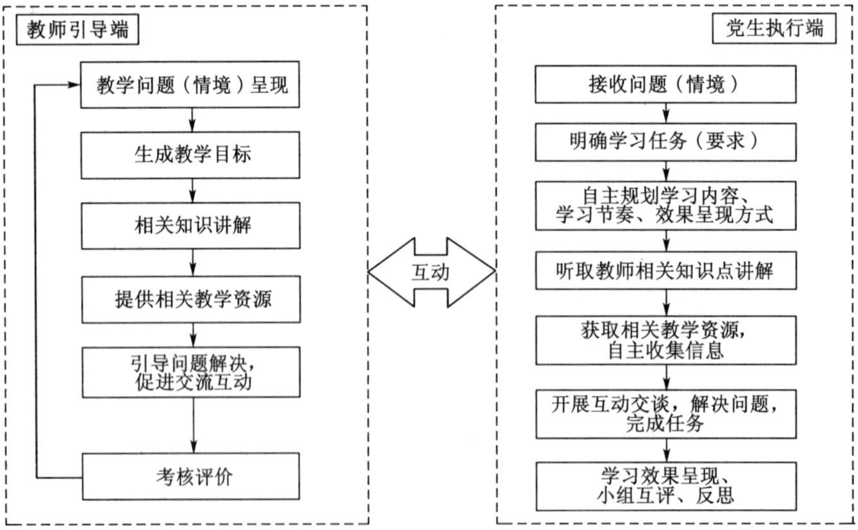

图 2　基于问题探究的互动式教学模式

（二）创新适合“双创型”人才培养的教学方法

教学方法的改革，归根结底就是教师创新思维和能力的体现。要培养出学生的创新创

业思维和能力，教师必须首先掌握与之相适应的教学方法。在教学方法改革创新过程中，强调学习过程比学习结果更重要，因此要摒弃传统的以讲授式为主的教学方法，积极推行多维教学法、PBL(problem-based learning，以问题为基础的学习)教学法、案例教学法、项目教学法、软件仿真教学法、营销实战教学法等互动式、探究式教学方法。互动式、探究式教学方法的运用，教师不再是提供完整方案的讲授者，而是在教学过程中扮演着总策划师的角色，全盘策划整个教学阶段的教学方法布局，在与学生沟通交流过程中增进对学生学习状态的了解，及时调整教学方法，使学生的学习积极性和主动性呈现最佳状态。

（三）完善评价标准和教学考核方式

评价标准与人才培养是相辅相成的，“双创型”人才培养需要与之相适应的科学的评价标准。传统的教学评价更多地关注最后的成绩评定，而与“双创型”市场营销人才培养相适应的教学评价应更注重激励、诊断与反馈，教学考核过程要做到三结合，即理论知识掌握评价与实践技能水平评价相结合，结果性评价与过程性评价相结合，教师评价与团队评价相结合。通过书面考试、口试、模拟操作、案例分析、实战效果等，对学生的知识、能力、素质进行整体性、过程性和情景性的评价，让教学评价既能起到督促和鼓励作用，更能有效促进学生的学习和发展。

五、强化实践教学，搭建“双创型”市场营销人才培养平台

“实践出真知”，实践教学是培养“双创型”市场营销专业人才的必要环节和重要手段。搭建更为广泛的实践平台，为学生创造多渠道、多层次、多形式的实践机会，将有利于充分发挥实践教学的作用，也更有利于创新创业能力的培养。具体来说，强化实践教学，就是要建立整合学校、企业、社会多方资源的多元化、开放式实践教学平台。

（一）校内课程教学实训平台

依托校内多功能实训室、教学沙盘、专业教学软件与学校共享网络等资源，搭建校内实训平台。基于该平台，一方面可以开设与专业能力培养相匹配的实训课程，形成各环节相互衔接、有机结合的完整的实训课程体系。实训课程的选择应该既符合企业真实的岗位操作要求又适合课程的专业定位。课程级的实训项目，可以根据知识体系、操作技能和职业素养等要求，划分为若干个具体的、操作性强的能力模块进行开设。另一方面可以借助学校共享网络，推出一批有关市场营销的资源共享慕课、视频公开课，使学生能够利用现代信息网络获取更多的创新创业教育课程资源。

（二）校外企业实践平台

要通过逐渐扩大校外实训基地行业、规模的范围，积极开展校企间深度合作，为学生搭建感受企业文化、体验职场氛围的校外企业实践平台。通过该平台，学生到合作企业实习，学习实用的专业知识、参与企业项目实施、熟悉企业运作模式等，有利于提升学生的专业技能和职业素养，并为学生后续开展创新创业实践提供支撑。

（三）创新创业实践平台

随着社会创新创业氛围的形成，社会化的创新创业机构也应运而生。学校可以通过对

接社会资源和社会机构，引入创新创业平台，共建创新创业孵化基地。市场营销专业学生经过一系列的校内实训、校外实习活动后，在熟悉企业管理方式和企业业务流程的基础上，可在创新创业孵化基地自行筹建虚拟公司，虚拟公司可以利用企业真实项目进行模拟运作，以使学生尽快熟悉企业运作方式，进一步提升学生综合职业素养，培养学生自主创业能力。部分运作良好的虚拟公司还可以尝试注册实体公司，让学生的自主创业落到实处，获得更好的"双创型"人才培养成果。

参考文献：

[1] 高佳燕.高职市场营销专业"双创"教育的几点思考[J].陕西青年职业学院学报，2016(4)：32-34.

[2] 黄华，张文靖.基于CDIO理念的市场营销教学方法创新研究[J].高等财经教育研究，2017，20(4)：40-45.

[3] 刘宝存.确立创新创业教育理念培养创新精神和实践能力[J].中国高等教育，2010(12)：12-15.

[4] 张帆，赵玉，熊国保."双创型"人才培养目标下市场营销专业建设的思路与举措：以华东理工大学市场营销专业为例[J].东华理工大学学报(社会科学版)，2017，36(3)：268-271.

[5] 张颖青.项目教学模式下小组合作学习的探索和实践[J].湖北广播电视大学学报，2010，30(11)：28.

基于服务学习模式的应用型本科院校大学生职业素养提升探讨

庄　静

摘　要:伴随着经济社会的转型,适应经济社会发展新常态对人才培养质量的要求,打破传统的教育改革势在必行。应用型本科院校重点在"应用"二字,旨在培养具有较强社会适应能力和竞争能力的高素质应用型人才。服务学习理论引入应用型本科院校人才培养模式,可以有效地引导学生积极投身服务活动,提高职业信念、职业知识技能、职业行为习惯等职业素养,培养学生良好的道德感、意志品质、社会责任感和团队合作精神,促进学生的全面发展。

关键词:应用型本科院校;服务学习;大学生职业素养

在高等教育中,应用型本科院校是不可或缺的重要组成部分和中坚力量,它立足地方或区域经济建设及社会发展,培养具有较强社会适应能力和竞争能力的高素质应用型人才。在新形势下,应用型本科院校人才培养上还面临着一些问题,如过分注重学生专业技能和社会实践的培养,不重视学生在实践中遭遇的价值观念、职业道德、心理素质、合作意识等职业素养的提升。引入服务学习理论能有效地缓解这些问题,对应用型本科院校的教育效果提升有一定的指导意义。

一、服务学习理论的基本内容及启示

(一)服务学习概念

服务学习是在杜威的经验主义教育的影响下发展起来的。1967 年罗伯特·西格蒙和威廉·拉姆西在美国南部地区教育会议上首次提出了服务学习的概念。服务学习是一种以服务为载体的学习培养形式,通过有组织的计划准备,参与符合社会需求的服务工作,运用结构化的反思活动,促进课程知识的深入理解,促进学生发展,培养学生的社会关怀及责任感的一种活动。

服务学习本质特征就是服务、学习和反思。服务,即让学生为社会提供无偿服务,用技能来解决现实生活中的需要;学习,即学生对所参与的服务活动进行思考;反思,即成功的服务学习活动的关键组成部分,是帮助学生从经验中获得活动的意义和知识的过程,可以有意识地把学习和经历连接起来。

作者简介:庄静(1989—),女,硕士,徐州工程学院管理学院讲师,研究方向:高校思想政治教育。

（二）服务学习类型

我国学者郝运通过对美国服务学习类型的总结，以课程化、专业化服务为划分标准，把服务学习分为四类。

1. 与课程相结合的专业化服务学习

该类服务学习通常由专业教师将其融入教学计划中，要求学生运用所学的专业知识和技能解决社区实际问题，为社区提供专业化的服务，再通过反思深入理解所学知识，从而促进自身专业知识和专业技能的提升。

2. 与课程相结合的非专业化服务学习

此类服务学习虽然把服务纳入了学生的课程体系，但服务的内容与学生专业技能并没有直接联系。融入教学课程的方式多为选修，学生一般要完成学校规定的服务时数，通过撰写论文，或完成作业等方式获得学分。这种服务学习，并不是服务与课程简单的结合，而是通过服务学习提升学生道德水平和责任意识，增进学生对社会的了解。

3. 与课程无关的专业化服务学习

此类服务学习主要是运用专业知识开展具有针对性的、具体的专业性活动。学生们在学生社团、社会团体的组织下，为社区提供专业化的服务，满足社区的实际需求。此类服务学习以服务为主导，重在服务的效果。

4. 与课程无关的非专业化服务学习

这类服务学习具有一定的启发性和引导性，是开展服务学习的最基本形式，主要是引导学生参与其中，培养学生的兴趣，树立服务意识，提升服务积极性。组织者多为学生个人、社团及社区组织。此类服务学习没有课程参与，从事的服务工作不具有专业性，也不需要具备专业知识和技能，在社会或学校里直接引导和组织学生开展助残、助学、环境保护等活动，多以人文关怀、社会关爱及帮扶活动为主。

（三）服务学习实施流程

美国学者 Fertman White 认为成功的服务学习方案应该有四个阶段：准备阶段、服务阶段、反思阶段、庆贺阶段。

在准备阶段，需要发挥服务学习协同合作与互惠之特质，了解学校与社区双方需求，设计出符合双方期待的服务学习方案。

在服务阶段，基于以社会正义为焦点的服务学习特质，在此阶段主要根据不同的形式，开展不同类型的活动以及确定服务方式，决定服务类型，对活动进行监督管理。此外，应提供多元选择机会，以适应不同学生的特质与能力，应发挥服务学习多元之特质，为学生提供多元服务学习活动。

在反思阶段，反思是连接服务与学习的重要环节，反思使服务具有了学习的功效。反思是学习的关键，没有反思，服务学习是一般志愿服务，没有学习成效。

在庆贺阶段，要分享成果，学生与服务机构老师一起分享经验，表达内心感知及收获。同时在庆贺阶段，学生可以通过服务学习，提升自我肯定、自尊及自信，获得成就感。

（四）服务学习的应用启示

首先，服务学习是一种学习方式。其主要特征是通过拓展学生学习环境、丰富学生学习资源、增加学生学习机会，提升学生学习的积极性和主动性。它强调教育育人的资源整合和计划统筹，在活动过程中突显团队合作精神，以达到学习效果的有效提升。

服务学习的社区化倡导学生在具体的实践过程中开展互动学习，以此培养学生的价值观念和品格塑造。其实质是在完成课堂学习的基础上，教师有计划地对学生的社区实践活动进行指导，在互动中指导学生进行反思和总结，通过这种方式，以学生更愿意接受和喜爱的方式促进学生的学习和综合素质的提升，既提高了学生参与社会、参与实践的热情，又更好地完成了应用型本科院校的最终培养目标。服务学习社区化过程中，主要强调三个方面，即服务社会、有计划实施、多重反思。其中，服务社会既是出发点，也是落脚点。

新形势下，就业渠道虽然比以前增多，但毕业生人数还在持续增加，高等教育正在由大众化向普及化转变，因此整个就业市场对应届毕业生的职业素养也提出了更高的要求，因此应用型本科院校应当重视对大学生职业素养的培训，创新职业素养提升的方法，才能使大学生得以全面发展，更好适应社会发展的需要。

二、新形势下应用型本科院校大学生职业素养现状

（一）大学生职业素养自我提升意识不强

当今我国大学生基本由“90后”和“00后”组成，由于特殊的时代背景，属于独生子女家庭的学生居多，学生的自主意识和独立意识普遍较弱。在笔者随机抽查的访谈对象中，有30%以上的大学生从来没有对自己将来要从事的职业做过规划，有一半左右的大学生不清楚以后的职业方向，没有了解过如何提升自身的职业素养等问题，只是根据自己的专业略做规划设计。只有不到20%的人对自己将来的发展有明确规划。这种现状确实不容乐观。加之，在网络迅猛发达的今天，各种新鲜刺激的事物在不断涌现，挑战和刺激着学生的眼球，对于本身自律能力欠缺的一部分大学生来说，他们很难不受其影响。沉溺于网络世界，各种手机娱乐App、各类肥皂剧或刷微博、朋友圈等，消磨着大学生的空闲时间，一定程度上削弱了学生的学习热情和历史责任感。因此，一部分大学生享受当下，不考虑长远发展，也很难为自己争取提升职业素养和全面提升自身综合能力的机会。内因是决定事情成败的关键，相当一大批大学生自我意识不强，提升职业素养的目的性还不够明确，这也是当前各大高校普遍存在的现象。

（二）高校对大学生职业素养提升不够重视

当前，高校没有开设专门提升大学生职业素养的课程，仅仅开设了相关的课程，如大学生就业指导、创新创业课程等，这些课程大多也是以课堂授课为主，没有将理论和实践有效地结合起来。造成这一现象有以下几个原因：一是大班教学模式，教学质量和育人效果差。这种大班教学环境往往采用教师讲授为主的课堂模式，师生互动性差，教师不能参与到学生的现实实践活动中，学生的学习积极性和针对性不强，学生容易感觉枯燥和无趣，学生的反思和总结效果差。二是传统教学模式不能满足当代大学生的需要。单向的理论灌输违

背了学生与外界环境互动交流的迫切愿望,只有将媒介和知识灌输融合起来内化于心,才能取得教育的实效。三是教师队伍专业性不强。高校在就业指导、创业指导和大学生职业素养提升方面把大多数任务交给了辅导员或兼职教师,他们一般在简单的培训之后就可以上岗。大学生的职业素养能力提升是一个系统工程,是贯穿在大学生的整个大学生涯当中的。辅导员一般都是从学校毕业直接就业的应届毕业生,本身就缺乏就业和职业能力锻炼的这种过程,对提升大学生职业素养的方法也是一知半解,很难为学生提供切实有效的实践经历或解决方法。

(三)社会资源与当前大学生职业素养要求不匹配

高校把毕业生就业率作为考察学校教育效果的一个重要指标,而从社会角度看,很多用人单位都在渴求高素质人才,可见用人单位已经把职业素养作为评价大学生的一个重要指标。据笔者调查,用人单位在招聘新人时,会综合考察毕业生的专业能力、职业素养、心理素质、身体素质和团结协作能力。职业素养是仅次于专业能力的一项重要因素,大学生的形象、资质、知识、职业行为和职业技能方面可以通过学历证明、职业资格证书等多种方式呈现出来,但是职业意识、职业道德、职业作风和职业态度等职业素养只能通过具体的工作行为表现出来。这就产生了要求和实际的情况的不匹配。因此,大学生职业素养的提升和培育不应该仅仅依靠学校和学生本身,更需要社会资源的支持,需要社会提供实践场所和实践机会,在培育的过程中发现人才,锻炼人才。

三、基于服务学习模式的应用型本科院校大学生职业素养提升策略

服务学习是一个复杂的系统工程,它需要贯穿于大学生的四年学校学习中,需要学生本身、高校和社会三方面形成合力,多方协作,构建出长期的服务学习机制。

(一)重视职业素养,加强大学生的自我培养意识

作为职业素养培养主体的大学生,在大学期间应该学会自我培养。首先,培养职业意识就是要对自己的未来有规划。大学期间,每个大学生都应明确和认识自己的个性特征,包括自己的气质、性格和能力,以及自己的个性倾向,包括兴趣、动机、需要、价值观等,据此来确定自己的个性是否与理想的职业相符,对自己的优势和不足有一个比较客观的认识,结合环境如市场需要、社会资源等确定自己的发展方向和行业选择范围,明确职业发展目标。其次,配合学校的培养任务,完成知识、技能等显性职业素养的培养。学校的教学及各专业的培养方案是针对社会需要和专业需要而制订的,旨在使学生获得系统化的基础知识及专业知识,加强学生对专业的认知和知识的运用,并使学生获得学习能力、培养学习习惯。因此,大学生应该积极配合学校的培养计划,认真完成学习任务,尽可能利用学校的教育资源,包括教师、图书馆等获得知识和技能,作为将来职业需要的储备。最后,有意识地培养职业道德、职业态度、职业作风等方面的隐性素养。隐性职业素养是大学生职业素养的核心内容,体现在很多方面,如独立性、责任心、敬业精神、团队意识、职业操守等。

(二)做好顶层设计,制定系统的服务学习制度

任何计划的有效实行,都应该有系统的制度作为保障。首先,应用型本科院校要把服

务学习当作必须执行的教学环节，各部门齐抓共管，行政、教学、学生工作、后勤服务等部门形成合力，积极落实共建实践基地、实践场所，保证学生参与服务学习的有效载体和平台。其次，学校做好顶层设计，各部门协调分工，精心设计，整合资源，把握好教学环节，在把培养提高学生专业水平的同时，引导学生在实践中提升自身综合素质，培育学生良好的职业素养，切实保证学生服务学习的质量和效果。再次，教学管理部门要对师生双方的教学参与情况做好督促、检查和监管，使服务学习机制真正落地生效，保证实践活动按照服务学习的实施环节有序开展，完善师生的考核形式和考核指标。最后，定期开展服务学习活动的反馈和总结，形成经验和方法，进一步加深学生的职业素养提升意识，推动服务学习成果的横向交流和纵向深入。

（三）加强部门协作，构建科学的服务学习体系

为了培养大学生的职业素养，应用型本科院校应该从以下几个方面着手：首先，将大学生职业素养的培养纳入大学生培养的系统工程，使高中毕业生在进入大学校门的那一天起，就明白高校与社会的关系、学习与职业的关系、自己与职业的关系，全面培养大学生的显性职业素养和隐性职业素养，并把隐性职业素养的培养作为重点。其次，利用大数据平台，建立服务学习的校内外服务对象资料信息库。高校要收集整理所在地区、社区及与学校合作共建的实践基地，加强校企联系，展开就业调查，如用人单位的发展需求、人才需求、提供实践岗位数量、时间安排等信息，建立动态的数据库，为学校的服务学习活动提供数据支持，打造服务师生的便利信息查询平台。最后，建立服务学习的实施、跟进情况体系。高校为学生提供服务学生的场所，尤其是新建实践基地，在实践前，应该对照服务对象及要取得的效果，根据指导老师的要求，制定详细的实践计划书，着重强调服务学习的过程，形成服务日志和服务报告，注重服务学习效果。

（四）整合多元力量，打造校企互助合作新模式

除了学生和高校的参与，服务学习模式中的重要力量是社会资源。很多用人单位在选择毕业生的时候，都想直接把毕业生投入“使用”，但现实总是不尽如人意。因此，用人单位也逐渐意识到，要想获得较好职业素养的大学生，应当有计划地参与到大学生的培养当中来。用人单位参与学生职业素养培养的方式有以下几种：第一，用人单位可以定期为指导学生实践活动的高校教师提供工作岗位，使教师掌握丰富的专业实践技能，从高校教师自身层面加强职业素养培训的相关知识，以期在指导学生实践中更有针对性，为学生提供服务学习的指导理念。第二，用人单位可以选派职业素养较强的专业人士走进高校，以一种更直接的方式，带动学生职业精神的发扬，提供实践知识、宣传企业文化。如提供职场指南、优秀服务案例、专业技能应用规范性、职业道德、职业心理资本、人际交往礼仪和实践流程等系统的入职培训以及职业素质拓展训练，为提高服务学习的质量和服务对象的满意度奠定基础。第三，社会资源作为大学生的最终服务对象，因主动向高校和学生反馈服务对象的意见和建议，可作为高校在优化人才培养方案的重要依据。服务学习是一个不断收获、总结、积累的学习过程，只有在反思中找出不足才能实现服务学习的最终目标。

参考文献：

[1] 曹婷.美国服务学习视域下我国大学生社会实践研究[D].长沙：湖南农业大学，2014.
[2] 贺悦.论新时代背景下青年大学生自我素质的提高：学习十九大精神　勇担历史使命[J].求知导刊，2017(36)：8.
[3] 周加仙.美国服务学习理论概述[J].外国教育研究，2004(4)：14-18.